ARISTÓTELES
Política

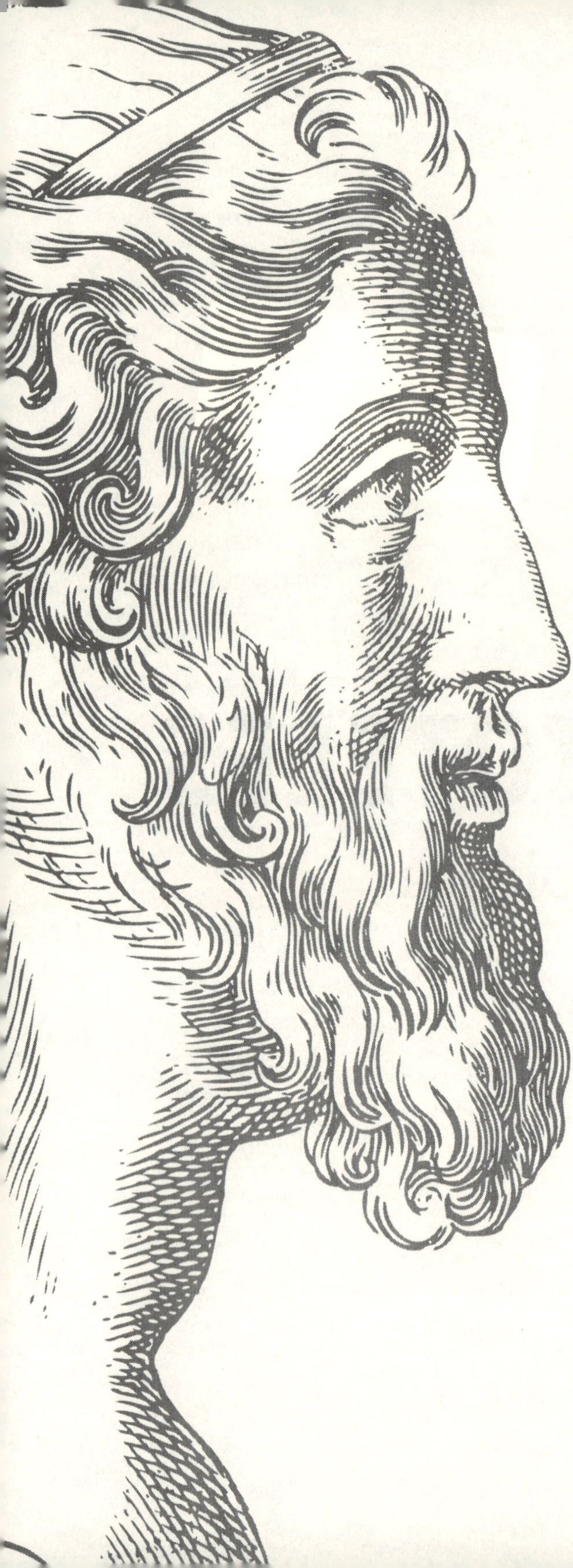

ARISTÓTELES
Política

Tradução

Luciene Ribeiro dos Santos de Freitas

ns

São Paulo, 2025

Política

Copyright © 2025 by Novo Século Ltda.

DIRETOR EDITORIAL: Luiz Vasconcelos
PRODUÇÃO EDITORIAL: Graziele Sales
TRADUÇÃO: Luciene Ribeiro dos Santos Freitas
PREPARAÇÃO: Angélica Mendonça
REVISÃO: Bruna Tinti
PROJETO GRÁFICO E DIAGRAMAÇÃO: Manoela Dourado
CAPA: Mouses Sagiorato

Texto de acordo com as normas do Novo Acordo Ortográfico da Língua Portuguesa (1990), em vigor desde 1º de janeiro de 2009.

Dados Internacionais de Catalogação na Publicação (CIP)
Angélica Ilacqua CRB-8/7057

Aristóteles
    Política / Aristóteles ; tradução de Luciene Ribeiro dos Santos de Freitas. -- Barueri, SP : Novo Século Editora, 2025.
    304 p.

ISBN 978-65-5561-896-9

1. Ciência política 2. Filosofia I. Título II. Freitas, Luciene Ribeiro dos Santos de

24-5026	CDD 320.01

Índice para catálogo sistemático:
1. Ciência política

Alameda Araguaia, 2190 – Bloco A – 11º andar – Conjunto 1111 – CEP 06455-000 – Alphaville Industrial, Barueri – SP – Brasil
Tel.: (11) 3699-7107 | E-mail: atendimento@gruponovoseculo.com.br
www.gruponovoseculo.com.br

Sumário

Introdução 7

Livro I 18

Livro II 48

Livro III 92

Livro IV 136

Livro V 176

Livro VI 222

Livro VII 242

Livro VIII 282

Esta edição de Política de Aristóteles reflete as ideias do filósofo no contexto da Grécia Antiga, e suas opiniões podem não coincidir com os valores contemporâneos, especialmente em temas como cidadania, escravidão e o papel das mulheres. A editora esclarece que as ideias aqui apresentadas não representam nossa visão nem um endosso de práticas questionadas hoje. Esta obra busca oferecer uma reflexão histórica sobre o pensamento político grego, sem apoiar diretamente suas conclusões, que foram reinterpretadas ao longo do tempo. O leitor é convidado a refletir sobre as diferenças entre o mundo antigo e as questões atuais.

INTRODUÇÃO

Política de Aristóteles é a segunda parte de um tratado do qual *Ética* é a primeira. Ela retoma *Ética* da mesma forma que *Ética* antecipa *Política*. Aristóteles não separava, como tendemos a fazer, as esferas do estadista e do moralista. Em *Ética*, ele descreve o caráter necessário para uma vida boa, a qual, para ele, deve ser essencialmente vivida em sociedade. Quando, nos últimos capítulos de *Ética*, ele chega à aplicação prática de suas investigações, isso se expressa não em exortações morais dirigidas ao indivíduo, mas na descrição das oportunidades legislativas do estadista. É tarefa do legislador criar uma sociedade que possibilite a vida boa. Para Aristóteles, a política não é uma luta entre indivíduos ou classes pelo poder nem um meio para realizar tarefas elementares, como manter a ordem e a segurança sem grandes restrições à liberdade individual. O Estado é "uma comunidade de bem-estar em famílias e agregações de famílias para a realização de uma vida perfeita e autossuficiente". Assim, o legislador é um artesão cujo material é a sociedade e cujo objetivo é a vida boa.

Em um dos diálogos iniciais de Platão, *Protágoras*, Sócrates pergunta a Protágoras por que não é tão fácil encontrar professores de virtude como os de esgrima, equitação ou qualquer outra arte. A resposta de Protágoras é que não existem professores especializados em virtude, porque esta é ensinada por toda a comunidade. Platão e Aristóteles aceitam, então, a visão de educação moral implícita nessa resposta. Inclusive, em um trecho de *A República*, Platão rejeita a noção de que os sofistas têm uma influência moral corruptora sobre os jovens. O próprio público, diz ele, é o verdadeiro sofista e o educador mais completo e profundo. Nenhuma educação privada pode resistir à força irresistível da opinião pública e aos padrões morais ordinários da sociedade. Mas isso torna ainda mais essencial que a opinião pública e o ambiente social não sejam deixados ao acaso, como costumam ser, mas que sejam moldados pelo sábio legislador como expressão do bem e informados em todos os seus detalhes por seu conhecimento. O legislador é o único professor da virtude possível.

Um programa para um tratado sobre governo poderia nos levar a esperar, em *Política*, principalmente uma descrição de uma utopia ou Estado ideal que fosse inspirador de poetas ou filósofos, mas ter pouco efeito direto sobre as instituições políticas. Logo, *República* de Platão é claramente impraticável, pois seu autor se afastou em desespero da política existente. Pelo menos nesse diálogo ele não tem propostas para aproveitar o que há de melhor nas circunstâncias daquele momento. A primeira lição que seu filósofo deve aprender é desviar o olhar desse mundo de mudança e decadência e contemplar o mundo eterno e imutável das ideias. Assim, sua cidade ideal é, como ele diz, um modelo que está no céu, pelo qual o homem justo pode reger sua vida, sendo, portanto, um modelo para o indivíduo, e não para o estadista. Ele admite, na obra *As Leis*, que é uma cidade para deuses ou filhos de deuses, e não para os homens como são.

Aristóteles não possui o entusiasmo elevado ou a imaginação poética de Platão. Ele é até mesmo excessivamente impaciente com o idealismo platônico, como mostram as críticas em seu segundo livro. No entanto, tem a capacidade de ver as possibilidades de bem em coisas que são imperfeitas e a paciência do verdadeiro político que aprendeu que, se quiser transformar os homens no que deveriam ser, deve aceitá-los como são. Seu ideal não é construído a partir de pura razão ou poesia, mas a partir de um estudo cuidadoso e simpático de uma ampla gama de fatos. Sua crítica a Platão à luz da história, no Livro II, capítulo V, embora seja curiosamente inadequada, revela admiravelmente sua própria atitude:

> *"Devemos lembrar que não devemos desconsiderar a experiência dos séculos; na multitude de anos, essas coisas, se fossem boas, certamente não seriam desconhecidas; quase tudo foi descoberto, embora às vezes não seja montado; em outros casos, os homens não utilizam o conhecimento que possuem."*

Aristóteles, em *Constituições*, havia estudado 158 constituições dos Estados de sua época, e os frutos desse estudo são vistos nas contínuas referências à experiência política concreta, o que faz de *Política*, em alguns aspectos, uma história crítica do funcionamento das instituições da cidade-Estado grega. Nos Livros IV, V e VI, o Estado ideal parece distante, e encontramos uma análise imparcial dos Estados imperfeitos e das melhores maneiras de preservá-los, assim como uma análise das causas de sua instabilidade. É como se Aristóteles estivesse dizendo: "Eu mostrei a você o tipo de constituição apropriado e normal, mas, se você não a quiser e insistir em viver sob uma forma pervertida, pode ao menos saber como aproveitá-lo ao máximo". Dessa forma, *Política*, embora defina o Estado à luz de seu ideal, discute estados e instituições como eles são. Ostensivamente, é meramente uma continuação de *Ética*, mas passa a tratar questões políticas de um ponto de vista puramente político.

Essa combinação de idealismo e respeito pelos ensinamentos da experiência constitui, de certa forma, a força e o valor de *Política*, mas também a torna mais difícil de seguir. As grandes nações-Estados às quais estamos acostumados dificultam a compreensão de que o Estado poderia ser construído e moldado para expressar a vida boa. Podemos apreciar a análise crítica de Aristóteles sobre as constituições, mas é difícil levar a sério seu conselho ao legislador. Além disso, o idealismo e o empirismo de *Política* nunca são realmente reconciliados pelo próprio Aristóteles.

Pode ajudar na compreensão de *Política* se dissermos algo sobre dois pontos.

Estamos acostumados, desde o desenvolvimento do método histórico, à crença de que os Estados "não são feitos, mas crescem"; e tendemos a ser impacientes com a crença que Aristóteles e Platão têm pelas capacidades do legislador. Mas, por mais verdadeira que essa máxima possa ser para o Estado-nação moderno, não era assim para a cidade grega, muito menor e mais autoconsciente. Quando Aristóteles fala do legislador, ele não está falando no vácuo. Alunos da Academia foram realmente convocados a criar novas constituições para aqueles Estados. Para os gregos, a constituição não era apenas, como muitas vezes é para nós, uma questão de maquinaria política. Era vista como um modo de vida. Além disso, a constituição, dentro da qual se realizava o processo ordinário de administração e elaboração de decretos, era sempre considerada obra de um homem ou grupo de homens especiais, os legisladores. Se estudarmos a história grega, veremos que a posição do legislador corresponde àquela atribuída a ele por Platão e Aristóteles. Todos os Estados da Grécia, exceto os desvios que Aristóteles critica como "acima da lei", funcionavam sob constituições rígidas, e a constituição era alterada somente quando todo o povo dava um mandato a um legislador para elaborar uma nova. Tal era a posição dos *aesumnetes*, que Aristóteles descreve no Livro III, capítulo XIV, em tempos anteriores, e dos alunos da Academia, no século IV. O legislador não era um político comum. Ele era um médico do Estado, chamado para prescrever para uma constituição doente. Assim, Heródoto relata que, quando o povo de Cirene pediu à Pítia de Delfos ajuda para suas dissensões, o oráculo lhes disse para ir à Mantineia, e os mantineus emprestaram-lhes Demonax, que atuou como um "arrumador" e elaborou uma nova constituição para Cirene. Da mesma forma, os milesianos, segundo Heródoto, foram por muito tempo perturbados por discórdias civis até que pediram ajuda a Paros; e os parianos enviaram dez comissários que deram a Mileto uma nova constituição. Assim, os atenienses, ao fundarem sua nova colônia-modelo em Túrio, contrataram Hipódamo de Mileto, mencionado por Aristóteles no Livro II como um dos melhores especialistas em planejamento urbano, para projetar as ruas da cidade; além de Protágoras, considerado um dos melhores especialistas em elaboração de leis, para criar as leis da cidade. Em *As Leis*, Platão representa uma das pessoas do diálogo como tendo sido solicitada pelo povo de Gortyna para elaborar leis para uma colônia que estavam fundando. A situação descrita deve ter ocorrido com frequência na vida real. Os gregos pensavam que a administração deveria ser democrática, enquanto a elaboração das leis, o trabalho de especialistas. Nós pensamos mais naturalmente na elaboração das leis como o direito especial do povo e na administração como necessariamente restrita a especialistas.

Política de Aristóteles, então, é um manual para o legislador, o especialista a ser convocado quando um Estado precisa de ajuda. Chamamos a esse especialista de médico do Estado. Uma das características mais marcantes da teoria política grega é que Platão e Aristóteles veem o estadista como alguém que possui conhecimento sobre o que deve ser feito e pode ajudar aqueles que o convocam para prescrever soluções, em vez de alguém que tem o poder de controlar as forças da sociedade. O desejo da sociedade pelo conselho do estadista é dado como certo; Platão, em *A República*, afirma que uma boa constituição só é possível quando o governante não deseja governar. Onde os homens disputam o poder e não aprendem a distinguir entre a arte de tomar o leme do Estado e a arte de dirigir, que é o verdadeiro estadismo, a política verdadeira é impossível.

Com essa posição, muito do que Aristóteles tem a dizer sobre o governo está em concordância. Ele assume a visão característica de Platão de que todos os homens buscam o bem e erram por ignorância, e não por má vontade; e, portanto, ele naturalmente considera o Estado como uma comunidade que existe para o bem viver. É no Estado que essa busca comum pelo bem, a verdade mais profunda sobre os homens e a natureza, torna-se explícita e se reconhece. Para Aristóteles, o Estado é anterior à família e à aldeia, embora o suceda no tempo; pois só quando se atinge o Estado com sua organização consciente é que o homem pode entender o segredo de suas lutas passadas por algo que ele não sabia o que era. Se a sociedade primitiva é compreendida à luz do Estado, este é entendido conforme sua forma mais perfeita, quando o bem que todas as sociedades buscam é realizado em sua perfeição. Portanto, para Aristóteles, assim como para Platão, o Estado natural ou o Estado em si é o Estado ideal; e o este é o ponto de partida da investigação política.

De acordo com essa linha de pensamento, os Estados imperfeitos, embora chamados de perversões, são considerados por Aristóteles como resultado mais de equívocos e ignorância do que de má vontade perversa. Representam, segundo ele, algum tipo de justiça. Os oligarcas e democratas erram em sua concepção do bem. Eles ficam aquém do Estado perfeito por mal-entendidos sobre o objetivo ou por ignorância dos meios adequados para alcançá-lo. Mas, se são Estados, incorporam alguma concepção comum do bem, algumas aspirações compartilhadas por todos os seus membros.

A doutrina grega de que a essência do Estado consiste na comunidade de propósito é o contraponto à noção frequentemente sustentada na Era moderna de que a essência do Estado é a força. Para Platão e Aristóteles, a existência da força é um sinal não do Estado, mas do seu fracasso. Ela resulta da luta entre concepções conflitantes do bem. Na medida em que os homens concebem o bem corretamente, eles estão unidos. O Estado representa seu acordo comum, enquanto a força representa a falha em tornar esse acordo completo. Por consequência, a cura para os males políticos é o conhecimento da vida boa, e o estadista é aquele que possui tal conhecimento, pois somente ele pode oferecer aos homens o que estão sempre buscando.

Se o Estado é a organização de homens que buscam um bem comum, o poder e a posição política devem ser dados àqueles que possam promover tal objetivo. Esse é o princípio expresso na concepção de justiça política de Aristóteles, o princípio de "dar ferramentas a quem possa usá-las". À medida que o objetivo do Estado é concebido de maneira diferente, as qualificações para o governo variam. No Estado ideal, o poder será concedido ao homem com maior conhecimento do bem; em outros Estados, aos homens que são mais capazes de alcançar o fim que os cidadãos se propuseram a perseguir. Logo, a distribuição mais justa do poder político é aquela na qual há o mínimo desperdício de habilidade política.

Além disso, a crença de que a constituição de um Estado é apenas a expressão externa das aspirações e crenças comuns de seus membros explica a importância política primordial que Aristóteles atribui à educação. É o grande instrumento pelo qual o legislador pode garantir que os futuros cidadãos de seu Estado compartilharão aquelas crenças comuns que tornam o Estado possível. Os gregos, com seus pequenos estados, tinham uma compreensão muito mais clara do que podemos ter sobre a dependência de uma constituição em relação às pessoas que devem implementá-la.

Essa é, em resumo, a atitude com a qual Aristóteles aborda os problemas políticos. No entanto, ao aplicar essa perspectiva aos homens e às instituições como realmente são, Aristóteles admite certos compromissos que não são realmente consistentes com essa abordagem.

1. Aristóteles considera a adesão a um Estado como uma comunidade em busca do bem. Ele deseja restringir a adesão àqueles capazes de buscar esse objetivo da maneira mais explícita. Seus cidadãos, portanto, devem ser homens de lazer, capazes de pensamento racional sobre o fim da vida. Aristóteles não reconhece a importância da adesão menos consciente, mas profundamente enraizada no Estado, que se expressa na lealdade e no patriotismo. Sua definição de cidadão inclui apenas uma pequena parte da população de qualquer cidade grega. Ele é forçado a admitir que o Estado não é possível sem a cooperação de homens que ele não considera como membros, seja porque não são capazes de uma apreciação racional suficiente dos fins políticos, como os bárbaros que ele pensava serem escravos naturais, ou porque o lazer necessário para a cidadania só pode ser obtido pelo trabalho dos artesãos que, ao realizar seu trabalho, tornam-se

incapazes da vida que possibilitam para os outros. "O artesão só atinge a excelência na medida em que se torna um escravo", e o escravo é somente um instrumento vivo da vida boa. Ele existe para o Estado, mas o Estado não existe para ele.

2. Aristóteles, em sua descrição do Estado ideal, parece vacilar entre dois ideais. Há o ideal de uma aristocracia e o ideal do que ele chama de governo constitucional, uma constituição mista. O princípio de "dar ferramentas a quem possa usá--las" deveria levá-lo, assim como a Platão, a uma aristocracia. Aqueles que possuem conhecimento completo do bem devem ser poucos, e por isso Platão deu todo o poder em seu Estado às mãos da pequena minoria dos guardiões filósofos. É de acordo com esse princípio que Aristóteles considera que a monarquia é a forma de governo adequada quando há um homem de virtude transcendental no Estado. Ao mesmo tempo, sempre considera que o governo absoluto não é propriamente político, que não é como o domínio de um pastor sobre suas ovelhas, mas o de iguais para iguais. Ele admite que os democratas estão certos ao insistir que a igualdade é um elemento necessário ao Estado, embora ache que não reconheçam a importância de outros elementos igualmente necessários. Assim, afirma que governar e ser governado alternadamente é uma característica essencial do governo constitucional, como uma alternativa à aristocracia. O fim do Estado, que deve servir como padrão para a distribuição do poder político, é, às vezes, concebido como um bem cuja apreensão e obtenção requerem "virtude" como necessária e suficiente (esse é o princípio da aristocracia), e, às vezes, como um bem mais complexo, que necessita não apenas de "virtude", mas também de riqueza e igualdade. Essa última concepção é a base do princípio da constituição mista. Esta, na sua distribuição do poder político, dá algum peso à "virtude", algum à riqueza e algum ao mero número. Mas o princípio de "governar e ser governado alternadamente" não

é realmente compatível com um princípio inalterado de "dar ferramentas a quem possa usá-las". Aristóteles está correto ao perceber que o governo político exige igualdade não no sentido de que todos os membros do Estado devem ser iguais em habilidade ou ter igual poder, mas no de que nenhum deles pode ser considerado simplesmente como uma ferramenta com a qual o legislador trabalha, que cada um tem o direito de decidir o que será feito de sua própria vida.

A analogia entre o legislador e o artesão, na qual Platão insiste, quebra porque o legislador lida com homens como ele mesmo; homens que podem, até certo ponto, conceber seu próprio fim na vida e não podem ser tratados apenas como meios para o fim do legislador. O sentido do valor de "governar e ser governado alternadamente" deriva da experiência de que o governante pode usar seu poder para subordinar as vidas dos cidadãos do Estado não ao bem comum, mas aos seus propósitos privados. Em termos modernos, é uma tentativa simples e prática de resolver o constante problema da política: como combinar um governo eficiente com controle popular. Esse problema surge da imperfeição da natureza humana, aparente tanto nos governantes quanto nos governados; e, se o princípio que tenta resolvê-lo for admitido como importante para a formação da melhor constituição, então o ponto de partida da política será a imperfeição real do homem, e não sua natureza ideal. Em vez de começar com um Estado que expresse a natureza ideal do homem e adaptá-lo o melhor possível às deficiências reais desse ideal, devemos reconhecer que o Estado e toda a maquinaria política são tanto a expressão da fraqueza do homem quanto de suas possibilidades ideais. O Estado é possível apenas porque os indivíduos têm aspirações comuns, mas o governo e o poder político, a existência de oficiais com autoridade para agir em nome dele, são necessários porque a comunidade é imperfeita, porque a natureza social do homem se expressa de maneiras conflitantes, no choque de interesses, na rivalidade de partidos e na luta de classes, em vez de na busca unida por um bem comum. Platão e Aristóteles estavam familiarizados com o legislador convocado por todo o povo e tendiam, portanto, a dar por garantida a vontade geral ou o consentimento comum do povo. A maioria das questões políticas está preocupada com a construção e a expressão da vontade geral, além das tentativas de garantir que a maquinaria política criada para expressar a vontade geral não seja explorada para fins privados ou setoriais.

Logo, a constituição mista de Aristóteles surge do reconhecimento dos interesses setoriais no Estado. A relação adequada entre os requisitos de "virtude", riqueza e números deve ser baseada não em sua importância relativa para a vida boa, mas na força dos partidos que eles representam. A constituição mista é viável em um Estado onde a classe média é forte, pois apenas a classe média pode mediar entre os ricos e os pobres. A constituição mista será estável se representar o equilíbrio real de poder entre as diferentes classes do Estado. Quando analisamos as constituições existentes segundo Aristóteles, vemos que, embora ele as considere imperfeitas aproximações do ideal, também as vê como resultado da luta entre classes. A democracia, explica ele, não é o governo da maioria, mas dos pobres; a oligarquia é um governo não dos poucos, mas dos ricos. E cada classe é considerada não como uma tentativa de expressar um ideal, mas como uma luta para adquirir poder ou manter sua posição. Se alguma vez uma classe existiu em sua forma nua e não redimida, foi nas cidades gregas do século IV, e sua existência é amplamente reconhecida por Aristóteles. Sua análise das causas das revoluções no Livro V mostra o quanto os Estados existentes na Grécia estavam distantes de seu ideal de partida. Sua análise dos fatos o força a vê-los como o cenário de facções em conflito. As causas das revoluções não são descritas principalmente como mudanças na concepção do bem comum, mas como mudanças no poder militar ou econômico das diversas classes do Estado. O objetivo que, assim, estabelece-se para oligarquias ou democracias não é a vida boa, mas a simples estabilidade ou permanência da constituição existente.

Com esse espírito de realismo que permeia os Livros IV, V e VI, o idealismo dos Livros I, II, VII e VIII nunca é reconciliado. Aristóteles se contenta em afirmar que as constituições existentes pervertem suas formas verdadeiras. Contudo, não podemos ler *Política* sem reconhecer e aproveitar a visão sobre a natureza do Estado revelada ao longo do texto. A falha de Aristóteles não está em ser tanto idealista quanto realista, mas em manter essas duas tendências muito distantes uma da outra. Ele pensa demais em seu Estado ideal como algo a ser alcançado de uma vez por todas pelo conhecimento, como um tipo fixo ao qual os estados reais se aproximam ou do qual são perversões. Mas, se devemos considerar a política real como inteligível à luz do ideal, devemos também considerar este como algo progressivamente revelado na história, não como algo a ser descoberto ao voltarmos as costas à experiência e recorrer ao raciocínio abstrato. Se esticarmos o alcance do que existe para um ideal, é para um melhor que, por sua vez, possa ser transcendido, e não para um único melhor imutável.

Aristóteles encontrou na sociedade de seu tempo homens que não eram capazes de reflexão política e que, segundo ele, faziam seu melhor trabalho sob supervisão. Ele os chamou de escravos naturais. Para Aristóteles, essa é a condição natural de um homem, na qual faz seu melhor trabalho. Mas Aristóteles também pensa na natureza como algo fixo e imutável; e, portanto, sanciona a instituição da escravidão, que assume que o que os indivíduos são sempre serão, estabelecendo uma barreira artificial para que jamais se tornem algo mais. Vemos na defesa da escravidão por Aristóteles como a concepção de natureza idealística pode ter uma influência degradante sobre as visões de política prática. Seu alto ideal de cidadania oferece àqueles que podem satisfazer suas exigências a perspectiva de uma vida justa; aqueles que ficam aquém são considerados diferentes por natureza e totalmente excluídos da aproximação de seu padrão.

A. D. LINDSAY

LIV

RO I

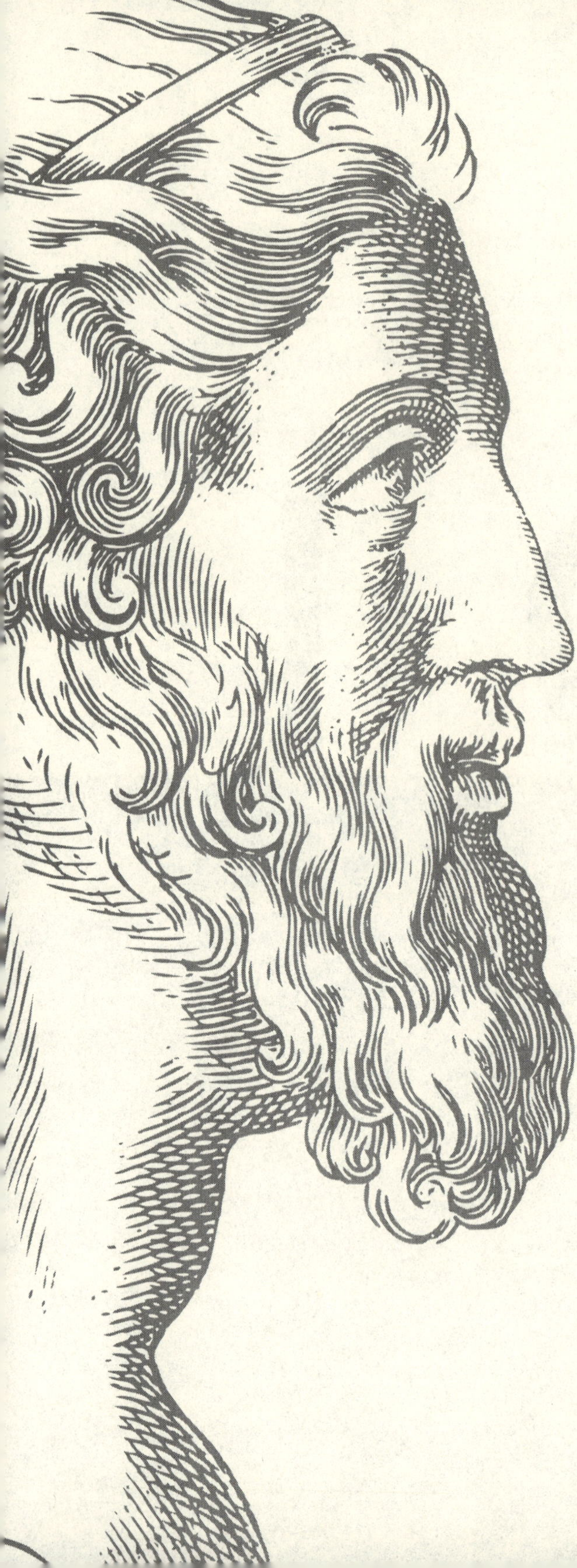

I

Como vemos que toda cidade é uma sociedade, e toda sociedade é estabelecida para algum bom propósito – já que um bem aparente é a motivação de todas as ações humanas –, é evidente que esse é o princípio sobre o qual todas elas são fundadas. Isso é especialmente verdadeiro para a cidade, que tem por objetivo o bem possível e é, em si mesma, a mais excelente, abrangendo todas as outras. Isso é chamado de cidade, e a sociedade dela é uma sociedade política. Aqueles que pensam que os princípios de um governo político, régio, familiar e servil são os mesmos estão enganados, pois supõem que cada um desses governos difere apenas no número de pessoas a quem seu poder se estende, e não em sua constituição. Para eles, um governo servil é composto por um número muito pequeno de pessoas; um governo doméstico, por um número maior; e os governos civil e régio, por um número ainda maior, como se não houvesse diferença entre uma grande família e uma pequena cidade; ou que um governo régio e um governo político são iguais, com a diferença de que, no primeiro, uma única pessoa está continuamente à frente dos assuntos públicos, enquanto no segundo cada membro do Estado tem, por sua vez, uma participação no governo, sendo às vezes magistrado e outras vezes um particular, de acordo com as regras da ciência política. Mas isso não é verdade, como será evidente para qualquer um que considere a questão da maneira mais adequada. Assim como, em uma investigação sobre qualquer outro assunto, é necessário separar as diferentes partes de que é composto até chegarmos aos seus primeiros elementos, as partes mais minuciosas, devemos adquirir um conhecimento das partes primárias de uma cidade e ver em que elas diferem e se as regras da arte nos ajudam a examinar cada uma de tais partes.

II

Se alguém, nesta ciência em particular, se concentrasse em seus primeiros princípios e no seu desenvolvimento, teria uma compreensão completa do assunto, assim como acontece em outras ciências. Perceberia, em primeiro lugar, que é necessário que se unam aqueles cujas naturezas não podem existir sem o outro, como o macho e a fêmea para a reprodução. E isso não por escolha, mas por um impulso natural que atua tanto nas plantas quanto nos animais, com o propósito de deixar descendentes semelhantes a si mesmos. É também por causas naturais que alguns seres comandam e outros obedecem, para que ambos possam assegurar sua segurança mútua. Um ser dotado de uma mente capaz de reflexão e previsão é, por natureza, superior e governante, enquanto aquele cuja excelência é apenas corporal está destinado a ser escravo. Daí resulta que o Estado de mestre e escravo é igualmente benéfico para ambos. Mas há uma diferença natural entre uma mulher e um escravo[1]: a natureza não é

---

1 Segundo Aristóteles, a vida familiar deve manifestar três funções distintas por sua própria natureza: 1. a função **gâmica** ou **marital** (*gamiké*), que garante a relação entre homem e mulher com base na complementaridade; 2. a função **paternal** (*teknopoiétiké*), que assegura os laços entre pais e filhos para a preservação da espécie; e 3. a função **despótica** ou **dominial** (*despotiké*), que estabelece a conexão entre senhor e escravo visando à preservação mútua de ambos. É importante ressaltar que, na obra *Política*, de Aristóteles, o escravo não é tratado como um "objeto" ou "coisa" a ser possuída, sujeito a condições desumanas de vida (uma concepção que se desenvolveu posteriormente), mas sim como um elemento de um status "econômico" necessário para garantir a vida doméstica e a obtenção de recursos essenciais à esfera familiar. Assim, Aristóteles também associa (vide *Política*, I, 8) às três funções mencionadas uma quarta função: a **crematística** (*khrematistiké*). Esta função refere-se à capacidade da esfera doméstica de obter recursos (*khoregia*), propriedade (*ktéma*) e riqueza (*ousia*), fundamentais para garantir o bem viver (*eu zein*). Nesse contexto, Aristóteles antecipa, de certa forma, a interpretação hegeliana da dialética entre senhor e escravo, ao considerar que entre essas figuras se estabelece uma relação de obrigações e deveres mútuos (cf. *Política*, I, 6). Assim, no direito helênico, que se mostra mais humanista que o direito romano (que via o escravo como uma "coisa" – *res*), podemos identificar elementos semelhantes ao que o direito medievo-feudal prescrevia sobre as relações de solidariedade que deveriam unir

como os artesãos que fazem espadas de Delfos para uso dos pobres, mas para cada propósito específico ela possui seus instrumentos próprios, e assim seus objetivos são mais completos. Tudo o que é utilizado para um único propósito atinge uma perfeição muito maior do que quando usado para muitos. No entanto, entre os bárbaros, uma mulher e um escravo são vistos como iguais na sociedade, o que se deve ao fato de que, entre eles, não há ninguém qualificado por natureza para governar; portanto, sua sociedade só pode ser composta por escravos de diferentes sexos. Por essa razão, os poetas dizem que é adequado para os gregos governar os bárbaros, como se um bárbaro e um escravo fossem, por natureza, a mesma coisa.

Dessas duas sociedades, a doméstica é a primeira, e Hesíodo está certo quando diz: "Primeiro uma casa, depois uma esposa, depois um boi para o arado"[2], pois o homem pobre sempre tem um boi antes de um escravo doméstico. A sociedade que a natureza estabeleceu para o sustento diário é, portanto, a doméstica, e aqueles que a compõem são chamados por Carondas de *homosipuoi* e por Epimênides, o Cretense, de *homokapnoi*. Mas a sociedade de muitas famílias, instituída para sua vantagem mútua e duradoura, é chamada de aldeia, e uma aldeia é composta naturalmente pelos descendentes de uma única família, que alguns chamam de *homogalaktes*, ou seja, filhos e netos dessa família. Portanto, as cidades foram originalmente governadas por reis, como os estados bárbaros são, compostos por aqueles que já estavam acostumados a um governo real; pois cada família é governada pelo mais velho, assim como os ramos da família por conta do parentesco, conforme expresso por Homero: "Cada um governava sua esposa e filhos"[3]; dessa forma dispersa eles viviam antigamente. E a opinião amplamente difundida de que os próprios deuses estão sujeitos a um governo real surge do fato de que todos os homens antigamente viviam assim, e muitos

---

as partes, abrangendo não apenas as relações de mútua defesa entre senhor e suserano, mas também as relações produtivas entre senhor e servo.
2 Hesíodo, Os Trabalhos e os Dias, 405.
3 Homero, Odisseia, IX, 114.

ainda vivem; e, como se imaginavam feitos à semelhança dos deuses, supunham que sua maneira de viver deveria ser a mesma.

E quando muitas aldeias se unem de tal maneira a formar uma sociedade única, esta é uma cidade e contém em si, se posso dizer assim, o fim e a perfeição do governo: foi fundada para que possamos viver, mas continua existindo para que possamos viver felizes. Por essa razão, cada cidade deve ser considerada obra da natureza se admitirmos que a sociedade original entre macho e fêmea o é; pois todas as sociedades subordinadas tendem a ela como seu fim, e o fim de tudo é a sua natureza. O que cada ser é em seu estado mais perfeito, isso certamente é a natureza desse ser, seja ele um homem, um cavalo ou uma casa. Além disso, o que produz a causa final e o fim que desejamos deve ser o melhor; mas um governo completo em si é essa causa final e o que há de melhor. Daí fica evidente que uma cidade é uma produção natural, que o homem é naturalmente um animal político e que quem for naturalmente e não acidentalmente inapto para a sociedade deve ser inferior ou superior ao homem – como o de Homero, que é criticado por ser "sem sociedade, sem lei, sem família". Tal pessoa deve naturalmente ter uma disposição briguenta e ser tão solitária quanto os pássaros. O dom da fala também prova claramente que o homem é um animal mais social do que as abelhas ou qualquer outro animal gregário; pois a natureza, como dizemos, não faz nada em vão, e o homem é o único animal que desfruta da fala. A voz, de fato, sendo o sinal de prazer e dor, é compartilhada por outros também, e essa é a capacidade que sua natureza possui, de perceber prazer e dor e de transmitir essas sensações a outros. Mas é pela fala que somos capazes de expressar o que é útil para nós e o que é prejudicial; por consequência, também o que é justo e injusto, pois, nesse aspecto, o homem difere dos outros animais, tendo sozinho a percepção do bem e do mal, do justo e do injusto. É a participação nesses sentimentos comuns que forma uma família e uma cidade.

Além disso, a noção de cidade precede naturalmente a de família ou de indivíduo, pois o todo deve necessariamente vir antes das partes.

Se você retirar o homem completo, não se pode dizer que reste um pé ou uma mão, a menos que seja por analogia, como supor que uma mão de pedra foi feita, mas isso seria apenas uma mão morta. Mas tudo é entendido como sendo isso ou aquilo por suas qualidades e poderes em atividade, de modo que, quando esses não mais permanecem, tampouco pode-se dizer que seja a mesma coisa, senão algo com o mesmo nome. Portanto, é claro que uma cidade precede o indivíduo, pois, se este não é em si suficiente para compor um governo perfeito, é para a cidade como outras partes são para o todo; mas aquele que é incapaz de sociedade, ou tão completo em si mesmo que não precisa dela, não faz parte de uma cidade, como uma besta ou um deus. Existe, então, em todas as pessoas um ímpeto natural para se associar dessa maneira, e quem primeiro fundou a sociedade civil foi a causa do maior bem; pois, assim como pela sua completude, o homem é o mais excelente de todos os seres vivos; sem lei e justiça ele seria o pior de todos, pois nada é tão difícil de subjugar quanto a injustiça armada. Mas essas armas já estão em posse dos homens em seu nascimento, a saber: prudência e coragem, as quais pode aplicar aos mais variados propósitos. Aquele, no entanto, que as abusa será o mais perverso, o mais cruel, o mais luxurioso e o mais glutão que se pode imaginar, pois a justiça é uma virtude política e, pelas suas regras, o Estado é regulado, e tais regras são o critério do que é correto.

III

Agora que está claro por quais partes uma cidade é composta, faz-se necessário tratar primeiro do governo da família, pois toda cidade é formada por famílias, e cada uma, por sua vez, contém partes separadas. Quando uma família está completa, consiste em homens livres e escravos. Mas, como em qualquer assunto, devemos começar examinando as menores partes, e como as primeiras e menores partes de uma família são o senhor e o escravo, o marido e a esposa, o pai e o filho, vamos primeiro investigar esses três relacionamentos: o do senhor e o escravo, o do marido e a esposa, e o do pai e o filho. Devemos considerá-los pedaços distintos de uma família. Alguns pensam que a provisão do necessário para a família é algo diferente de seu governo, enquanto outros acreditam que isso é o mais importante; essa questão será considerada separadamente. Mas primeiro falaremos do senhor e do escravo, para que possamos entender tanto a natureza das coisas absolutamente necessárias quanto tentar aprender algo melhor sobre esse assunto do que já se sabe. Algumas pessoas acreditam que o poder do senhor sobre seu escravo se origina de seu conhecimento superior, e que esse conhecimento é o mesmo no senhor, no magistrado e no rei. Mas outros pensam que o governo sobre escravos é contrário à natureza, e que é a lei que torna um homem escravo e outro livre, mas que na natureza não há diferença; por isso, esse poder não pode se basear na justiça, senão na força.

IV

Como a subsistência é necessária em toda família, os meios para obtê-la certamente fazem parte da administração familiar, já que sem o essencial é impossível viver e viver bem. Assim como em todas as artes levadas à perfeição é necessário que haja instrumentos adequados para completar as obras, tal aspecto se aplica à arte de gerenciar uma família. Agora, quanto aos instrumentos, alguns são animados, outros inanimados; por exemplo, para o piloto de um navio, o leme é inanimado enquanto o marinheiro está vivo; assim como um servo é um instrumento em muitas artes. Portanto, a propriedade é como um instrumento para a vida, a qual depende de uma variedade de instrumentos; como um escravo, que é um do tipo animado, mas todo aquele que pode servir por si mesmo é mais valioso do que qualquer outro instrumento. Se cada instrumento, por ordem ou a partir de uma preconcepção da vontade de seu mestre, pudesse realizar seu trabalho (como se diz nas histórias sobre as estátuas de Dédalo, ou o que o poeta nos conta sobre os trípodes de Vulcano, "que se moviam por conta própria para a assembleia dos deuses"), a lançadeira teceria sozinha e a lira tocaria por si mesma; nem o arquiteto precisaria de servos nem o senhor de escravos. Ora, o que geralmente chamamos de instrumentos são os meios para algo mais, mas as posses são aquilo que simplesmente usamos: com uma lançadeira, fazemos algo para nosso uso, mas usamos apenas um casaco ou uma cama. Como fazer e usar diferem em espécie, e ambos requerem seus instrumentos, é necessário que estes também sejam diferentes. A vida em si é o que usamos, e não o que empregamos como meio para algo mais; por isso, os serviços de um escravo são para uso. Uma posse pode ser considerada da mesma natureza que a parte de algo; porém, uma parte não é somente um pedaço de algo, mas também não é nada além disso; assim é uma posse. Portanto, um senhor é apenas o senhor do escravo, mas não faz parte dele. Porém, o escravo não é apenas o escravo do senhor, mas nada mais além disso. Isso explica plenamente a natureza de um escravo e suas capacidades, pois aquele que por natureza não é nada de si mesmo, mas totalmente de outro, e é um homem, é um escravo por natureza; e aquele que é propriedade de outro é apenas um bem, embora continue sendo um homem; ainda que um bem seja um instrumento de uso, separado do corpo.

V

Mas, se alguém é ou não escravo por natureza, e se é vantajoso e justo para alguém ser escravo, ou se toda escravidão é contrária à natureza, será considerado mais adiante. Não que seja difícil determinar isso com base em princípios gerais ou entender a partir dos fatos, pois que alguns devem governar e outros ser governados não é apenas necessário, senão útil. E desde o nascimento alguns estão destinados a esses propósitos, e outros a diferentes, e há muitas espécies de ambos os tipos. E, quanto melhores forem aqueles que são governados, melhor também será o governo, como no caso do homem em comparação com os animais irracionais. Também quanto mais excelentes são os materiais com os quais a obra é concluída, mais excelente certamente é a obra. E onde quer que haja um governante e um governado, certamente haverá algum trabalho produzido, pois tudo o que é composto de muitas partes, que juntas se tornam uma, seja de forma conjunta ou separada, evidentemente mostra sinais de governar e ser governado. Isso é uma verdade para todos os seres vivos na natureza; na verdade, até em algumas coisas que não possuem vida, como na música; mas essa provavelmente seria uma discussão muito alheia ao nosso propósito atual.

Todo ser vivo, em primeiro lugar, é composto de alma e corpo, sendo um, por natureza, o governante, e o outro, o governado. Se quisermos saber o que é natural, devemos buscar isso nos assuntos em que a natureza se mostra mais perfeita, e não naqueles que estão corrompidos; devemos, portanto, examinar um homem que esteja perfeitamente formado tanto em alma quanto em corpo, em quem isso seja evidente, pois nos depravados e viciosos o corpo parece governar a alma devido ao seu estado corrupto e contrário à natureza. Podemos, então, como afirmamos, perceber em um animal os primeiros princípios do governo heril e político, pois a alma governa o corpo como o mestre governa seu escravo; a mente governa o apetite com poder político ou régio, o que mostra que é tanto natural quanto vantajoso que o corpo seja governado pela alma, e a parte passional pela mente, e aquela parte que possui razão. Todavia, não ter poder de governar, ou ter um poder inadequado, é prejudicial para todos; e isso é verdadeiro não apenas para o homem, mas também para outros animais, pois os domesticados são naturalmente melhores do que os selvagens, e é vantajoso que ambos os tipos estejam sob subordinação ao homem. Isso é produtivo para sua segurança comum. O equivalente ocorre naturalmente com o macho e a fêmea; um é superior, o outro inferior; um governa, o outro é governado; e a mesma regra deve necessariamente ser válida para toda a Humanidade.

Logo, os homens que são tão inferiores aos outros quanto o corpo é à alma devem ser assim dispostos, pois o uso adequado deles está em seus corpos, nos quais sua excelência consiste. E, se o que eu disse é verdade, são escravos por natureza, e é vantajoso para eles estarem sempre sob governo. É, então, por natureza, formado para ser escravo quem está qualificado para se tornar propriedade de outra pessoa, e por essa razão o é, e quem tem apenas razão suficiente para saber que existe tal faculdade sem possuir o uso dela. Outros animais não têm percepção de razão, mas são inteiramente guiados pelo apetite e, na verdade, variam muito pouco em seu uso uns dos outros, pois a vantagem que recebemos, tanto dos escravos quanto dos animais domesticados, surge de sua força corporal, ministrando às nossas necessidades, uma vez que a intenção da natureza é fazer os corpos de escravos e homens livres diferentes entre si para que um seja robusto para seus propósitos, e os outros, eretos, inúteis de fato para o que os escravos são empregados, mas adequados para a vida civil, que se divide entre os deveres de guerra e paz. Essas regras nem sempre sejam aplicáveis, pois, às vezes, os escravos têm os corpos de homens livres e, às vezes, as almas. Se então é evidente que alguns corpos são tão mais excelentes que outros, quanto as estátuas dos deuses excedem a forma humana, todos concordarão que o inferior deve ser escravo do superior; e, se isso é verdade em relação ao corpo, é ainda mais justo determinar da mesma maneira quando consideramos a alma, embora não seja tão fácil perceber a beleza desta quanto é do corpo. Portanto, como alguns homens são escravos por natureza e outros são livres, fica claro que, onde a escravidão é vantajosa para alguém, então é justo torná-lo um escravo.

VI

Mas não é difícil perceber que aqueles que sustentam a opinião contrária têm alguma razão em seu argumento, pois um homem pode se tornar escravo de duas maneiras diferentes. Pode ser pela lei, que é um certo pacto pelo qual tudo o que é tomado em batalha é julgado como propriedade dos vencedores. No entanto, muitas pessoas envolvidas no Direito questionam esse suposto direito e dizem que seria injusto que um homem fosse compelido à força a ser escravo e sujeito de outro que tivesse o poder de obrigá-lo e fosse superior em força. Sobre esse assunto, mesmo entre os sábios, alguns pensam de uma maneira e outros, de outra; mas a causa da dúvida e variedade de opiniões surge do fato de que grandes habilidades, quando acompanhadas dos meios adequados, geralmente conseguem se impor pela força, pois a vitória é sempre devida a uma superioridade em algumas circunstâncias vantajosas, de modo que parece que a força nunca prevalece, exceto como consequência de grandes habilidades. No entanto, a disputa sobre a justiça disso permanece, uma vez que algumas pessoas pensam que a justiça consiste em benevolência, enquanto outras acham que é justo que o mais poderoso governe. No meio de tais opiniões contrárias, não há razões suficientes para nos convencer de que o direito de ser senhor e governante não deveria ser atribuído àqueles que possuem as maiores habilidades.

Algumas pessoas, baseando-se inteiramente no direito que a lei confere (pois o que é legal é, em alguns aspectos, justo), insistem que a escravidão resultante da guerra é justa, mas não dizem que é inteiramente assim, pois pode acontecer que o princípio sobre o qual as guerras foram iniciadas seja injusto. Além disso, ninguém dirá que um homem que é injustamente mantido na escravidão é, por isso, um escravo; se assim fosse, homens das mais nobres famílias poderiam acabar sendo escravos e seus descendentes também, caso fossem capturados na guerra e vendidos. Para evitar essa dificuldade, dizem que tais pessoas não devem ser chamadas de escravas, apenas de bárbaras. Mas, ao dizerem isso, nada mais fazem do que questionar quem é escravo por natureza, que é o que inicialmente dissemos, pois devemos reconhecer que existem pessoas que, onde quer que estejam, devem necessariamente ser escravas, enquanto outras nunca seriam. Assim também ocorre com aqueles de ascendência nobre: não são estimados apenas em seu próprio país, senão em qualquer lugar. Já os bárbaros são respeitados apenas em sua terra natal, como se nobreza e liberdade fossem de dois tipos, uma universal e outra não. Assim diz Helena na obra de Teodecto[4]:

> "Quem ousa me chamar de escrava?
> Quando dos imortais deuses, de ambos os lados,
> eu traço minha linhagem."[5]

---

4 Teodecto (ca. 393–ca. 340 a.C.) foi um retórico e dramaturgo grego, contemporâneo de Aristóteles. Embora grande parte de sua obra tenha sido perdida, alguns fragmentos sobreviveram, especialmente em obras sobre retórica e tragédia. A tragédia *Helena* provavelmente teria abordado a famosa história mitológica de Helena de Troia, um tema comum nas tragédias gregas.
5 Teodecto, *Helena*, fragmento 3. Este fragmento está catalogado no trabalho de Augustus Nauck, estudioso do século XIX que coletou e organizou fragmentos de tragédias gregas perdidas.

Aqueles que expressam sentimentos como esses mostram apenas que distinguem o escravo e o homem livre, o nobre e o ignóbil, pelos seus méritos e vícios, pois acham razoável que, assim como um homem gera um homem, e uma fera gera uma fera, de um homem bom deve vir outro homem bom. E isso é o que a natureza deseja fazer, mas frequentemente não consegue realizar. É evidente, então, que essa dúvida tem alguma razão e que tais indivíduos não são escravos, e aqueles, livres, por designação da natureza; e também que, em alguns casos, é suficientemente claro que é vantajoso para ambas as partes que um homem seja escravo e outro seja mestre, e que é certo e justo que alguns sejam governados e outros governem, da maneira que a natureza pretendia; esse tipo de governo é o que um mestre exerce sobre um escravo. Mas governar mal é desvantajoso para ambos, uma vez que é útil tanto para a parte quanto para o todo, para o corpo e para a alma. O escravo é, por assim dizer, uma parte do mestre, como se fosse uma parte animada de seu corpo, embora separada. Por essa razão, pode haver uma utilidade mútua e amizade entre o mestre e o escravo, quero dizer, quando eles estão nessa relação um com o outro por natureza, pois o contrário ocorre entre aqueles que são reduzidos à escravidão, pela lei ou pela conquista.

VII

É notório, pelo que foi dito, que o governo de um mestre e o governo político não são iguais, ou que todos os governos são semelhantes entre si, como alguns afirmam, pois um é adaptado à natureza dos homens livres e o outro, à dos escravos. O governo doméstico é uma monarquia, pois prevalece em cada casa; mas um Estado político é o governo de homens livres e iguais. O mestre não é chamado assim por saber como gerenciar seu escravo, mas porque é de fato o mestre; e pelo mesmo motivo o escravo e o homem livre têm suas respectivas denominações. Há também um tipo de conhecimento próprio para o mestre e outro para o escravo; o conhecimento do escravo é semelhante àquele que era ensinado por um escravo em Siracusa, o qual, por uma quantia estipulada, ensinava aos meninos todas as atividades de um escravo doméstico, havendo vários tipos a serem aprendidos, como a arte da culinária e outros serviços semelhantes, alguns atribuídos a uns e outros, a outros; alguns trabalhos sendo mais honrosos e outros, mais necessários. Segundo o provérbio, "um escravo supera outro, um mestre supera outro": em tais coisas consiste o conhecimento de um escravo. O conhecimento do mestre consiste em saber como empregar adequadamente seus escravos, pois o senhorio é o uso prático deles, não a mera posse; não que esse conhecimento contenha algo grandioso ou respeitável, pois o que um escravo deve saber fazer o mestre deve saber ordenar. Nesse sentido, aqueles que têm a capacidade de se livrar das atenções triviais empregam um administrador para esse negócio e se dedicam aos assuntos públicos ou à filosofia. O conhecimento de adquirir o que é necessário para uma família é diferente daquele que pertence tanto ao mestre quanto ao escravo; e isso, de maneira justa, deve ser feito por meio da guerra ou da caça. E assim termina a explicação sobre a diferença entre um mestre e um escravo.

VIII

 Como o escravo é uma espécie particular de propriedade, vamos analisar a natureza da propriedade em geral e a aquisição de riqueza, conforme propusemos. Em primeiro lugar, pode-se questionar se a obtenção de dinheiro é o mesmo que economia, ou se é uma parte dela ou algo que a auxilia; e, em caso afirmativo, se é como a arte de fazer lançadeiras em relação à tecelagem, ou a de fabricar bronze para a fundição de estátuas, pois elas não têm a mesma função: uma fornece as ferramentas, a outra, a matéria-prima. Por matéria-prima, refiro-me ao material com o qual o trabalho é finalizado, como a lã para o tecido e o bronze para a estátua. É evidente, então, que a obtenção de dinheiro não é o mesmo que economia, pois a função de uma é fornecer os meios para a outra utilizá-los; e que arte há envolvida na administração de uma família senão a economia? Mas, se isso é uma parte dela ou algo de uma espécie diferente, ainda é uma dúvida, já que, se é função de quem obtém dinheiro descobrir como riquezas e posses podem ser adquiridas, e ambos surgem de várias causas, devemos primeiro investigar se a arte da agricultura faz parte da obtenção de dinheiro ou se é algo diferente; e, em geral, se o equivalente não se aplica a todas as aquisições e atenções relacionadas ao suprimento de recursos.

Mas, assim como há muitos tipos de suprimentos, também são variados os modos de vida, tanto dos seres humanos quanto dos animais; e, como é impossível viver sem alimento, a diferença nesse aspecto faz com que as vidas dos animais sejam tão diversas umas das outras. Entre os animais, alguns vivem em grupos; outros, de forma isolada, conforme for mais conveniente para obterem alimento; alguns vivem de carne; outros, de frutas; e outros, de qualquer coisa que encontrem, a natureza tendo distinguido seu modo de vida de forma que possam facilmente garantir sua subsistência. E, como as mesmas coisas não são agradáveis para todos, pois um animal gosta de uma coisa e outro, de outra, segue-se que as vidas daqueles que vivem de carne devem ser diferentes das vidas daqueles que vivem de frutas; o equivalente se aplica aos seres humanos, cujas vidas diferem muito umas das outras. E, entre todos, a vida do pastor é a mais ociosa, pois vive da carne de animais domesticados, sem esforço, embora seja obrigado a mudar sua moradia por causa de seus rebanhos, forçado a seguir, cultivando, por assim dizer, uma fazenda viva.

Outros vivem exercendo violência sobre outras criaturas vivas; uns perseguindo uma coisa; outros, outra; uns, caçando homens; aqueles que vivem perto de lagos, pântanos, rios ou do mar, sobrevivendo da pesca, enquanto outros são caçadores de aves ou de animais selvagens; mas a maior parte da Humanidade vive dos produtos da terra e de seus frutos cultivados. E a maneira como todos aqueles que seguem a direção da natureza e trabalham para sua própria subsistência vivem é quase igual, sem jamais pensar em obter provisões por meio de trocas ou comércio, como pastores, agricultores, ladrões, pescadores e caçadores. Alguns combinam diferentes ocupações e, assim, vivem de forma muito agradável, suprindo as deficiências que impediriam sua subsistência de depender apenas de si mesmos; assim, por exemplo, o mesmo indivíduo pode ser pastor e ladrão, ou agricultor e caçador; e assim também com os demais, seguem o modo de vida que a necessidade lhes aponta.

Essa provisão, então, a própria natureza parece ter fornecido a todos os animais, tanto imediatamente após seu nascimento quanto quando alcançam a maturidade, pois, no primeiro desses períodos, alguns deles são providos no ventre com o alimento adequado, que continua até que o ser nascido possa obtê-lo por si mesmo, como é o caso dos vermes e dos pássaros; e, quanto aos que dão à luz seus filhotes vivos, têm os meios para sua subsistência por um certo tempo dentro de si mesmos, ou seja, o leite.

É evidente, então, que podemos concluir que as plantas foram criadas para os animais, e os animais, para os seres humanos; os domesticados, para nosso uso e sustento; os selvagens, pelo menos em sua maioria, também para nosso sustento ou para algum outro propósito vantajoso, como nos fornecer roupas e semelhantes. Como a natureza, portanto, não faz nada de forma imperfeita ou em vão, segue-se necessariamente que ela criou todas essas coisas para os seres humanos; por essa razão, o que ganhamos na guerra é, em certo grau, uma aquisição natural, já que a caça faz parte dela, necessária para usarmos contra os animais selvagens; e contra aqueles homens que, sendo destinados pela natureza à escravidão, recusam-se a submeter-se a ela, tal guerra é naturalmente justa: esse tipo de aquisição, então, somente quando está de acordo com a natureza, faz parte da economia; e isso deve estar à mão ou, se não estiver, ser imediatamente obtido, ou seja, o que é necessário para ser guardado para viver e que é útil tanto para o Estado quanto para a família.

E as verdadeiras riquezas parecem consistir nessas coisas; e a aquisição dos bens necessários para uma vida feliz não é infinita, embora Sólon diga o contrário neste verso:

"Nenhum limite para a riqueza pode ser estabelecido
para o homem."

Logo, ainda que possam ser fixados limites, como em outras artes, os instrumentos de qualquer arte não são infinitos, seja em número ou em tamanho; mas a riqueza é um número de instrumentos na economia doméstica e civil. É, portanto, evidente que a aquisição de certas coisas de acordo com a natureza é parte tanto da economia doméstica quanto da civil, e essa é sua razão.

IX

Existe também outro tipo de aquisição, que chamam especificamente de pecuniária, com muita propriedade; e é nessa forma de aquisição que parece não haver limites para riquezas e fortuna. Muitas pessoas acreditam, devido à relação estreita entre elas, que essa é a mesma forma mencionada anteriormente, mas não é, embora não seja muito diferente; uma delas é natural, a outra não, porém resulta de alguma arte ou habilidade. Vamos examinar esse assunto com mais detalhes.

Os usos de qualquer posse são dois, dependentes da própria coisa, mas de maneiras diferentes: um supõe uma conexão inseparável com a coisa, o outro não. Por exemplo, um sapato pode ser tanto usado como trocado por outro bem; ambos são usos do sapato. Quem troca um sapato com alguém que precisa dele por dinheiro ou provisões está usando o sapato como sapato, mas não de acordo com a intenção original, pois os sapatos não foram feitos inicialmente para serem trocados. O equivalente se aplica a todas as outras posses; a troca, em geral, teve sua origem na natureza, pois alguns homens tinham um excedente, outros tinham menos do que era necessário. Por isso, é notório que vender provisões por dinheiro não está de acordo com o uso natural das coisas; foram obrigados a usar o escambo para obter as coisas de que precisavam. No entanto, é claro que o escambo não poderia ter lugar na primeira sociedade, ou seja, na sociedade familiar; ele deve ter começado quando o número de membros da comunidade aumentou: no início, todos compartilhavam as coisas em comum, porém, quando passaram a se separar, foram obrigados a trocar entre si muitos bens diferentes dos quais os dois lados precisavam. Esse costume ainda é mantido entre muitas nações bárbaras, que obtêm um bem necessário por outro, mas nunca vendem nada; como trocar vinho por grãos, por exemplo.

Esse tipo de escambo não é contraditório à natureza nem é uma forma de obtenção de dinheiro; é necessário para conseguir a subsistência que está em conformidade com ela. No entanto, tal prática introduziu o uso do dinheiro, como era de se esperar, pois, em um lugar conveniente para importar o que você precisava ou exportar o que você tinha em excesso, estando muitas vezes a grande distância, o dinheiro necessariamente encontrou seu caminho no comércio. Nem tudo o que é naturalmente mais útil é fácil de transportar; por essa razão, inventaram algo para trocar entre si que pudessem dar e receber mutuamente, que fosse realmente valioso por si só e tivesse a vantagem adicional de ser facilmente transportável, para fins de vida, como ferro e prata, ou qualquer outra coisa de natureza semelhante.

No início, isso passou a ter valor simplesmente de acordo com seu peso ou tamanho; mas, com o tempo, recebeu um certo carimbo, para evitar o trabalho de pesá-lo, e esse carimbo indicava seu valor.

Estabelecido o dinheiro, então, como o meio necessário de troca, surgiu outra forma de obtenção monetária, ou seja, pela compra e venda; provavelmente no início de maneira simples, depois com mais habilidade e experiência, onde e como os maiores lucros poderiam ser obtidos. Por essa razão, a arte de obter dinheiro parece estar principalmente envolvida com o comércio, e o negócio dela é ser capaz de identificar onde os maiores lucros podem ser obtidos, sendo o meio de adquirir abundância de riqueza e posses: e, assim, muitas vezes se supõe que a riqueza consiste na quantidade de dinheiro que alguém possui, pois esse é o meio pelo qual todo o comércio é conduzido e uma fortuna é feita; outros, no entanto, consideram-no sem valor por não o ter por natureza, senão arbitrariamente feito assim por acordo; de modo que, se aqueles que o utilizam mudassem seus pensamentos, ele não valeria nada por não servir a nenhum propósito necessário. Além disso, quem tem muito dinheiro muitas vezes carece de alimento; e é impossível dizer que alguém está em boas condições quando, com todas as suas posses, pode morrer de fome.

É como Midas na fábula, que, por seu desejo insaciável, fazia com que tudo o que tocava se transformasse em ouro. Por essa razão, busca-se adquirir outras riquezas e propriedades, e com razão, pois existem outras riquezas e propriedades na natureza; e essas são os verdadeiros objetivos da economia. Já o comércio apenas obtém dinheiro, não por todos os meios, mas pela troca, e é para esse propósito que é principalmente utilizado, pois o dinheiro é o princípio e o fim do comércio; e não há limites para o que se pode adquirir de tal maneira. Assim também não há limites para a medicina em relação à saúde que ela tenta obter. O equivalente se aplica a todas as outras artes; não se pode traçar uma linha para delimitar seus limites, uma vez que os profissionais de cada uma delas desejam expandi-las o máximo possível (mas, ainda assim, os meios a serem empregados para esse propósito são limitados; e esses são os limites além dos quais a arte não pode avançar). Assim, na arte de adquirir riquezas, não há limites, pois o objetivo é o dinheiro e as posses; mas a economia tem um limite, embora essa arte não o tenha: adquirir riquezas não é o objetivo da economia, por isso deveria haver um limite para as riquezas, embora na prática vejamos o contrário. Todos aqueles que acumulam riquezas aumentam seu dinheiro sem fim; a causa disso é a conexão próxima entre essas duas artes, que às vezes faz com que uma troque de emprego com a outra, já que o objetivo comum delas é ganhar dinheiro: a economia exige a posse de riquezas, mas não por si só, e sim com outro objetivo, para adquirir coisas necessárias. Contudo, a outra as obtém apenas para aumentá-las, de modo que algumas pessoas acreditam que esse é o verdadeiro objetivo da economia e pensam que, por isso, o dinheiro deve ser guardado e acumulado sem fim. A razão para tal disposição é que estão preocupadas em viver, mas não em viver bem; e como esse desejo é ilimitado em sua extensão, os meios que buscam para esse propósito também são ilimitados. E aqueles que pretendem viver bem muitas vezes restringem isso ao desfrute dos prazeres sensoriais, de modo que, como isso igualmente parece depender do que um homem possui, todo o seu cuidado é conseguir dinheiro, e daí surge a outra causa para essa arte, pois, como tal prazer é excessivo em seu grau, eles se esforçam para obter meios proporcionais para sustentá-lo. E, se não puderem fazer isso apenas pelo comércio, tentarão fazê-lo de outras maneiras e aplicarão todas as suas forças a um propósito para o qual não foram naturalmente destinados. Assim, por exemplo, a coragem foi destinada a inspirar fortaleza, não a ganhar dinheiro; e esse não é o objetivo da arte do soldado ou do médico, mas sim a vitória e a saúde. Mas tais pessoas fazem tudo servir ao objetivo de ganhar dinheiro, como se esse fosse o único fim; e a esse fim tudo deve se referir.

Já consideramos a arte de ganhar dinheiro que não é necessária, e vimos de que maneira passamos a precisar dela; e também a que é necessária, distinta, pois a economia que é natural, e cujo objetivo é prover alimento, não é ilimitada em sua extensão, mas tem seus limites.

X

Agora já determinamos o que antes era duvidoso: se a arte de ganhar dinheiro é ou não responsabilidade de quem está à frente de uma família ou de um Estado. Embora não seja estritamente essa a função principal, ela é, contudo, muito necessária. Assim como o político não cria os homens, mas, recebendo-os da natureza, os emprega para fins adequados, a terra, o mar ou qualquer outra fonte devem fornecer recursos necessários, e cabe ao chefe da família administrar isso de maneira adequada. Não é função do tecelão fabricar o fio, mas sim usá-lo, distinguindo o que é bom e útil do que é ruim e sem valor. Alguém poderia questionar por que a obtenção de dinheiro deveria fazer parte da economia doméstica, enquanto a arte de curar não faz, já que é tão preciso que a família esteja em boa saúde quanto que tenha alimento ou qualquer outra coisa essencial. E, de fato, em alguns aspectos, é responsabilidade tanto do chefe da família quanto daquele a quem foi confiado o governo do Estado cuidar da saúde daqueles sob seus cuidados; em outros aspectos, isso cabe ao médico. Da mesma forma, no que diz respeito ao dinheiro, em certos aspectos é responsabilidade do chefe da família, em outros não, senão do servo. Contudo, como já dissemos, essa função cabe principalmente à natureza, pois é tarefa dela fornecer alimento à sua descendência; tudo encontra sustento no que o gerou. Por essa razão, as riquezas naturais de todos os homens provêm de frutos e animais.

Ainda, considerando que ganhar dinheiro, como dissemos, possui dois aspectos, ele pode ser aplicado a dois fins: o serviço da casa ou o comércio. O primeiro é necessário e louvável, enquanto o segundo é justamente censurável, pois não tem sua origem na natureza. Todavia, é por meio dele que os homens lucram uns com os outros. A usura é justamente detestada, considerando que aumenta a fortuna por meio do próprio dinheiro, sem empregá-lo para o fim originalmente pretendido, que é a troca.

E essa é a explicação do nome (*tokos*), que significa a procriação do dinheiro. Assim como os filhos se assemelham aos pais, a usura é o dinheiro gerado a partir de dinheiro. Por isso, de todas as formas de ganhar dinheiro, essa é a mais contrária à natureza.

XI

Depois de termos considerado suficientemente os princípios gerais sobre o assunto, vamos agora entrar na parte prática. Enquanto um é o emprego liberal para a mente, o outro é necessário. Esses conhecimentos são úteis para a administração dos próprios assuntos; é importante saber sobre a natureza do gado, quais são os mais lucrativos e onde e como mantê-los. Por exemplo, quais são as vantagens de criar cavalos, bois, ovelhas ou qualquer outro tipo de gado. É imprescindível também conhecer o valor comparativo desses recursos e quais têm mais valor em lugares específicos, pois se saem melhor em tal local. Deve-se compreender a agricultura e a gestão de terras aráveis e pomares, além do cuidado com abelhas, peixes e aves, dos quais qualquer lucro possa advir; esses são os primeiros e mais adequados aspectos da administração doméstica.

Quanto à obtenção de dinheiro por meio da troca, o principal método é o comércio, que pode ser realizado de três maneiras diferentes: enviando a mercadoria para venda por mar ou por terra, ou vendendo-a no local onde é produzida. Esses métodos diferem entre si na medida em que um é mais lucrativo e o outro, mais seguro. O segundo método é a usura. O terceiro é receber salários por trabalho realizado, seja por meio de alguma arte menor ou de trabalho físico.

Há também uma outra forma de aumentar a fortuna, que está entre esta e a primeira; depende parcialmente da natureza e parcialmente da troca. Trata-se de coisas que vêm diretamente da terra ou seus produtos, que, embora não gerem frutos, são úteis, como a venda de madeira e a arte da metalurgia, que inclui várias espécies, pois há diferentes tipos de elementos extraídos da terra.

Mencionamos esses aspectos de forma geral, mas entrar em detalhes sobre cada um deles, embora possa ser útil para o artista, seria cansativo. Entre todas as artes, as mais excelentes são aquelas nas quais o acaso tem menos participação, e as mais inferiores são as que degradam o corpo. As mais servilistas são aquelas nas quais a força física é o principal requisito, e as mais desprezíveis são as que exigem menos habilidade. No entanto, como há livros escritos sobre esses assuntos por algumas pessoas, como Chares, o *Paniano*, e Apolodoro, o *Lemniano*, sobre agricultura e plantio; e por outros sobre diversos temas, aqueles que precisarem devem consultá-los. Além disso, cada pessoa deve reunir o que ouvir ocasionalmente sobre o tema, já que muitos que aspiravam fazer fortuna conseguiram alcançar seus objetivos dessa maneira. Todos esses conhecimentos são úteis para quem se dedica a ganhar dinheiro, como no caso do estratagema de Tales de Mileto, que, embora fosse certamente lucrativo, foi atribuído à sua sabedoria, apesar de o método empregado ser generalizado e funcionar universalmente. Quando o criticaram por sua pobreza, como se o estudo da filosofia fosse inútil, diz-se que ele, ao perceber pela astrologia que haveria uma grande colheita de azeitonas naquele ano, ainda no inverno, usou um pouco de dinheiro para garantir todos os lagares de óleo em Mileto e Quios, contratando-os a baixo preço, já que ninguém competiu com ele. Quando chegou a época da produção de óleo e muitos precisavam dos lagares, ele os alugou conforme lhe convinha, arrecadando uma grande quantia de dinheiro e provando que era fácil para os filósofos ficarem ricos se quisessem, mas que esse não era seu objetivo. Assim, Tales demonstrou sua sabedoria. De fato, como já dissemos, é geralmente lucrativo para uma pessoa criar um monopólio de algo; por isso, algumas cidades também adotam esse método quando precisam de dinheiro e monopolizam suas mercadorias. Havia uma pessoa na Sicília que investiu uma quantia de dinheiro comprando todo o ferro dos comerciantes, de modo que, quando os negociantes vinham dos mercados para comprar, só ele tinha o material para vender. E, embora não tenha aumentado muito o preço, ao investir cinquenta talentos, ele fez cem. Quando Dionísio soube disso, permitiu que ele levasse seu dinheiro, mas proibiu-o de continuar na Sicília, considerando-o alguém que criava meios de ganhar dinheiro incompatíveis com seus negócios. O objetivo desse homem e de Tales era exatamente igual: ambos buscavam obter um monopólio para si. É útil também para os políticos entender essas questões, pois muitos Estados precisam arrecadar dinheiro e utilizam tais métodos, assim como as famílias privadas, e até mais. Por isso, alguns que trabalham na administração pública se dedicam apenas a essa área.

XII

Existem, portanto, três partes na administração doméstica: os mestres, sobre os quais já falamos, os pais e os maridos. A gestão da esposa e dos filhos deve ser a de pessoas livres, mas não da mesma forma. A esposa deve ser tratada como uma cidadã de Estado livre, enquanto os filhos devem estar sob um poder real; pois o homem é, por natureza, superior à mulher, exceto quando algo ocorre contrário ao curso habitual da natureza, como o mais velho e perfeito em relação ao mais jovem e imperfeito.

Na maioria dos Estados livres, os governantes e os governados trocam de lugar alternadamente, já que uma igualdade sem preferência é o que a natureza prefere. No entanto, quando um governa e outro é governado, deve haver uma distinção entre eles em termos de formas, expressões e honras, como Amasis disse sobre seu lavatório. Essa deve ser a regra estabelecida entre o homem e a mulher. A administração dos filhos deve ser real devido ao poder do pai sobre o filho basear-se no afeto e na senioridade, que é uma forma de governo real. Por isso, Homero corretamente chama Júpiter de "pai dos deuses e dos homens", pois ele era rei de ambos. A natureza exige que um rei seja da mesma espécie daqueles que governa, embora superior em alguns aspectos, como é o caso entre o mais velho e o mais jovem, o pai e o filho.

XIII

É evidente, então, que na administração adequada de uma família deve-se dar mais atenção aos diversos membros e suas virtudes do que às posses ou riquezas, e mais aos homens livres do que aos escravos. No entanto, pode surgir a dúvida sobre se há alguma virtude em um escravo além dos seus serviços físicos, e se há virtudes como temperança, coragem, justiça e outras ou se ele possui apenas qualidades corporais. Cada lado da questão tem suas dificuldades; se os escravos possuem essas virtudes, em que eles se distinguem dos homens livres? E que não possuí-los, já que são homens e participam da razão, parece absurdo. Uma questão similar pode ser feita sobre uma mulher e uma criança, se também têm suas próprias virtudes; se uma mulher deve ser temperante, corajosa e justa, e se uma criança é temperante ou não. Decerto, esta questão deveria ser geral: se as virtudes daqueles que, por natureza, governam ou são governados são as mesmas ou diferentes. Caso seja necessário que ambos compartilhem o que é justo e bom, por que é preciso que, sem exceção, um governe e o outro sempre seja governado? Isso não pode surgir do fato de possuírem essas qualidades em diferentes graus; governar e ser governado são coisas diferentes por natureza, mas não mais ou menos. E é surpreendente que um grupo deva ter essas qualidades e o outro não, pois, se aquele que deve governar não for temperante e justo, como poderá governar bem? Ou se ele deve ser governado, como poderá ser bem governado? Quem é intemperante e covarde nunca fará o que deveria. Portanto, é evidente que ambas as partes devem ser virtuosas. Mas há uma diferença entre aqueles que, por natureza, comandam e os que obedecem, e isso origina-se na alma, uma vez que é nela que a natureza plantou o princípio de governar e submeter, cujas virtudes são diferentes, como as de um ser racional e um ser irracional.

É claro que o mesmo princípio pode ser estendido ainda mais, e que há na natureza uma variedade de coisas que governam e são governadas, pois um homem livre é governado de maneira diferente de um escravo; um homem, de uma mulher; e um adulto, de uma criança. Todos esses têm partes da mente dentro de si, mas de maneiras diferentes. Assim, um escravo não pode ter poder de decisão, uma mulher tem um poder fraco e uma criança, um poder imperfeito. Da mesma forma, deve ser em relação às virtudes morais: todos devem possuir virtudes, porém não da mesma maneira, senão conforme o melhor para cada função. Portanto, aquele que deve governar deve ser perfeito em virtude moral, considerando que sua função é inteiramente a de um arquiteto, e a razão é o arquiteto. Outros precisam apenas da porção suficiente de virtude para sua posição. Daí é evidente que, embora a virtude moral seja comum a todos os que mencionamos, a temperança de um homem e uma mulher não são iguais, nem sua coragem, nem sua justiça, embora Sócrates pensasse o contrário. A coragem do homem está em comandar, e a da mulher, em obedecer. E o equivalente se aplica a outras particularidades: e isso será evidente para aqueles que examinarem as virtudes diferentes separadamente. Os que usam termos gerais enganam-se ao dizer que a virtude consiste em uma boa disposição da mente ou em fazer o que é certo, ou algo semelhante. É muito melhor quem enumera as diferentes virtudes, como fez Górgias, do que aqueles que as definem assim. E como Sófocles fala sobre uma mulher, pensamos em todos, que suas virtudes devem se aplicar aos seus caracteres, pois ele diz "O silêncio é um adorno para a mulher", mas não para o homem; e como uma criança é incompleta, é evidente que sua virtude não deve ser referida em sua situação atual, mas àquela em que ele estará completo, e a seu preceptor.

Igualmente, a virtude de um escravo deve ser referida ao seu senhor, pois estabelecemos como uma máxima que o uso de um escravo é empregá-lo no que se deseja. Portanto, é claro que poucas virtudes são necessárias em sua posição apenas para que não negligencie seu trabalho por preguiça ou medo. Alguém pode questionar se o que eu disse é verdadeiro, se a virtude não é necessária para os trabalhadores em seu ofício, pois, muitas vezes, por preguiça, negligenciam seu trabalho. Todavia, a diferença entre eles é muito grande, pois um escravo está ligado a você por toda a vida, enquanto o trabalhador não está tão próximo. Assim, quanto mais o trabalhador se aproxima da posição de um escravo, mais ele deve possuir as virtudes de um escravo, porque um trabalhador medíocre é, em certo ponto, um escravo. No entanto, um escravo é assim por definição de sua natureza, o que não é verdade para um sapateiro ou qualquer outro artista. É evidente então que um escravo deve ser treinado nas virtudes apropriadas para sua posição por seu mestre, e não por quem tem o poder de um mestre, para ensinar-lhe qualquer arte específica. Portanto, estão errados aqueles que negam a razão aos escravos e dizem que eles só devem seguir ordens, pois os escravos precisam de mais instrução do que as crianças, e assim determinamos esta questão. É imprescindível, reconheço, que qualquer um que trate de governo entre em detalhes sobre as relações de marido e esposa, e de pai e filho, e mostre quais são as virtudes de cada um e suas respectivas conexões; o que é certo e o que é errado; e como um deve ser seguido e o outro, evitado. Uma vez que toda família é parte de uma cidade e cada um desses indivíduos é parte de uma família, e a virtude das partes deve corresponder à virtude do todo, é necessário que tanto as esposas quanto os filhos da comunidade sejam instruídos de acordo com a sua natureza, se isso for importante para a virtude do Estado. As esposas são metade das pessoas livres, e dos filhos serão formados os futuros cidadãos. Assim, tendo determinado esses pontos, deixaremos o restante para ser abordado em outro lugar, como se o assunto estivesse concluído; e, começando novamente, consideraremos primeiramente os pensamentos daqueles que trataram das formas mais perfeitas de governo.

LIV

O II

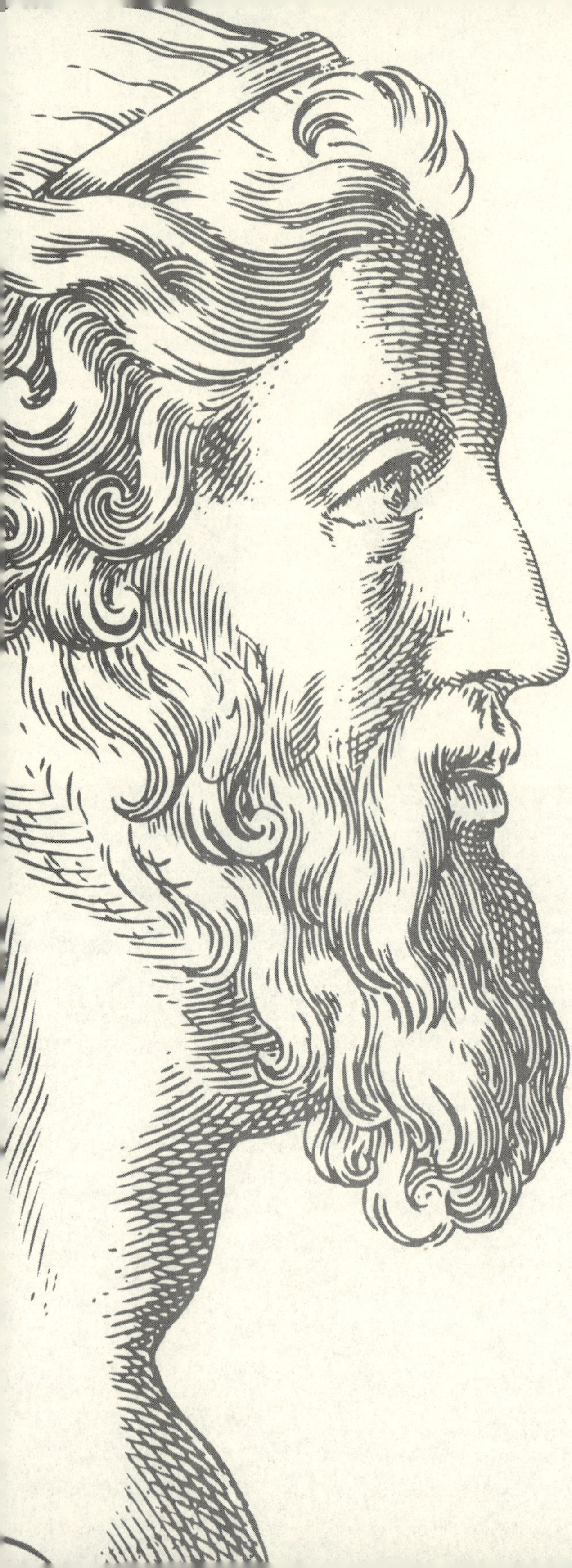

I

Como propomos investigar a melhor forma de sociedade civil para aqueles com a capacidade de viver exatamente como desejam, é necessário examinar a política dos Estados considerados bem governados. Além disso, se houver outros Estados que algumas pessoas descreveram e que parecem estar devidamente regulados, devemos observar o que é correto e útil neles. E, ao apontar as falhas, não devemos interpretar isso como uma afetação de sabedoria, pois é justamente por haver grandes defeitos em todos os que já estão estabelecidos que me senti levado a empreender este trabalho.

Começaremos pela parte do assunto que naturalmente se apresenta primeiro à nossa consideração. Os membros de cada Estado devem, necessariamente, ter tudo em comum, ou algumas coisas em comum e outras não, ou nada em comum. Ter nada em comum é evidentemente impossível, pois a própria sociedade é uma forma de comunidade. O primeiro requisito para isso é um lugar comum de habitação, ou seja, a cidade, da qual cada cidadão deve ter uma parte. Mas, em um governo que deve ser bem fundado, será melhor admitir uma comunidade em tudo o que for possível ou apenas em alguns aspectos, deixando outros de fora? Pois é possível que os cidadãos tenham suas esposas, seus filhos e bens em comum, como na em *A República*, de Platão, já que Sócrates afirma que todos esses aspectos deveriam ser assim. Então, qual devemos preferir? O costume já estabelecido ou as leis propostas no tratado?

II

Como a comunidade de esposas apresenta muitas outras dificuldades, a razão pela qual pretende-se estruturar seu governo dessa forma não parece razoável nem é capaz de alcançar o objetivo proposto para o qual se diz que deveria ser implementado; além disso, ele não forneceu diretrizes específicas para colocá-lo em prática. Concordo com Sócrates no princípio que adota e admito que a cidade deve ser o mais possivelmente singular; no entanto, é evidente que, se a cidade for muito restrita, deixará de ser uma cidade, pois isso pressupõe necessariamente uma multidão. Se seguirmos esse caminho, reduziremos uma cidade a uma família e uma família, a uma única pessoa, pois admitimos que uma família é mais unitária que uma cidade, e uma pessoa é mais unitária que uma família. Portanto, se esse objetivo pudesse ser alcançado, nunca deveria ser colocado em prática, já que aniquilaria a cidade. Uma cidade não consiste apenas em um grande número de habitantes, senão em ser abrigo de diferentes tipos; caso todos fossem iguais, não poderia haver uma cidade. Uma confederação e uma cidade são coisas diferentes: uma confederação é valiosa por seu número, mesmo que todos os seus membros tenham a mesma profissão, pois é formada para defesa mútua, assim como adicionamos um peso extra para fazer a balança descer. A mesma distinção se aplica entre uma cidade e uma nação quando o povo não está dividido em vilarejos separados, mas vive como os arcádios.

As questões nas quais uma cidade deve ser uma são de diferentes naturezas, e a segurança dela reside na preservação de uma reciprocidade alternada de poder entre esses elementos (como já mencionei em meu *Tratado sobre a Moral*). Para os homens livres e iguais, isso é absolutamente necessário; todos não podem governar ao mesmo tempo, mas devem alternar-se por ano ou por outro regulamento ou período, pelo qual cada um, a seu turno, estará no cargo. É como se os sapateiros e carpinteiros trocassem de ocupação em vez de estarem sempre empregados na mesma profissão. Embora seja evidentemente melhor que continuem a exercer suas respectivas profissões, também na sociedade civil, quando possível, seria melhor que o governo permanecesse nas mesmas mãos. No entanto, quando isso não for viável (uma vez que a natureza fez todos os homens iguais e, portanto, é justo que todos participem da administração, seja boa ou má), o melhor é observar uma rotação, permitindo que aqueles que são iguais por turno se submetam aos que são magistrados naquele momento, como eles, a seu turno, alternadamente serão governantes e governados, como se fossem pessoas diferentes. Assim, diferentes pessoas executarão diferentes funções.

A partir disso, é notório que uma cidade não pode ser uma da maneira que alguns propõem e que o que foi dito como o maior bem que ela poderia desfrutar é, na verdade, sua destruição, o que é impossível. O bem de qualquer coisa é o que a preserva. Além disso, é claro que não é ideal tentar fazer uma cidade ser demasiadamente singular, pois uma família é mais autossuficiente em si mesma do que uma única pessoa, e uma cidade é mais autossuficiente do que uma família. De fato, Platão supõe que uma cidade deve sua existência à autossuficiência que seus membros possuem. Se essa autossuficiência é tão desejável, quanto menos a cidade for uma, melhor.

III

Embora seja admitido que é mais vantajoso para uma cidade ser o mais unificada possível, não parece que isso se concretize permitindo que todos digam de uma vez: "isso é meu, e isso não é meu" (embora seja isso que Sócrates considera como prova de que a cidade é totalmente unida). A palavra "todo" é usada em dois sentidos diferentes: caso se refira a cada indivíduo, o que Sócrates propõe quase se concretiza, pois cada pessoa diria que este é seu próprio filho, sua própria esposa e seus próprios bens, e igualmente a tudo o que possa lhe pertencer. Mas aqueles que têm suas esposas e seus filhos em comum não dirão isso; todos dirão, mas não como indivíduos. Portanto, usar a palavra "todo" é evidentemente uma forma enganosa de falar; essa palavra é, às vezes, usada de forma distributiva e, às vezes, coletiva, devido ao seu duplo sentido, e causa silogismos inconclusivos no raciocínio. Portanto, que todas as pessoas digam que um mesmo elemento seja seu, usando a palavra "todo" no seu sentido distributivo, seria desejável, mas é impossível. No sentido coletivo, isso de forma alguma contribuiria para a concordância do Estado. Além disso, haveria outra desvantagem nessa proposta, pois o que é comum a muitos é menos cuidado. Todos os homens cuidam mais do que é seu do que do que compartilham com os outros, ao qual prestam menos atenção do que é devido. Adicionalmente, cada indivíduo é mais negligente em relação ao que o outro deve cuidar, assim como de seus próprios negócios; como em uma família, muitas vezes, se é mais mal servido por muitos empregados do que por poucos.

Deixe cada cidadão do Estado ter mil filhos, mas nenhum deles deve ser considerado como filho daquele indivíduo; a relação de pai e filho deve ser comum a todos eles, e todos seriam negligenciados. Além disso, consequentemente, sempre que um cidadão se comportasse bem ou mal, qualquer pessoa, seja qual for o número, poderia dizer: "este é meu filho" ou "este é filho de tal pessoa". Assim, expressariam-se e duvidariam de todos os mil ou de qualquer número que a cidade tivesse; e seria incerto a quem cada criança pertenceria, e quem deveria cuidar dela. Qual você acha que é melhor: que cada um diga "isto é meu", aplicando isso igualmente a dois mil ou dez mil, ou como dizemos "isto é meu" em nossos atuais sistemas de governo, nos quais um homem chama o outro de filho, outro chama a mesma pessoa de irmão, outro, de sobrinho ou algum outro grau de parentesco, seja por sangue ou casamento, e primeiro estende seu cuidado a ele e aos seus, enquanto outro o considera como pertencente à mesma comunidade e tribo? É melhor que alguém seja sobrinho em sua capacidade privada do que um filho dessa forma. Além disso, será impossível evitar que alguns suspeitem que são irmãos e irmãs, pais e mães uns dos outros, pois, pela semelhança entre o pai e a prole, concluirão necessariamente a relação que têm entre si, o que, segundo os escritores que descrevem diferentes partes do mundo, às vezes acontece. Na Alta África, há esposas comuns que, no entanto, entregam seus filhos aos pais respectivos, guiadas pela semelhança com eles. Também há algumas éguas e vacas que naturalmente dão à luz filhotes tão semelhantes ao macho que podemos distinguir facilmente por qual deles foram fecundadas: assim era a égua chamada Justa, na Farsália.

IV

Além disso, aqueles que propõem esse plano de comunidade não conseguem evitar facilmente os seguintes males: agressões, assassinatos involuntários ou voluntários, brigas e reprovações, o que seria realmente ímpio em relação a nossos pais e mães, ou àqueles que estão intimamente relacionados conosco; embora não em relação a quem não tem vínculo de afinidade conosco. E, certamente, esses problemas devem ocorrer com mais frequência entre aqueles que não sabem como estão conectados uns com os outros do que entre aqueles que sabem; e, quando ocorre, se for entre os primeiros, admitem uma expiação legal, mas entre os últimos isso não pode ser feito. Também é absurdo para aqueles que promovem a comunidade de crianças proibir os que se amam de se entregarem aos últimos excessos dessa paixão, enquanto não os restringem da própria paixão, ou de intercursos que são, de todos, os mais impróprios entre pai e filho, irmão e irmão; de fato, o próprio ato é o mais absurdo. Também é ridículo impedir esse intercâmbio entre os parentes mais próximos apenas por causa da intensidade do prazer, enquanto consideram que a relação de pai e filha, irmão e irmã, não tem importância alguma.

Parece também mais vantajoso para o Estado que os agricultores tenham suas esposas e seus filhos em comum do que os militares, pois haverá menos afeto entre eles nesse caso do que se fosse de outra forma. Essas pessoas devem estar sob submissão para obedecer às leis e não buscar inovações. No geral, as consequências de tal lei seriam diretamente contrárias àquelas que boas leis devem estabelecer e que Sócrates tentou com suas regras sobre mulheres e crianças: acreditamos que a amizade é o maior bem que pode acontecer a uma cidade, pois nada previne tanto as sedições. E a amizade em uma cidade é o que Sócrates recomenda acima de todas as coisas, o que parece ser, como de fato ele diz, o efeito da amizade; como aprendemos com Aristófanes nas *Eróticas*, que diz que aqueles que se amam excessivamente desejam respirar a mesma alma e se fundir de dois em um: daí se segue necessariamente que ambos ou um deles deve ser destruído.

Mas, em uma cidade que admita essa comunidade, o vínculo de amizade deve, justamente por essa razão, ser extremamente fraco, quando nenhum pai pode dizer "este é meu filho" ou o filho dizer "este é meu pai". Assim como um pouco do que é doce, misturado com uma grande quantidade de água, torna-se imperceptível após a mistura, todas as conexões familiares e os nomes que elas recebem devem ser necessariamente desconsiderados em tal comunidade; não sendo, então, necessário que o pai tenha qualquer consideração pelo que ele chama de filho, ou os irmãos por aqueles que chamam de irmãos.

Há duas coisas que principalmente inspiram a Humanidade com cuidado e amor por sua prole: saber que é sua e o que deveria ser objeto de sua afeição, nenhuma das quais pode ocorrer nesse tipo de comunidade. Quanto à troca das crianças dos artífices e agricultores com as dos militares, e vice-versa, causará grande confusão, independentemente de como for feito, pois, necessariamente, aqueles que transportam as crianças devem saber de quem as pegaram e para quem as deram; e, por esse meio, os males que já mencionei se tornarão mais prováveis de ocorrer, como agressões, amor incestuoso, assassinatos e semelhantes. Isso porque aqueles que são dados de seus próprios pais a outros cidadãos, como os militares, não os chamarão de irmãos, filhos, pais ou mães. O equivalente acontecerá com os militares que forem colocados entre os outros cidadãos; assim, por esse meio, cada um teria medo de agir em consequência da consanguinidade. E, assim, determinemos sobre uma comunidade de esposas e filhos.

V

Passamos agora a considerar de que maneira a propriedade deve ser regulada em um Estado formado segundo o modo mais perfeito de governo, se deve ser comum ou não, pois essa questão pode ser considerada separada da que foi determinada sobre esposas e filhos. Quero dizer, se é melhor que essas propriedades sejam mantidas separadas, como são atualmente em todos os lugares, ou se não apenas as posses, mas também o usufruto delas deve ser comum; ou se o solo deve ter um proprietário específico, mas que a produção seja reunida e utilizada como um estoque comum, como fazem algumas nações atualmente; ou, ao contrário, se o solo deve ser comum e cultivado dessa forma, enquanto a produção é dividida entre os indivíduos para seu uso particular, o que é dito ser praticado por alguns povos bárbaros; ou se tanto o solo quanto o fruto devem ser comuns?

Quando o trabalho do agricultor não recai sobre o cidadão, a questão é muito mais fácil de resolver; porém, quando aqueles que têm um direito comum de posse trabalham juntos, isso pode ocasionar várias dificuldades, pois pode não haver uma proporção igual entre seu trabalho e o que consomem; e aqueles que trabalham arduamente e recebem uma pequena parte da produção certamente reclamarão dos que recebem uma grande parte e fazem pouco por isso. No geral, uma comunidade entre pessoas tão completa a ponto de incluir tudo o que é possível, e assim ter todas as coisas que um homem pode possuir em comum, é muito difícil, especialmente em relação à propriedade; e isso é evidente na comunidade que ocorre entre aqueles que vão fundar uma colônia, pois frequentemente há disputas sobre as ocasiões mais comuns e chegam a agressões por trivialidades. Também descobrimos que frequentemente corrigimos os escravos que estão geralmente empregados nas funções comuns da família; assim, uma comunidade de propriedade tem essas e outras desvantagens associadas a ela.

No entanto, o modo de vida atualmente estabelecido, especialmente quando embelezado com boas práticas morais e um sistema de leis iguais, é muito superior, pois terá a vantagem de ambos; por ambos quero dizer a propriedade sendo comum e também dividida, pois em alguns aspectos deve ser de maneira comum, mas, no geral, privada. A atenção de cada homem em seus próprios assuntos particulares evitará queixas mútuas; de fato, isso aumentará a indústria, pois cada pessoa trabalhará para melhorar sua própria propriedade privada; e assim, a partir de um princípio de virtude, eles realizarão mutuamente bons serviços, conforme o provérbio "Todas as coisas são comuns entre amigos"; e em algumas cidades há vestígios dessa prática, o que demonstra que não é impraticável, especialmente nas cidades melhor governadas. Algumas coisas são, por esse meio, de certa forma comuns, e outras poderiam ser, pois ali cada pessoa desfrutando de sua própria propriedade privada ajuda o amigo com algumas coisas, e outras são consideradas comuns. É como na Lacedemônia, onde usam os escravos uns dos outros, como se fossem, por assim dizer, seus próprios, assim como fazem com seus cavalos e cães, ou mesmo qualquer provisão que possam precisar em uma viagem.

É evidente que é melhor ter a propriedade privada, mas fazer com que seu uso seja comum. Todavia, como levar os cidadãos a isso é uma tarefa particular do legislador, e, também, no que diz respeito ao prazer, é incalculável o quanto é vantajoso para um homem pensar que possui algo que pode chamar de seu, já que não é em vão que cada pessoa deve ter uma afeição por si mesma, isso é natural, e ainda assim ser um amante de si mesmo é justamente criticado. Nesse sentido, refiro-me não apenas a alguém que ama a si mesmo, mas a quem se ama mais do que deveria; da mesma forma, criticamos o amante do dinheiro, e ainda assim tanto o dinheiro quanto o próprio ser são o que todos amam. Além disso, é muito agradável para nós agradar e ajudar nossos amigos e companheiros, bem como aqueles com quem temos vínculos de hospitalidade; e isso não pode ser feito sem o estabelecimento da propriedade privada, o que não pode ocorrer com aqueles que fazem uma cidade ser excessivamente unificada; ademais, eles impedem cada oportunidade de exercitar duas virtudes principais, a modéstia e a liberalidade. Modéstia em relação ao sexo feminino, pois essa virtude exige que você se abstenha da pessoa que é de outro; e liberalidade, que depende da propriedade privada, pois sem isso ninguém pode parecer liberal ou realizar uma ação generosa; assim, ela consiste em compartilhar com os outros o que é nosso.

Esse sistema de governo, de fato, recomenda-se por sua boa aparência e pretensões enganosas de humanidade; e, quando proposto a alguém pela primeira vez, deve causar grande prazer, pois a pessoa concluirá que é um vínculo maravilhoso de amizade, conectando todos a todos, especialmente quando alguém critica os males que atualmente existem na sociedade como decorrentes da falta de propriedades comuns, ou seja, as disputas que ocorrem entre as pessoas devido a contratos diferentes entre si. Os julgamentos passados em tribunal por causa de fraude, perjúrio e adulação dos ricos, nada disso decorre da privacidade das propriedades, mas dos vícios da Humanidade. Além disso, aqueles que vivem em uma comunidade geral e têm tudo em comum frequentemente discutem mais entre si do que aqueles que têm suas propriedades separadas; decerto, o número muito pequeno de pessoas que têm suas propriedades em comum, em comparação com aqueles que têm suas propriedades apropriadas, mostra que os casos de brigas são poucos. Também é justo mencionar não apenas as desvantagens das quais aqueles que vivem em uma comunhão de bens são poupados, mas também as vantagens das quais são privados, pois, quando se considera o todo, esse modo de vida será encontrado como impraticável.

Devemos supor, então, que o erro de Sócrates surgiu do princípio com o qual ele começou sendo falso; admitimos, de fato, que tanto uma família quanto uma cidade devem ser singulares em alguns aspectos, mas não totalmente, pois há um ponto além do qual, se uma cidade prosseguir na redução de si mesma a uma só, ela não será mais uma cidade.

Há também outro ponto em que a cidade ainda continuará a ser uma cidade, mas se aproximará tanto de não ser uma que será pior do que nenhuma; como se alguém reduzisse as vozes dos que cantam em conjunto a uma só, ou um verso a um pé. Mas o povo deve ser unido e formar uma comunidade, como já disse, por meio da educação; assim como a propriedade em Lacedemônia e as mesas públicas na Creta foram tornadas comuns pelos seus legisladores. No entanto, quem introduzir educação e achar que isso tornará sua cidade excelente e respeitável estará sendo absurdo, caso espere formar sua cidade apenas com tais regulamentos, e não com costumes, filosofia e leis. E quem desejar estabelecer um governo baseado na comunhão de bens precisa saber que deve consultar a experiência de muitos anos, a qual o informará claramente se tal esquema é útil, pois quase tudo já foi descoberto, mas alguns aspectos foram negligenciados e outros conhecidos não foram colocados em prática. Isso seria mais evidente se alguém pudesse ver tal governo realmente estabelecido: seria impossível criar uma cidade assim sem dividi-la e separá-la em partes distintas, como mesas públicas, bairros e tribos; então, aqui, as leis não fariam mais do que proibir os militares de se envolverem na agricultura, o que os lacedemônios estão tentando fazer atualmente.

Além disso, Sócrates não nos disse (nem é fácil dizer) qual plano de governo deveria ser seguido com relação aos indivíduos no Estado onde há uma comunidade de bens estabelecida, pois, embora a maioria dos seus cidadãos, em geral, consista em uma multidão de pessoas com ocupações diferentes, ele não determinou nada sobre isto: se a propriedade do agricultor deve ser comum ou se cada pessoa deve ter sua própria parte; e também, se suas esposas e seus filhos devem ser comuns. Caso todas as coisas devam ser igualmente comuns para todos, onde estará a diferença entre eles e os militares, ou o que ganhariam ao se submeter ao governo deles? E com base em quais princípios fariam isso, a menos que estabelecessem a prática sábia dos cretenses? Pois eles, permitindo tudo aos seus escravos, apenas proíbem exercícios ginásticos e o uso de armas. E, se não forem assim, mas devessem estar na mesma situação com relação à propriedade que estão em outras cidades, que tipo de comunidade haverá? Em uma cidade deve necessariamente haver duas, e opostas entre si, pois ele faz dos militares os guardiões do Estado e dos agricultores, artesãos e outros, cidadãos; e todas aquelas brigas, acusações e coisas semelhantes, que ele diz serem a ruína de outras cidades, também serão encontradas na sua, apesar de Sócrates dizer que não precisarão de muitas leis devido à sua educação, senão somente as necessárias para regular as ruas, os mercados e similares, enquanto ao mesmo tempo é apenas sobre a educação dos militares que ele cuidou. Além disso, faz com que os agricultores sejam mestres da propriedade mediante o pagamento de um tributo; mas isso provavelmente os tornaria muito mais problemáticos e arrebatados do que os helotas, os penestes ou os escravos que outros empregam; e ele nunca determinou se é necessário prestar atenção a esses aspectos nem pensou no que está relacionado a isso, sua política, sua educação, suas leis; ainda é de grande importância, e não é fácil determinar, como esses aspectos devem ser moldados para preservar a comunidade dos militares.

Ademais, se ele tornar as esposas comuns, enquanto a propriedade continua separada, quem gerenciará os assuntos domésticos com o mesmo cuidado que o homem dedica aos seus campos? E o problema não será resolvido fazendo com que tanto a propriedade quanto as esposas sejam comuns; é absurdo comparar com o reino animal e dizer que o mesmo princípio deve regular a relação entre um homem e uma mulher, sendo que não há associação familiar.

Também é muito arriscado estabelecer a magistratura, como fez Sócrates, pois ele teria pessoas do mesmo grupo social sempre no cargo, o que causa sedição mesmo entre aqueles que não têm importância, mas mais particularmente entre aqueles de disposição corajosa e beligerante. É, de fato, evidentemente necessário que molde sua comunidade dessa maneira, uma vez que a partícula de ouro que Deus misturou na alma do homem não passa de um para outro, mas permanece igual, pois diz que alguns de nossa espécie têm ouro e outros, prata misturados em sua composição desde o momento do nascimento; mas aqueles que são agricultores e artesãos têm cobre e ferro. Além disso, embora ele prive os militares da felicidade, diz que o legislador deve tornar todos os cidadãos felizes; porém é impossível que toda a cidade possa ser feliz sem que todos, a maior parte ou alguma parte dela sejam felizes. A felicidade não é como aquela igualdade numérica que surge de certos números quando somados, embora nenhum deles possa contê-la separadamente; a felicidade não pode ser somada assim, mas deve existir em cada indivíduo, assim como algumas propriedades pertencem a cada integral. E, se os militares não são felizes, quem mais seria? Pois os artesãos não são, nem a multidão daqueles que ocupam cargos inferiores. O Estado descrito por Sócrates tem todos esses defeitos e outros que não são menos importantes.

VI

Semelhante fato acontece com o tratado sobre as leis escrito posteriormente. Por isso, é apropriado considerar brevemente o que ele diz sobre o governo, já que Sócrates abordou apenas algumas partes de forma detalhada. Por exemplo, ele não explicou como deve ser regulamentada a comunidade de esposas e filhos, como a propriedade deve ser estabelecida e como o governo deve ser conduzido.

Sócrates divide os habitantes em duas partes: agricultores e soldados. Desses, ele escolhe uma terceira parte para ser senadores e governar a cidade. No entanto, não mencionou se os agricultores e artesãos terão alguma participação no governo, se terão armas e se juntarão aos outros em guerras. Ele também acha que as mulheres devem ir para a guerra e receber a mesma educação que os soldados. Em outros detalhes, o tratado se desvia do tema principal e, em relação à educação, só especifica o que deveria ser a dos guardas.

No livro das leis, elas são o principal assunto. Sócrates diz pouco sobre o governo. O governo que ele desejava criar para oferecer aos seus membros uma comunidade de bens mais completa do que a encontrada em outras cidades quase acaba sendo o mesmo que o primeiro governo que havia proposto. Exceto pela comunidade de esposas e bens, ele estruturou ambos os governos de forma semelhante: a educação dos cidadãos será a mesma em ambos, eles devem viver sem qualquer trabalho servil e as mesas comuns devem ser idênticas. A única diferença é que, enquanto ele sugere que as mulheres tenham mesas comuns e que haja mil homens armados, no outro governo ele propõe cinco mil.

Os discursos de Sócrates são notáveis, nobres, novos e inquisitivos, mas talvez seja exagero afirmar que são todos verdadeiros. Quanto ao número mencionado, deve-se reconhecer que ele precisaria de um território do tamanho da Babilônia ou algo semelhante para sustentar cinco mil pessoas inativas, além de um número muito maior de mulheres e servos. É verdade que qualquer um pode criar uma hipótese como quiser, mas ela deve ser viável. Diz-se que um legislador deve considerar duas coisas ao criar suas leis: o país e o povo. Ele também deve ter algum cuidado com os Estados vizinhos se pretende que sua comunidade mantenha relações políticas com eles. Não é apenas necessário que compreendam a prática de guerra adaptada ao seu próprio país, mas também a outros, pois, mesmo que alguém não escolha essa vida, seja pública ou privada, ainda é importante que sejam temidos pelos inimigos não apenas quando invadem seu país, mas também quando se retiram dele.

Ainda pode-se considerar se a quantidade de propriedades de cada pessoa não poderia ser estabelecida de forma diferente, tornando-a mais precisa. Sócrates afirma que cada um deve ter o suficiente para viver moderadamente, como se isso fosse equivalente a viver bem, que é uma expressão mais ampla. Além disso, uma pessoa pode viver moderadamente e ao mesmo tempo de forma miserável; portanto, ele teria feito melhor em propor que todos vivessem de forma moderada e generosa. Se essas duas condições não estiverem presentes, pode-se acabar com luxo de um lado ou miséria do outro, já que esses são os únicos modos de viver aplicáveis ao uso dos nossos recursos. Não se pode dizer que a fortuna de uma pessoa seja branda ou corajosa, mas pode-se afirmar que ela é prudente e generosa, que são as únicas qualidades relacionadas.

É também absurdo igualar a propriedade e não prever o aumento do número de cidadãos, deixando essa questão incerta, como se ela se regulasse de acordo com o número de mulheres que por acaso não tiverem filhos, como se isso ocorresse em outras cidades. Porém, o caso não seria o mesmo em um Estado como o que ele propõe, em comparação com aqueles que já existem, onde ninguém realmente falta, pois a propriedade está dividida entre toda a comunidade, independentemente de seu número. Como não poderia ser dividida, os excedentes, sejam muitos ou poucos, não teriam nada. Assim, é mais necessário, além de regular a propriedade, assegurar que o aumento da população não exceda um certo número. Na determinação de tal quantidade, deve-se considerar as crianças que morrerão e as mulheres que serão estéreis. Negligenciar isso, como é feito em várias cidades, levará inevitavelmente à pobreza dos cidadãos, e a pobreza é a causa de sedições e males. Fídon, o Coríntio, um dos legisladores mais antigos, achava que as famílias e o número de cidadãos deveriam permanecer iguais, mesmo que isso significasse que todos tivessem inicialmente parcelas desproporcionais ao número de pessoas.

Nas *Leis* de Platão, porém, a situação é diferente; mencionaremos mais adiante o que achamos ser o melhor nesses aspectos. Ele também deixa de mencionar, em seu tratado, como distinguir os governantes dos governados. Pois diz que, assim como o fio de uma lã deve ser feito de um tipo de lã e o fio, de outro tipo, assim alguns devem governar e outros devem ser governados. Mas, uma vez que ele admite que toda a propriedade pode ser aumentada cinco vezes, por que não permitir o mesmo aumento para o país? Ele também deveria considerar se a alocação das casas será útil para a comunidade, pois ele designa duas casas para cada pessoa, separadas uma da outra. No entanto, é inconveniente para uma pessoa habitar duas casas. Sócrates deseja que seu plano de governo não seja nem uma democracia nem uma oligarquia, mas algo entre ambos, o que ele chama de "política", sendo composto por homens armados. Se Platão pretendia criar um Estado onde tudo fosse mais comum do que em qualquer outro lugar, ele certamente deu um nome adequado; mas, se pretendia que fosse o mais próximo da perfeição em comparação ao que já havia criado, não é o caso, pois talvez algumas pessoas prefiram a forma de governo da Lacedemônia ou outra que possa ter alcançado de maneira mais completa a forma aristocrática.

Alguns dizem que o governo mais perfeito deve ser composto por uma combinação de todos os outros tipos de governo, e é por isso que elogiam o sistema de Lacedemônia. Argumentam que ele mistura uma oligarquia, uma monarquia e uma democracia, com os reis representando a parte monárquica, o senado, a parte oligárquica, e os éforos, a parte democrática, já que estes são escolhidos pelo povo. Outros afirmam que o poder absoluto está nas mãos dos éforos, e que é no seu banquete comum e no seu modo de vida diário que se manifesta a forma democrática. Também se diz nesse tratado sobre leis que a melhor forma de governo seria uma combinação de democracia e tirania; embora ninguém mais considere tal mistura como um governo válido ou, se for, o pior possível. Aqueles que propõem a combinação de vários governos sugerem algo muito melhor, pois o mais perfeito é aquele formado por várias partes. No governo de Platão, no entanto, não há traços de monarquia, apenas de oligarquia e democracia; embora ele pareça inclinar-se mais para a oligarquia, como é evidente pela nomeação dos magistrados. Escolher os magistrados por sorteio é comum a ambos, mas o fato de que um homem de fortuna deve necessariamente ser membro da assembleia, eleger os magistrados ou participar da administração dos assuntos públicos, enquanto outros são ignorados, faz com que o Estado se incline para uma oligarquia; assim como o esforço para que a maior parte dos ricos ocupe cargos e que o status de suas nomeações corresponda às suas fortunas.

O mesmo princípio prevalece na escolha do senado; o método de eleição é favorável à oligarquia, pois todos são obrigados a votar para aqueles que são senadores da primeira classe, depois para o mesmo número da segunda e, por fim, da terceira classe. Mas essa obrigatoriedade de voto para a eleição dos senadores não se estende às terceiras e quartas classes, e apenas a primeira e a segunda são obrigadas a votar na quarta. Platão afirma que assim terá um número igual de cada classe, mas está enganado, pois a maioria sempre consistirá nos da primeira classe e nas pessoas mais notáveis. Muitos plebeus, não sendo obrigados, não comparecerão às eleições. Assim, é evidente que tal Estado não consistirá em uma democracia e uma monarquia, e isso será mais claro quando considerarmos particularmente essa forma de governo.

Também surge um grande perigo com o modo de eleger o senado, quando os eleitos forem depois responsáveis por eleger outros; pois, se um determinado número de pessoas escolher se unir, mesmo que não seja muito significativo, a eleição sempre será conforme sua vontade. Esses são os aspectos que Platão propõe sobre o governo em suas *Leis*.

VII

Existem também outras formas de governo propostas por indivíduos, filósofos ou políticos, que se aproximam mais das que foram realmente estabelecidas ou que existem atualmente do que as duas propostas por Platão. Nenhuma delas introduziu a inovação de uma comunidade de esposas e filhos nem mesas públicas para mulheres, mas se limitaram a estabelecer regras absolutamente necessárias.

Alguns acreditam que o principal objetivo do governo deve ser regular tudo relacionado à propriedade privada, pois acreditam que a negligência nesse aspecto é a fonte de todas as sedições. Por isso, Faléas de Calcedônia propôs pela primeira vez que as fortunas dos cidadãos fossem iguais. Ele achava que isso não era difícil de realizar quando a comunidade era nova, mas que seria um trabalho mais complicado em uma que já estivesse estabelecida. Contudo, ele acreditava que isso poderia ser alcançado, introduzindo uma igualdade de condições em que os ricos dariam dotes de casamento, mas nunca receberiam, enquanto os pobres receberiam sempre, mas nunca dariam.

Platão, em seu tratado sobre as *Leis*, acredita que uma certa diferença nas circunstâncias deve ser permitida, mas que nenhum cidadão deve possuir mais do que cinco vezes o valor do menor quórum, como já mencionamos. No entanto, os legisladores que pretendem estabelecer esse princípio podem acabar ignorando o que devem considerar: enquanto regulam a quantidade de provisões que cada indivíduo deve possuir, também devem regular o número de filhos. Se esses excederem a quantidade de provisões alocadas, a lei precisará ser revogada. E, apesar da revogação, terá o efeito negativo de reduzir muitos da riqueza à pobreza, tamanha é a dificuldade para os inovadores evitarem tais erros. Que a igualdade de bens ajudava a fortalecer os laços da sociedade parece ter sido conhecido por alguns antigos, pois Solon fez uma lei, como fizeram outros, para restringir o tamanho das propriedades que alguém poderia possuir. E com o mesmo princípio existem leis que proíbem a venda de propriedades, como entre os locrianos, a menos que se prove que uma notória desgraça tenha ocorrido. Também era necessário preservar o patrimônio antigo, e a quebra desse costume pelos leucadianos tornou seu governo excessivamente democrático, pois assim não era mais necessário possuir uma certa fortuna para se qualificar para o cargo de magistrado.

Mas, se a igualdade de bens for estabelecida, pode ser excessiva, permitindo que as pessoas vivam luxuosamente, ou insuficiente, obrigando-as a viver de forma austera. Portanto, é evidente que não é adequado que o legislador estabeleça uma igualdade de circunstâncias, mas sim um meio-termo apropriado. Além disso, se alguém regular a divisão de propriedades de maneira que todos tenham uma suficiência moderada, isso não será útil. É mais importante que o cidadão compartilhe sentimentos semelhantes do que tenha uma igualdade de circunstâncias, e isso só pode ser alcançado com uma educação adequada sob a orientação da lei. Faléas pode argumentar que isso é o que ele mesmo propõe, pois tanto sugere uma igualdade de propriedades quanto um plano de educação para sua cidade. No entanto, ele deveria especificar qual educação pretendia, pois uma educação única pode fazer com que os cidadãos se tornem excessivamente ambiciosos por honras, riquezas ou ambos. Além disso, tanto a desigualdade de posses quanto a de honras pode causar sediciosidade, mas por motivos diferentes: o vulgo será sedicioso se houver desigualdade de bens, enquanto pessoas de sentimentos mais elevados serão se houver igualdade de honras. Daí o verso:

"Quando bons e maus compartilham iguais honras."[1]

Os homens não cometem crimes apenas por necessidade (para a qual ele acredita que uma igualdade de bens seria uma solução suficiente, já que não haveria motivo para roubar por frio ou fome), mas porque desejam desfrutar do que querem, e não desejam em vão. Se o desejo deles vai além das necessidades comuns da vida, eles serão maus ao satisfazê-los. E não só isso, mas se seus desejos se direcionam para isso, eles buscarão também prazeres que sejam livres do sofrimento. Então, qual remédio podemos encontrar para esses três problemas? Em primeiro lugar, para evitar o roubo por necessidade, que todos tenham uma subsistência moderada que torne necessária a adição de seu próprio trabalho. Em segundo lugar, para prevenir o roubo para obter luxos, deve-se promover a temperança. E, em terceiro lugar, aqueles que buscam prazer por si só devem procurá-lo apenas na filosofia; todos os outros precisam da ajuda de outros homens.

Uma vez que os homens cometem os maiores crimes por ambição, e não por necessidade, ninguém, por exemplo, torna-se tirano para se proteger do frio. Assim, grande honra é devida àquele que mata um tirano, e não um ladrão; portanto, o sistema de governo

---

[1] Homero, Ilíada, IX, 319.

proposto por Faléas seria apenas eficaz para prevenir crimes menores. Ele também se mostrou muito interessado em estabelecer regras que aperfeiçoassem a política interna de seu Estado, e deveria ter feito o mesmo com relação aos vizinhos e às nações estrangeiras, pois as considerações sobre a estrutura militar devem ser levadas em conta ao planejar qualquer governo, para que não esteja desprovido em caso de guerra, sobre a qual ele não disse nada; da mesma forma, com relação à propriedade, ela não deve apenas atender às exigências do Estado, mas também aos perigos que possam vir de fora.

Assim, a riqueza do Estado não deve ser tanta a ponto de atrair vizinhos mais poderosos a invadi-lo nem tão pouca que ele não consiga enfrentar inimigos de igual força. Sobre isso, ele não chegou a uma conclusão. É, de fato, vantajoso para uma comunidade ser mais rica do que pobre; provavelmente, o limite adequado é não possuir tanto que torne atraente para um vizinho mais poderoso atacar, assim como não seria atraente para ele atacar alguém com a mesma quantidade de recursos. Por exemplo, quando Autofradato propôs sitiar Atarneu, Êubulo aconselhou-o a considerar quanto tempo levaria para conquistar a cidade e então decidir se valeria a pena; ele sugeriu que, se o tempo fosse menor do que o previsto, deveria abandonar o sítio. Esse conselho fez com que Autofradato refletisse e desistisse do ataque.

Há, de fato, alguma vantagem na igualdade de bens entre os cidadãos para prevenir sedições; no entanto, não é uma grande vantagem, pois homens de grandes habilidades se ressentem de serem colocados no mesmo nível que o restante da comunidade. Por essa razão, eles frequentemente estarão prontos para qualquer perturbação e sedição, já que a maldade humana é insaciável. Mesmo que inicialmente dois óbolos fossem suficientes, com o tempo, quando a situação se torna habitual, sempre se deseja algo mais, sem limites para as expectativas. É da natureza dos nossos desejos ser ilimitada, e muitos vivem apenas para satisfazê-los. O objetivo principal é, portanto, não estabelecer uma igualdade de fortuna, mas prevenir que aqueles com boa índole desejem mais do que possuem e que aqueles de má índole adquiram mais do que lhes é permitido. Isso pode ser alcançado se forem mantidos em uma posição inferior, e não expostos à injustiça.

Além disso, ele não abordou bem a questão da igualdade de bens, pois sua regulamentação se limita apenas à terra. No entanto, a riqueza de um homem não consiste apenas nisso, mas também em escravos, gado, dinheiro e todos os outros bens móveis. Deve haver uma igualdade estabelecida em todos esses aspectos, uma regra específica, ou então devem ser deixados completamente livres. Também é evidente pelas suas leis que ele pretende estabelecer um Estado pequeno, já que todos os artesãos devem pertencer ao público e não adicionar nada ao número de cidadãos. Se todos os que forem empregados em trabalhos públicos forem escravos do povo, isso deveria ser feito da mesma forma que em Epidamno e como Diofante regulou em Atenas. A partir desses detalhes, qualquer um pode quase julgar se a comunidade de Faléas está bem ou mal estabelecida.

VIII

Hipódamo, filho de Eurífon, de Mileto, inventou a arte de planejar cidades e dividiu o Pireu. Esse homem era, em outros aspectos, muito ansioso por reconhecimento e parecia viver de maneira bastante afetada, com seus cabelos soltos e enfeites caros, além de um grosso e quente manto que usava não apenas no inverno, mas também no calor. Como desejava muito o status de erudito universal, foi o primeiro que, não estando efetivamente envolvido na administração dos assuntos públicos, dedicou-se a investigar qual seria o melhor tipo de governo. Ele planejou um Estado composto por dez mil pessoas, divididas em três partes: uma de artesãos, outra de agricultores e a terceira de soldados. Também dividiu as terras em três partes, destinando uma para fins sagrados, outra para o público e a terceira para indivíduos. A primeira parte deveria suprir o necessário para o culto estabelecido aos deuses; a segunda era para sustentar os soldados; e a terceira seria propriedade dos agricultores.

Ele também pensava que deveriam existir apenas três tipos de leis, correspondentes às três categorias de ações que poderiam ser julgadas: agressão, infrações ou morte. Determinou que deveria haver um tribunal específico para apelação, ao qual todas as causas que fossem decididas supostamente de forma injusta em outro lugar pudessem ser encaminhadas. Esse tribunal seria composto por anciãos escolhidos para tal fim. Ademais, achava que os juízes não deveriam votar para proferir uma sentença; em vez disso, cada um deveria levar uma tábua na qual escreveria que considerava a parte culpada, se fosse o caso; caso contrário, deveria apresentar uma tábua em branco. Se ele absolvesse um indivíduo de uma parte da acusação, mas não de outra, isso também deveria ser expresso na tábua. Hipódamo desaprovava o costume geral já estabelecido, que obrigava os juízes a cometer perjúrio se decidissem de forma definitiva por um lado ou por outro.

Ele também fez uma lei para recompensar aqueles que encontrassem algo para o bem da cidade e para que os filhos daqueles que morressem em batalha fossem educados às custas do público; essa lei nunca tinha sido proposta por outro legislador, embora hoje esteja em uso em Atenas e em outras cidades. Ele também queria que os magistrados fossem escolhidos entre o povo em geral, por ele entendido como as três partes mencionadas antes, e que aqueles eleitos fossem os responsáveis específicos pelos bens públicos, pelos estrangeiros e pelos órfãos.

Essas são as principais partes e as mais dignas de nota no plano de Hipódamo. No entanto, alguns podem questionar a adequação de sua divisão dos cidadãos em três partes, pois os artesãos, os agricultores e os soldados formariam uma única comunidade, na qual os agricultores não teriam armas, e os artesãos, nem armas nem terras, o que de certa forma os tornaria escravos dos soldados. Também é impossível que toda a comunidade participe de todas as funções honoráveis, já que os generais e os guardiões do Estado devem necessariamente ser escolhidos entre os soldados, que são de fato os magistrados mais honoráveis. Mas, se as duas outras partes não terão participação no governo, como se pode esperar que elas tenham qualquer afeição por ele?

É necessário que os soldados sejam superiores às outras duas partes, e essa superioridade não será facilmente alcançada a menos que eles sejam muito numerosos; e, se forem, por que a comunidade deve ser composta por outros membros? Por que outros deveriam ter o direito de eleger os magistrados? Além disso, qual é a utilidade dos agricultores para essa comunidade? É verdade que os artesãos são necessários, pois cada cidade precisa deles, e eles podem viver de seu trabalho. Se os agricultores fornecessem provisões para os soldados, eles seriam corretamente parte da comunidade; mas supõe-se que eles possuam propriedade privada e a cultivem para seu próprio uso. Ainda, se os soldados mesmos devem cultivar as terras comuns destinadas ao seu sustento, não haverá distinção entre o soldado e o agricultor, o que o legislador pretendia que existisse. E, se houver outros que cultivem a propriedade privada dos agricultores e as terras comuns dos militares, haverá uma quarta classe no Estado que não terá participação nele e sempre nutrirá sentimentos hostis em relação a ele. Se alguém propusesse que as mesmas pessoas cultivassem suas próprias terras e também as públicas, haveria uma deficiência de provisões para suprir duas famílias, pois as terras não renderiam imediatamente o suficiente tanto para si quanto para os soldados, o que causaria grande confusão.

Também não aprovo o método dele para determinar as causas, quando sugere que o juiz divida o caso que lhe é apresentado, tornando-se, assim, um árbitro. Quando um assunto é levado à arbitragem, é comum que muitas pessoas discutam o caso em questão. No entanto, quando uma causa é apresentada aos juízes, não é assim; muitos legisladores garantem que os juízes não possam comunicar suas opiniões uns aos outros. Além disso, o que pode evitar a confusão no tribunal quando um juiz achar que a multa deve ser diferente da que outro fixou? Um propondo vinte minas, outro dez, ou mais ou menos, outro quatro e outro cinco; e é evidente que, desse modo, eles irão discordarão entre si, enquanto alguns concederão a totalidade dos danos pleiteados e outros não concederão nada. Nessa situação, como serão decididas suas determinações? Além disso, um juiz não pode ser obrigado a cometer perjúrio ao simplesmente absolver ou condenar se a ação é justa e equitativa, pois aquele que absolve a parte não está dizendo que ela não deve pagar alguma multa, mas apenas que não deve pagar uma multa de vinte minas. Mas aquele que a condena é culpado de perjúrio se a sentencia a pagar vinte minas enquanto acredita que os danos não deveriam ser tão altos.

Quanto às honrarias que ele propõe conceder àqueles que fornecerem informações úteis para a comunidade, isso, embora seja uma ideia atraente em teoria, não é algo que o legislador deveria decidir. Isso incentivaria delatores e provavelmente causaria tumultos no Estado. Essa proposta também levanta outras questões e dúvidas; alguns questionam se é útil ou prejudicial alterar a lei estabelecida de um país, mesmo que seja para melhor. Por isso, não é possível determinar imediatamente se é vantajoso alterá-la ou não. Sabemos, de fato, que é possível propor um novo modelo tanto para elas quanto para o governo como um bem comum. E, já que mencionamos esse assunto, pode ser apropriado entrar em alguns detalhes sobre isso, pois contém dificuldades, como já disse, e pode parecer melhor alterá-los, já que tem se mostrado útil em outras ciências.

A ciência da física se expandiu além dos seus limites antigos; o equivalente aconteceu com a ginástica e com todas as outras artes e habilidades; portanto, pode-se considerar como certo que assim se aplicará à arte de governar. E também se pode afirmar que a experiência prova isso, pois as leis antigas são muito simples e bárbaras, permitindo aos gregos usar espadas na cidade e comprar esposas uns dos outros. De fato, todos os vestígios das leis antigas que temos são muito simples; por exemplo, uma lei em Cuma relativa ao assassinato. Se alguém que processa outra pessoa por assassinato consegue apresentar um certo número de testemunhas de seus próprios parentes, a pessoa acusada será considerada culpada. No geral, todos devem se esforçar para seguir o que é justo, e não apenas o que está estabelecido; e é provável que os primeiros homens, fossem eles originários da terra ou salvos de alguma calamidade geral, tivessem muito pouco entendimento ou conhecimento, como se afirma sobre esses aborígenes. Logo, seria absurdo continuar praticando suas regras. Ademais, não é certo permitir que as leis escritas permaneçam inalteradas para sempre, pois, assim como em todas as outras ciências, em política é impossível expressar tudo por escrito com exatidão perfeita; quando registramos algo, usamos termos gerais, mas em cada ação há algo particular que esses termos podem não compreender. Daí é evidente que certas leis admitam alterações em determinados momentos.

Mas, se considerarmos esse assunto sob outra perspectiva, parece que requer grande cautela, já que, quando a vantagem proposta é trivial, como o hábito de abolir leis facilmente, que é prejudicial, é evidentemente melhor ignorar alguns erros que o legislador ou os magistrados possam ter cometido, pois as alterações não serão tão úteis quanto o hábito de desobedecer aos magistrados será prejudicial. Também, o exemplo das artes é falacioso, uma vez que alterar uma lei não é a mesma coisa que alterar uma arte. Uma lei deriva toda a sua força do costume, e isso requer muito tempo para se estabelecer. Portanto, tornar fácil a transição das leis estabelecidas para novas enfraquece seu poder. Além disso, há outra questão: se as leis devem ser alteradas, devem todas ser alteradas e em cada governo ou não? E isso deve ser feito por uma pessoa ou por muitas? Todos esses detalhes fazem uma grande diferença; então, deixaremos a questão por agora e a retomaremos em outro momento.

IX

Há duas considerações a respeito do governo estabelecido em Lacedemônia e Creta, e, decerto, em quase todos os outros Estados; uma é se suas leis promovem ou não o melhor estabelecimento possível; a outra é se há algo, seja nos princípios sobre os quais o governo é fundado ou na sua execução, que impeça a forma de governo proposta de ser seguida. Admitindo que em todo Estado bem-regulado os membros devem estar livres de trabalho servil, não é tão fácil determinar como isso deve ser feito, pois os penestes frequentemente atacavam os tessálios, e os helotas atacavam os lacedemônios, sempre à espera de alguma oportunidade para causar-lhes algum infortúnio. Mas nada semelhante aconteceu com os cretenses; a razão disso é provavelmente que, embora estejam frequentemente em guerra com as cidades vizinhas, nenhuma delas se alia aos revoltosos, pois isso seria desvantajoso para elas, que também têm seus próprios escravos. No entanto, há uma inimizade perpétua entre os lacedemônios e todos os seus vizinhos, como os argivos, os messênios e os arcádios. Seus escravos também se rebelaram primeiro contra os tessálios enquanto estes estavam em guerra com seus vizinhos, os aqueus, os perrabeus e os magnesianos. Parece-me, de fato, que é muito problemático manter boas relações com eles, pois, se você relaxa na disciplina, eles se tornam insolentes e se consideram iguais aos seus senhores; e, se são maltratados, estão constantemente tramando contra você e o odeiam. É evidente, então, que aqueles que empregam escravos ainda não encontraram a maneira certa de administrá-los.

Quanto às liberdades concedidas às mulheres, isso é prejudicial ao governo e à prosperidade da cidade, pois, assim como um homem e sua esposa são as duas partes de uma família, se supusermos que uma cidade é dividida em duas partes, devemos admitir que o número de homens e mulheres será igual.

Em qualquer cidade onde as mulheres não estejam sob boas regulamentações, devemos considerar que uma metade dela não está sujeita à lei, como já aconteceu, quando um legislador, desejando transformar toda a cidade em uma coleção de guerreiros, alcançou claramente seu objetivo com os homens. No entanto, as mulheres foram totalmente negligenciadas, vivendo sem restrições em indulgências e luxos inadequados. Assim, em tal Estado, as riquezas serão necessariamente valorizadas em geral, especialmente se os homens são governados por suas esposas, o que aconteceu com muitos povos valentes e belicosos, exceto os celtas e outras nações, se é que existem, que praticam abertamente a pederastia. Os primeiros mitólogos não pareceram inadequadamente associar Marte e Vênus, pois todas as nações desse tipo são profundamente viciadas no amor por mulheres ou meninos, razão pela qual era assim em Lacedemônia; e muitas coisas no Estado eram decididas pela autoridade das mulheres. Pois qual é a diferença se o poder está nas mãos das mulheres ou naqueles que elas mesmas governam? A consequência é a mesma. Embora essa ousadia das mulheres não possa ser útil em situações comuns, se alguma vez foi, deve ser na guerra; mas mesmo aqui vemos que as mulheres lacedemônias foram de grande desvantagem, como ficou provado na invasão tebana, quando não foram úteis, como em outras cidades, e causaram mais distúrbios do que até mesmo o inimigo.

A origem dessa indulgência que as mulheres lacedemônias desfrutam é facilmente explicada pelo longo período em que os homens estiveram ausentes de casa em expedições estrangeiras contra os argivos e, depois, contra os arcadianos e messênios. Quando essas guerras terminaram, a vida militar, que possui uma certa virtude, preparou-os para obedecer aos preceitos do seu legislador. No entanto, diz-se que, quando Licurgo tentou também submeter as mulheres à obediência às suas leis, ele desistiu diante da recusa delas. Pode-se realmente dizer que as mulheres foram as causas desses problemas e, portanto, toda a culpa era delas. Mas não estamos considerando agora com quem está a culpa ou não está, mas o que é certo e o que é errado; e, quando os costumes das mulheres não estão bem-regulados, como já disse, isso não apenas causa defeitos que desonram o Estado, mas também aumenta o amor pelo dinheiro.

Além disso, pode-se criticar a divisão desigual de propriedades feita por Licurgo, pois alguns terão muito mais, outros terão muito menos; dessa forma, a terra ficará nas mãos de poucos, o que é mal regulado por suas leis. Ele tornou infame qualquer pessoa que comprasse ou vendesse seus bens, o que foi correto; mas permitiu que qualquer um doasse ou legasse seus bens, embora as consequências sejam quase as mesmas em ambos os casos. Supõe-se que cerca de dois quintos de toda a terra pertencem a mulheres, devido a serem frequentemente herdeiras únicas e terem grandes fortunas em casamentos; ainda que fosse melhor permitir-lhes nenhuma, ou uma pequena quantia, ou uma proporção regulada. Agora, qualquer um pode fazer de uma mulher sua herdeira, se assim desejar; e, caso morra sem testamento, quem sucede como herdeiro legal dá o bem a quem quiser. Por isso, embora o país possa sustentar 1.500 cavaleiros e 30 mil soldados, o número não chega a mil.

A partir desses fatos, é evidente que esse aspecto está mal regulamentado, pois a cidade não suportava um ataque, sendo arruinada pela falta de homens. Dizem que, durante os reinados de seus antigos reis, costumavam conceder a liberdade da cidade a estrangeiros para evitar a falta de pessoas durante longas guerras. Também se afirma que o número de espartanos era anteriormente de 10 mil; mas, de qualquer forma, uma igualdade de propriedade contribui muito para aumentar o número de pessoas. A lei que ele criou para incentivar o aumento da população definitivamente não corrige essa desigualdade, pois, querendo que os espartanos fossem o mais numerosos possível e para incentivá-los a ter grandes famílias, ele ordenou que quem tivesse três filhos fosse dispensado da guarda noturna e que quem tivesse quatro não pagasse impostos. No entanto, é muito evidente que, enquanto a terra fosse dividida dessa maneira, se o número de pessoas aumentasse, vários seriam muito pobres.

Ele também não foi menos censurável pela forma como constituiu os éforos, magistrados se ocupam de assuntos de extrema importância, mas ainda assim escolhidos entre o povo em geral. Isso faz com que frequentemente um indivíduo muito pobre seja eleito para esse cargo e, por conta dessa circunstância, seja facilmente corrompido. Houve muitos exemplos disso no passado, assim como no recente caso de Andros. Esses homens, corrompidos pelo dinheiro, fizeram tudo o que puderam para arruinar a cidade; e, como seu poder era excessivo e quase tirânico, seus reis foram obrigados a bajulá-los, o que contribuiu significativamente para prejudicar o Estado, levando-o a uma mudança de aristocracia para democracia.

Esse cargo é, de fato, o grande suporte do Estado, pois o povo se sente aliviado ao saber que pode ser eleito para o principal cargo. Portanto, seja isso resultado da intenção do legislador ou apenas uma coincidência, é de grande utilidade para seus assuntos, sendo preciso que cada membro do Estado se esforce para que cada parte do governo seja preservada e continue igual. E, com base nesse princípio, seus reis sempre atuaram em consideração ao seu prestígio; os sábios e bons, devido ao seu apego ao senado, um cargo que consideram recompensa pela virtude; e o povo comum para apoiar os éforos, dos quais são parte.

É apropriado que esses magistrados sejam escolhidos de toda a comunidade, e não como é o costume atualmente, o que é muito ridículo. Os éforos são os juízes supremos em causas de última importância; mas, como é completamente acidental o tipo de pessoas que podem ser, não é correto que decidam de acordo com sua própria opinião, mas sim por uma lei escrita ou um costume estabelecido. Seu modo de vida também não está alinhado com os costumes da cidade, sendo muito indulgente, enquanto o de outros é excessivamente severo. Isso faz com que não consigam sustentá-lo e sejam obrigados a agir privadamente contra a lei para desfrutar de alguns prazeres sensoriais.

Há também grandes defeitos na instituição de seus senadores. Se de fato fossem devidamente treinados na prática de todas as virtudes humanas, todos admitiriam que seriam úteis ao governo; mas ainda assim poderia ser debatido se deveriam ser juízes vitalícios para questões de grande importância, uma vez que a mente envelhece assim como o corpo. Como são formados de tal maneira que até o legislador não pode contar com eles como homens de bem, seu poder deve ser incompatível com a segurança do Estado. É sabido que os membros desse corpo foram culpados tanto de suborno quanto de parcialidade em muitos assuntos públicos; por isso, teria sido muito melhor se fossem responsabilizados por sua conduta, o que não ocorre. Pode-se dizer que os éforos parecem ter um controle sobre todos os magistrados. De fato, eles têm um grande poder nesse aspecto, mas afirmo que não deveriam ter esse controle da maneira como têm. Além disso, o modo de escolha que utilizam na eleição de seus senadores é muito infantil. Não é correto que alguém solicite um cargo desejado; cada pessoa, queira ou não, deve exercer qualquer função para a qual seja apta. Mas a intenção dele era claramente a mesma neste ponto como em outras partes de seu governo: ao tornar seus cidadãos ambiciosos por honras, ele preencheu seu senado com homens dessa disposição, uma vez que ninguém mais se candidataria a esse cargo. Contudo, a principal parte dos crimes que os homens cometem deliberadamente surge da ambição e da avareza.

Em outra ocasião, discutiremos se o cargo de rei é útil ao Estado. O que é certo é que eles deveriam ser escolhidos com base em sua conduta, e não como são atualmente. É notório que o próprio legislador não esperava tornar todos os seus cidadãos honrados e completamente virtuosos, pois desconfiava deles como não sendo homens de bem; isso é demonstrado pelo fato de que enviava embaixadores que estavam em conflito entre si, acreditando que a segurança do Estado dependia dessas disputas entre os reis. As refeições comunitárias também não foram bem estabelecidas desde o início: elas deveriam ter sido fornecidas às custas do Estado, como em Creta, onde, assim como em Esparta, cada um era obrigado a comprar sua porção, mesmo que fosse muito pobre e não pudesse arcar com as despesas. Isso resultou no oposto do que o legislador desejava, pois ele pretendia que essas refeições públicas fortalecessem a parte democrática do governo. No entanto, essa regulamentação teve o efeito contrário, pois os muito pobres não podiam participar delas. Os antepassados já haviam observado que não permitir que aqueles que não podiam contribuir com sua parte nas mesas comuns participassem delas resultaria na ruína do Estado. Outras pessoas também criticaram as leis relativas aos assuntos navais, e com razão, pois isso gerou disputas. O comandante da frota foi colocado, de certa forma, em oposição aos reis, que eram generais vitalícios do Exército.

Há ainda outro defeito em suas leis digno de censura, que Platão apontou em suas *Leis*: toda a constituição foi planejada apenas para os assuntos de guerra. É de fato excelente torná-los conquistadores; a preservação do Estado dependia disso. Entretanto, a destruição do Estado começou com suas vitórias, pois eles não sabiam como viver em paz ou se engajar em qualquer outra atividade além da guerra. Nesse aspecto, também erraram ao pensar que, embora fosse correto acreditar que o objeto de disputa entre os homens é mais bem alcançado pela virtude do que pelo vício, erroneamente preferiram as coisas em si à virtude. A receita pública em Esparta também não foi bem administrada, pois o Estado não valia nada enquanto eram obrigados a travar as guerras mais extensas, e os subsídios foram mal arrecadados. Como os espartanos possuíam uma grande extensão de território, não eram rigorosos uns com os outros em relação ao que pagavam. Assim, ocorreu algo contrário à intenção do legislador: o Estado ficou pobre, e os indivíduos, avarentos. Essas parecem ser as principais falhas no governo lacedemônio.

X

O governo de Creta se assemelha bastante ao de Esparta; em alguns poucos aspectos, não é pior, mas em geral é muito inferior em sua concepção. De fato, parece que a constituição de Esparta foi, em diversos elementos, uma imitação da de Creta; e, em geral, as coisas novas são uma melhoria em relação às antigas. Dizem que, quando Licurgo deixou de ser tutor do rei Carilas, ele viajou para o exterior e passou um longo tempo com seus parentes em Creta, pois os Lícios são uma colônia dos lacedemônios. Aqueles que primeiro se estabeleceram lá adotaram o conjunto de leis já estabelecido pelos habitantes; da mesma forma, aqueles que agora vivem próximos têm as mesmas leis que Minos originou.

Essa ilha parece ter sido formada pela natureza para ser a senhora da Grécia, pois é totalmente rodeada por um oceano navegável que banha quase todas as partes marítimas daquele país, e não está distante, de um lado, do Peloponeso e, do outro, que se volta para a Ásia, de Triopion e Rodes. Graças a essa localização, Minos adquiriu o domínio do mar e das ilhas, algumas das quais ele subjugou, em outras plantou colônias; no final, morreu em Camico enquanto atacava a Sicília. Há uma analogia entre os costumes dos lacedemônios e dos cretenses: os hilotas cultivam as terras para uns e os escravos domésticos, para outros. Ambos os Estados têm suas refeições comunitárias, e os lacedemônios antigamente chamavam-nas de *andpia*, como os cretenses fazem; o que prova de onde surgiu esse costume. Neste aspecto, seus governos também são semelhantes: os éforos têm o mesmo poder que aqueles de Creta chamados de *kosmoi*; com a única diferença de que o número de uns é cinco, dos outros é dez. Os senadores são os mesmos que os cretenses chamam de Conselho. Antigamente, também havia um poder real em Creta, mas foi posteriormente dissolvido, e o comando de seus Exércitos foi entregue aos *kosmoi*. Todos também têm direito a voto na assembleia pública, mas esta tem apenas o poder de confirmar o que já foi aprovado pelo Conselho e pelos *kosmoi*.

Os cretenses conduziam suas refeições públicas de maneira melhor que os lacedemônios, pois em Esparta cada indivíduo era obrigado a fornecer o que lhe era atribuído; se não pudesse fazê-lo, havia uma lei que o privava dos direitos de cidadão, como já foi mencionado. Todavia, em Creta, essas refeições eram fornecidas pela comunidade, pois todo o trigo e o gado, impostos e contribuições, que os escravos domésticos eram obrigados a fornecer eram divididos em partes e destinados aos deuses, às necessidades do Estado e a essas refeições públicas de modo que homens, mulheres e crianças eram mantidos a partir de um estoque comum. O legislador deu grande atenção a incentivar o hábito de comer moderadamente, como algo muito útil para os cidadãos. Ele também tentou, para que sua comunidade não fosse muito populosa, diminuir a conexão com as mulheres, introduzindo o amor pelos meninos: se isso foi bom ou ruim, discutiremos em outra ocasião. Mas é evidente que as refeições públicas eram mais bem organizadas em Creta do que em Esparta.

A instituição dos *kosmoi* era ainda pior que a dos éforos, pois continha todos os defeitos inerentes a essa magistratura e alguns específicos a si mesma; em ambos os casos, é incerto quem será eleito. Porém, os lacedemônios têm esta vantagem em relação aos demais: como todos são elegíveis, toda a comunidade tem participação nas mais altas honras e, portanto, todos desejam preservar o Estado enquanto que entre os cretenses, os *kosmoi* não são escolhidos entre o povo em geral, mas de algumas poucas famílias, e o senado é escolhido entre os *kosmoi*. E as mesmas observações feitas sobre o senado em Esparta podem ser aplicadas a eles, pois estarem fora de controle e continuarem no cargo por toda a vida são uma honra maior do que merecem; e ter seus procedimentos não regulados por uma lei escrita, mas deixados à sua própria discrição, é perigoso. Quanto ao fato de não haver insurreições, embora o povo não participe da gestão dos assuntos públicos, isso não prova que o governo seja bem constituído, já que os *kosmoi* não têm oportunidade de serem subornados como os éforos, pois vivem em uma ilha distante daqueles que os corromperiam. Mas o método que eles adotam para corrigir esse defeito é absurdo, impolítico e tirânico: muitas vezes, ou seus colegas magistrados ou algumas pessoas privadas conspiram juntos e destituem os *kosmoi*. Eles também podem renunciar ao cargo antes que seu tempo termine e, se tudo isso fosse feito por lei, seria bom, e não ao prazer dos indivíduos, o que é uma má regra a seguir. Mas o pior de tudo é a confusão geral que aqueles que estão no poder introduzem para impedir o curso normal da justiça; o que mostra suficientemente a natureza do governo, ou melhor, da força sem lei, pois é comum que as pessoas principais entre eles reúnam algumas das pessoas comuns e seus amigos, e então se revoltem e estabeleçam seus próprios grupos, entrando em conflito uns com os outros. E qual é a diferença entre Estado ser dissolvido de uma vez por meios violentos ou gradualmente ser alterado com o tempo a ponto de não ser mais a mesma constituição? Um Estado como esse estaria sempre exposto a invasões daqueles que fossem poderosos e inclinados a atacá-lo; mas, como já foi mencionado, sua localização o preserva, já que está livre das incursões de estrangeiros; por essa razão, os escravos domésticos ainda permanecem quietos em Creta, enquanto os hilotas estão perpetuamente se revoltando. Os cretenses não participam de assuntos externos, e é apenas recentemente que tropas estrangeiras atacaram a ilha; e seus saques logo provaram a ineficácia de suas leis. E assim é o governo de Creta.

XI

O governo de Cartago parece bem estabelecido e, em muitos aspectos, superior a outros; em alguns pontos, ele se assemelha bastante ao dos lacedemônios. De fato, esses três Estados – os cretenses, os lacedemônios e os cartagineses – são semelhantes em algumas coisas, mas diferem muito em outras. Entre diversas constituições excelentes, essa pode mostrar o quão bem-estruturado é o governo, pois, embora o povo participe da administração, a forma de governo permanece inalterada, sem insurreições populares dignas de nota de um lado, nem degenerando em tirania do outro. Os cartagineses têm estes elementos em comum com os lacedemônios: mesas públicas para aqueles ligados pelo laço da amizade, à maneira de suas *fiditia*; uma magistratura composta por 104 pessoas, semelhante aos éforos, ou, na verdade, escolhida com mais discernimento, pois, entre os lacedemônios, todos os cidadãos são elegíveis, mas, entre os cartagineses, são escolhidos entre os de melhor posição social. Há também alguma semelhança entre o rei e o senado em ambos os governos, embora o método cartaginense de nomear seus reis seja melhor, pois não se limitam a uma única família, nem permitem que a eleição seja livre, nem têm consideração pela Antiguidade; se entre os candidatos houver alguém de maior mérito do que os outros, este é preferido aos que possam ser mais velhos, já que seu poder é muito extenso;

se forem pessoas sem relevância, podem ser muito prejudiciais ao Estado, como sempre foram para os lacedemônios. Também a maior parte das coisas que se tornam repreensíveis por seu excesso são comuns a todos esses governos que descrevemos.

Agora, entre os princípios sobre os quais os cartagineses estabeleceram sua forma mista de governo, composta de aristocracia e democracia, alguns tendem a produzir uma democracia, outros uma oligarquia: por exemplo, se os reis e o senado estão de acordo sobre algum ponto em debate, eles podem escolher se vão levar o assunto ao povo ou não; mas, se discordarem, é a eles que devem apelar, e não apenas para ouvir o que foi aprovado pelo senado, mas também para finalmente decidir sobre isso; e qualquer um que queira tem o direito de falar contra qualquer assunto que possa ser proposto, o que não é permitido em outros casos. Os cinco, que se elegem mutuamente, têm grandes e extensos poderes; e escolhem os cem magistrados de mais alto escalão. Seu poder também continua por mais tempo do que qualquer outro magistrado, pois começa antes de assumir o cargo e é prolongado depois de deixar-no; e nesse aspecto o Estado inclina-se para uma oligarquia; mas, como não são eleitos por sorteio, mas por sufrágio, e não são permitidos a receber dinheiro, são os maiores defensores de uma aristocracia.

Decidir todas as causas pelos mesmos magistrados, e não uma em um tribunal e outra em outro, como em Esparta, tem a mesma influência. A constituição de Cartago está agora se transformando de uma aristocracia em uma oligarquia, em consequência de uma opinião favoravelmente aceita por muitos, que acreditam que os magistrados na comunidade não devem ser apenas pessoas de boa família, mas também de fortuna, pois é impossível que aqueles que estão em más condições possam manter a dignidade de seu cargo ou ter tempo livre para se dedicar aos assuntos públicos. Como escolher homens de fortuna para ser magistrados faz com que um Estado se incline para uma oligarquia e que homens de habilidades se inclinem para uma aristocracia, também existe um terceiro método implementado na política de Cartago, pois consideram esses dois aspectos ao eleger seus oficiais, particularmente os de mais alto escalão, seus reis e seus generais. Deve-se admitir que foi um grande erro do legislador não ter prevenido a degeneração da constituição de uma aristocracia; é muito necessário garantir desde o início que aqueles cidadãos que possuem as melhores habilidades nunca sejam obrigados a fazer algo indigno de seu caráter, mas que sempre estejam disponíveis para servir ao público, não apenas quando estão no cargo, mas também quando são pessoas comuns, pois, uma vez que você é obrigado a procurar entre os ricos para ter homens disponíveis para servi-lo, seus maiores cargos, de rei e general, logo se tornarão venais. Em consequência disso, a riqueza será mais honrada que a virtude e o amor ao dinheiro será o princípio dominante na cidade, já que o que aqueles que têm o poder supremo consideram honroso será necessariamente o objetivo que os cidadãos em geral buscarão; e onde as primeiras honras não são dadas à virtude, ali a forma aristocrática de governo não pode prosperar, pois é razoável concluir que aqueles que compraram seus cargos geralmente tentarão tirar proveito do que investiram. É absurdo supor que, se um homem honesto que é pobre desejar ganhar algo, um homem mau não tentará fazer o mesmo, especialmente para se reembolsar. Por essa razão, a magistratura deve ser composta pelos mais capazes de sustentar uma aristocracia. Teria sido melhor para a legislação ter ignorado a pobreza de homens de mérito e apenas se preocupado em garantir-lhes tempo suficiente, quando no cargo, para se dedicarem aos assuntos públicos.

Também parece impróprio que uma pessoa execute vários cargos, o que foi aprovado em Cartago, pois uma tarefa é melhor realizada por uma única pessoa; e é dever do legislador cuidar disso e não tornar a mesma pessoa um músico e um sapateiro, de modo que, onde o Estado não é pequeno, é mais político e mais popular admitir muitas pessoas para participar do governo. Como acabei de dizer, é não só mais comum, mas tudo é melhor e mais rapidamente realizado quando uma única tarefa é atribuída a uma única pessoa; e isso é notório tanto no Exército quanto na Marinha, sendo que quase todos, em sua vez, tanto comandam quanto são comandados. Mas, como o governo deles se inclina para uma oligarquia, evitam os maus efeitos disso nomeando sempre alguns do partido popular para o governo das cidades para fazerem suas fortunas. Assim, contornam esse defeito em sua constituição e a tornam estável; mas isso depende do acaso, enquanto o legislador deveria moldar seu governo de modo que não houvesse espaço para insurreições. Mas agora, se ocorrer uma calamidade geral e o povo se revoltar contra seus governantes, não há remédio para fazê-lo obedecer às leis. E esses são os aspectos dos governos de Esparta, Creta e Cartago que parecem dignos de elogio.

XII

Algumas das pessoas que escreveram sobre governo nunca participaram dos assuntos públicos e sempre levaram uma vida privada. Já abordamos tudo que merece ser destacado em suas obras. Outros foram legisladores, alguns em suas próprias cidades, outros foram chamados para organizar os governos de Estados estrangeiros. Alguns apenas redigiram um conjunto de leis; outros formaram também a constituição, como Licurgo e Sólon, que fizeram ambas as coisas. Já mencionamos os lacedemônios. Algumas pessoas acreditam que Sólon foi um excelente legislador, que conseguiu dissolver uma oligarquia pura, salvar o povo da escravidão iminente e restabelecer a antiga forma de governo democrático em seu país, no qual cada parte foi tão bem estruturada que se adaptou perfeitamente ao todo. No senado do Areópago, preservou-se uma oligarquia; na forma de eleger os magistrados, uma aristocracia; e nos tribunais de justiça, uma democracia.

Sólon parece não ter alterado a forma estabelecida de governo, seja em relação ao senado ou ao modo de eleger os magistrados, mas elevou o povo a uma posição de grande importância no Estado ao lhes conceder o poder supremo no âmbito judicial. Por tal motivo, algumas pessoas o criticam, afirmando que isso logo derrubaria o equilíbrio de poder que ele pretendia estabelecer, já que, ao julgar todas as causas perante o povo, escolhido por sorteio para decidir, era necessário bajular uma população tirânica que havia conquistado esse poder, o que contribuiu para transformar o governo na democracia pura que é hoje.

Efialtes e Péricles reduziram o poder dos areopagitas, sendo o último que introduziu a prática de pagar aqueles que participavam dos tribunais de justiça; assim, todos que desejavam ser populares continuaram a aumentar o poder do povo até o nível que vemos hoje. Mas é evidente que essa não era a intenção de Sólon, isso ocorreu por acaso, pois o povo, ao ser responsável pela vitória naval sobre os medos, tornou-se arrogante e se alistou sob a liderança de demagogos facciosos, apesar da oposição dos cidadãos mais respeitáveis. Ele acreditava que era absolutamente necessário confiar ao povo a escolha de seus magistrados e o poder de responsabilizá-los; sem isso, eles teriam sido escravos e inimigos dos outros cidadãos. Mas ele determinou que apenas aqueles de boa reputação e propriedade fossem eleitos, quer fossem os que valiam quinhentos *médimnos*, quer os chamados *zeugitas*, ou os da terceira casta, chamados de cavaleiros.

Quanto aos da quarta casta, composta por artesãos, eram incapazes de ocupar qualquer cargo. Zaleuco foi o legislador dos locrianos ocidentais, assim como Carondas, o Catanense, foi de suas próprias cidades e também daquelas na Itália e na Sicília que pertenciam aos calcídios. Algumas pessoas tentam provar que Onomácrito, o Locriano, foi a primeira pessoa notável que redigiu leis e que ele se dedicou a essa tarefa enquanto estava em Creta, onde permaneceu algum tempo para aprender a arte profética. Dizem que Tales foi seu companheiro; e que Licurgo e Zaleuco foram discípulos de Tales e Carondas, de Zaleuco; mas aqueles que defendem isso estão em desacordo com a cronologia. Filolau, também da família dos baquíadas, foi um legislador tebano. Esse homem era muito próximo de Diócles, um vencedor nos jogos olímpicos. Quando Diócles deixou seu país por desgosto com uma paixão imprópria que sua mãe Alítoe sentia por ele e se estabeleceu em Tebas, Filolau o seguiu, sendo que ambos morreram onde ainda mostram seus túmulos, colocados de frente um para o outro, mas dispostos de modo que um deles olha em direção a Corinto, e o outro não; a razão dada para isso é que Diócles, por aversão à paixão de sua mãe, quis que seu túmulo fosse colocado de forma que ninguém pudesse ver Corinto a partir dele; mas Filolau escolheu que pudesse ser vista de seu túmulo: e essa foi a causa de eles viverem em Tebas.

Assim como Filolau lhes deu leis sobre muitas outras coisas, também fez em relação à adoção, que eles chamam de leis de adoção; e o fez especificamente para preservar o número de famílias. Carondas não fez nada novo, exceto em ações por perjúrio, sendo o primeiro a considerá-las de maneira particular. Ele também redigiu suas leis com mais elegância e precisão do que qualquer um de nossos legisladores atuais. Filolau introduziu a lei para a distribuição equitativa de bens; Platão, a lei da comunidade de mulheres, filhos e bens, e também para mesas públicas para as mulheres; e uma sobre embriaguez, para que pudessem observar a sobriedade em seus simpósios. Ele também fez uma lei sobre exercícios de guerra, pois deveriam adquirir o hábito de usar ambas as mãos de forma igual, pois era necessário que uma mão fosse tão útil quanto a outra.

Quanto às leis de Drácon, foram publicadas quando o governo já estava estabelecido e não contêm nada de particular que mereça ser mencionado, exceto sua severidade devido à enormidade de suas punições. Pítaco foi o autor de algumas leis, mas nunca redigiu alguma forma de governo; uma delas era que, se um homem bêbado batesse em alguém, deveria ser punido mais severamente do que se estivesse sóbrio; como as pessoas tendem a ser mais abusivas quando bêbadas do que quando sóbrias, ele não levava em consideração a desculpa que a embriaguez poderia proporcionar, mas apenas o benefício comum. Androdamas de Régio também foi um legislador dos calcídios da Trácia. Existem algumas leis dele sobre assassinatos e herdeiras que ainda existem, mas que não contêm nada que alguém possa dizer que é novo e original. E, assim, esses são os diferentes tipos de governos, tanto aqueles que realmente existem quanto aqueles que diferentes pessoas propuseram.

LIVE

O III

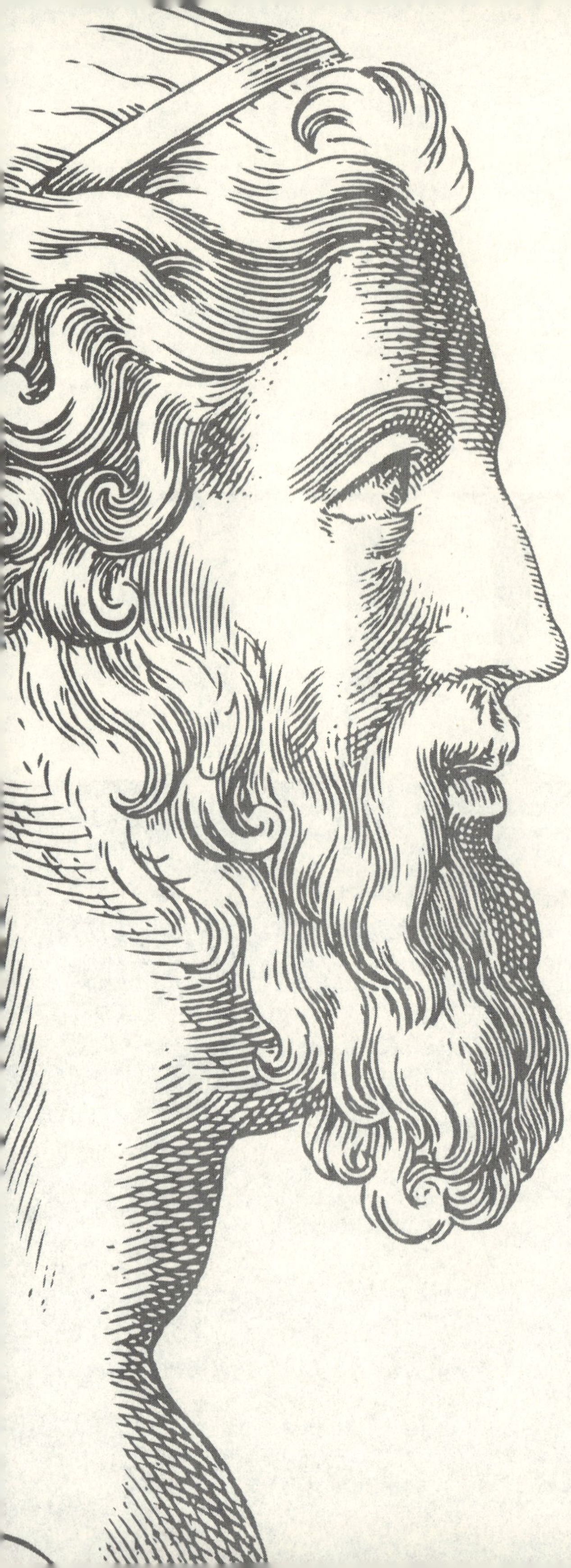

I

Quem quer que se proponha a investigar a natureza do governo e suas diferentes formas deve fazer quase que a seguinte pergunta: o que é uma cidade? Pois sobre isso há controvérsia: alguns dizem que a cidade fez isto ou aquilo, enquanto outros afirmam que não foi a cidade, mas a oligarquia ou a tirania. Percebemos que a cidade é o único foco tanto do político quanto do legislador em tudo o que fazem; mas o governo mas o governo é uma certa ordenação dos que habitam uma cidade. Como uma cidade é um corpo coletivo e, como outros conjuntos, é composta de várias partes, evidencia-se que nossa primeira investigação deva ser sobre o que é um cidadão, pois uma cidade é composta por um certo número deles. Portanto, é preciso considerar quem devemos chamar de cidadão e quem realmente é um; e isso muitas vezes é duvidoso: o que é considerado cidadão em uma república muitas vezes não seria em uma oligarquia. Não incluímos nesta investigação muitos daqueles que adquirem tal designação de maneira não convencional, como pessoas honorárias, por exemplo, somente aqueles que têm um direito natural a ela.

Agora, não é a residência que torna um homem um cidadão, pois, nesse caso, residentes temporários e escravos estariam em igualdade de condições com ele; nem será suficiente para esse propósito ter os privilégios das leis e poder pleitear ou ser processado, pois isso é permitido a pessoas de diferentes nações, entre as quais há um acordo mútuo para tal fim, embora muitas vezes aconteça que os residentes temporários não tenham um direito perfeito nisso sem a proteção de um patrono, a quem são obrigados a recorrer, o que mostra que sua participação na comunidade é incompleta. Da mesma forma, em relação aos meninos que ainda não foram registrados ou aos idosos que já não servem para a guerra, admitimos que são cidadãos em alguns aspectos, mas não completamente, pois, com algumas exceções, os primeiros ainda não chegaram à idade adulta e os últimos já passaram da idade de servir; e não há diferença entre eles. Mas o que queremos dizer é suficientemente claro e compreensível: buscamos um cidadão completo, alguém em quem não haja nenhuma deficiência que precise ser corrigida para torná-lo assim. Quanto aos banidos ou infames, as mesmas objeções podem ser levantadas e a mesma resposta dada. Nada caracteriza mais um cidadão completo do que ter participação na parte judicial e executiva do governo.

No que diz respeito aos cargos, alguns são fixados para um determinado período, de modo que ninguém pode, sob qualquer circunstância, ocupá-los duas vezes; ou pelo menos não até que tenha passado um certo período; outros não têm prazo fixo, como o de jurado e membro da assembleia geral – mas talvez alguém diga que estes não são cargos, nem os cidadãos nessas funções têm qualquer participação no governo, embora certamente seja ridículo dizer que aqueles que têm o principal poder no Estado não ocupam algum cargo. Essa objeção não tem peso, pois é apenas uma disputa sobre palavras; não há um termo geral que possa ser aplicado tanto ao cargo de jurado quanto ao de membro da assembleia. Para fins de distinção, suponhamos que chamemos isso de um cargo indeterminado; mas estabeleço como princípio que são cidadãos aqueles que poderiam exercer tal função. Essa, então, é a descrição de um cidadão que mais se aproxima do que todos aqueles chamados de cidadãos são. Todos também devem saber que, dos componentes que diferem entre si em espécie, após o primeiro ou segundo afastamento, os que seguem têm muito pouco ou nada em comum com os anteriores.

Agora vemos que os governos diferem entre si em sua forma, e que alguns deles são defeituosos; outros, tão excelentes quanto possível. É visível que aqueles que têm muitas deficiências e degenerações devem ser muito inferiores aos que estão livres desses defeitos. O que quero dizer por degenerações será explicado adiante. Daqui resulta que a função de um cidadão deve diferir conforme os governos diferem entre si; por essa razão, aquele que é chamado de cidadão, em uma democracia, tem todos os privilégios que essa posição pressupõe.

Em outras formas de governo, ele pode usufruí-los, mas não necessariamente, pois, em certos Estados, o povo não tem poder nem há qualquer assembleia geral, mas sim um grupo seleto de homens.

Os julgamentos de diferentes causas também são atribuídos a diferentes pessoas, como em Esparta, onde todas as disputas sobre contratos são levadas perante alguns dos éforos; o senado é o juiz nos casos de assassinato, e assim por diante. E algumas causas são ouvidas por um magistrado, outras, por outro. Em Cartago, certos magistrados determinam todas as causas. Mas nossa descrição anterior de um cidadão pode admitir correção, pois em determinados governos a função de jurado e membro da assembleia geral não é indeterminada: há pessoas específicas designadas para esses propósitos, alguns ou todos os cidadãos sendo designados jurados ou membros da assembleia geral, e isso pode ser suficiente para mostrar o que é um cidadão, porque aquele que tem direito a uma participação na parte judicial e executiva do governo em qualquer cidade, a esse chamamos de cidadão; e uma cidade, em uma palavra, é um corpo coletivo de tais pessoas, suficientes em si mesmas para todos os propósitos da vida.

II

No uso comum, definem um cidadão como alguém que descende de cidadãos por parte de pai e mãe, não apenas de um lado ou de outro. Outros vão ainda mais longe e investigam quantos de seus antepassados foram cidadãos, como o avô, o bisavô etc. No entanto, algumas pessoas questionam como o primeiro da família poderia provar ser cidadão, de acordo com essa definição popular e descuidada. Górgias de Leôncio, em parte alimentando a mesma dúvida e em parte de brincadeira, diz que, assim como um almofariz é feito por um fabricante de almofarizes, um cidadão é feito por um fabricante de cidadãos, e um larissense por um fabricante de larissenses. Essa é, de fato, uma explicação muito simples da questão, pois, se cidadãos são assim definidos, será impossível aplicar tal definição aos primeiros fundadores ou primeiros habitantes dos Estados que não podem, de forma alguma, reivindicar o direito de cidadania por parte do pai ou da mãe. Provavelmente, é ainda mais difícil determinar os direitos como cidadãos daqueles que são admitidos à liberdade após qualquer revolução de Estado. É como em Atenas, após a expulsão dos tiranos, quando Clístenes inscreveu muitos estrangeiros e escravos da cidade entre as tribos; e a dúvida em relação a eles não era se eram cidadãos ou não, mas se eram cidadãos legais ou não. Na verdade, algumas pessoas podem ter outra dúvida: se um cidadão pode ser cidadão quando se torna assim ilegalmente; como se um cidadão ilegal e alguém que não é cidadão estivessem na mesma situação. Mas, já que vemos que algumas pessoas governam de forma injusta, ainda que as aceitemos como governantes e não governem justamente, e dado que a definição de cidadão é aquela pessoa que exerce certos cargos, pois assim definimos o cidadão, é evidente que um cidadão criado ilegalmente ainda continua a ser cidadão. Todavia, se é justo ou injusto, isso pertence à investigação anterior.

III

Também se questiona o que constitui ou não o ato da cidade; como quando uma democracia surge de uma aristocracia ou de uma tirania, pois algumas pessoas, então, recusam-se a cumprir seus contratos, como se o direito de receber o dinheiro pertencesse ao tirano, e não ao Estado; e muitos outros casos semelhantes, como se algum pacto fosse baseado na violência, e não no bem comum. Da mesma forma, se algo é feito por aqueles que administram os assuntos públicos referentes a uma democracia estabelecida, suas ações devem ser consideradas como ações do Estado, assim como acontece na oligarquia ou tirania.

Aqui parece muito apropriado considerar a seguinte questão: quando podemos dizer que uma cidade é a mesma e quando podemos dizer que é diferente? É uma maneira superficial abordar essa questão começando pelo lugar e pelo povo, pois pode acontecer que tais elementos sejam separados e que alguns residam em um lugar e outros em outro (mas essa questão pode não ser tão complicada, já que, como uma cidade pode adquirir essa denominação por muitos motivos, pode ser resolvida de várias maneiras). Igualmente, quando as pessoas habitam um lugar comum, quando podemos dizer que elas habitam a mesma cidade ou que a cidade é a mesma? Isso não depende das muralhas; posso supor que a própria Peloponeso esteja cercada por uma muralha, como Babilônia foi, e que cada outro lugar também, o que envolve muitas nações em vez de uma cidade; e dizem que ela foi tomada em três dias, quando alguns dos habitantes nem sabiam disso. Mas encontraremos um momento apropriado para determinar essa questão, considerando a extensão de uma cidade, quão grande ela deve ser e se deve consistir em mais de um povo; todas as questões que o político não deve desconhecer.

Além disso, surge a questão de saber se podemos dizer que uma cidade é a mesma enquanto é habitada pela mesma raça de pessoas, embora algumas estejam constantemente morrendo e outras nascendo, assim como dizemos que um rio ou uma fonte é igual, embora as águas estejam sempre mudando; ou, quando ocorre uma revolução, devemos dizer que as pessoas são as mesmas, mas a cidade é diferente? Pois, se uma cidade é uma comunidade, é composta de cidadãos; mas, se o modo de governo mudar e se tornar outro tipo, pareceria uma consequência necessária que a cidade não seja mais igual; assim como consideramos o coro trágico diferente do cômico, embora provavelmente possa consistir nos mesmos atores. Assim, qualquer outra comunidade ou composição é dita ser diferente se o tipo de composição for diferente; como na música, as mesmas mãos produzem harmonias diferentes, como as escalas dórica e frígia. Se isso é verdade, é indubitável que, quando falamos de uma cidade como sendo igual, estamos nos referindo ao governo ali estabelecido; e isso independentemente de ser chamada pelo mesmo nome ou outro, ou habitada pelas mesmas pessoas ou por outras. Mas, se é correto ou não dissolver a comunidade quando a constituição é alterada, isso é outra questão.

IV

Com base no que foi dito, devemos considerar se as mesmas virtudes que fazem um homem ser bom também fazem dele um cidadão valioso, ou se são diferentes; e, caso seja necessário um exame específico sobre isso, primeiramente devemos dar uma descrição geral das virtudes de um bom cidadão. Assim como um marinheiro é parte de uma comunidade, o equivalente ocorre com um cidadão; embora as funções de um marinheiro possam ser diferentes das de outro (um é remador, outro é timoneiro, um terceiro é contramestre, e assim por diante, cada um tem suas responsabilidades). É evidente que a descrição mais precisa de um bom marinheiro deve se referir às suas habilidades específicas, mas há alguns casos em que a mesma descrição pode se aplicar a toda a tripulação, já que a segurança do navio é de responsabilidade comum, pois essa é a preocupação central de todos; assim também em relação aos cidadãos, embora possam ser muito diferentes em alguns aspectos, há uma preocupação comum a todos, que é a segurança da comunidade, pois esta compõe o Estado. Por essa razão, a virtude de um cidadão tem necessariamente uma relação com o Estado. Mas, se existem diferentes tipos de governos, é evidente que as ações que constituem a virtude de um excelente cidadão em uma comunidade não serão as mesmas em outra; por isso, a virtude desse cidadão não pode ser perfeita.

Dizemos que um homem é bom quando suas virtudes são perfeitas; daí se conclui que um excelente cidadão não possui a mesma virtude que faz um homem ser bom. Aqueles que têm alguma dúvida sobre essa questão podem se convencer da verdade examinando os Estados mais bem formados: se for impossível que uma cidade seja composta inteiramente de cidadãos excelentes (enquanto é necessário que cada um se destaque em sua função, na qual reside sua excelência, e é impossível que todos os cidadãos tenham as mesmas qualificações), então é impossível que a virtude de um cidadão e a de um bom homem sejam iguais, uma vez que todos deveriam possuir a virtude de um excelente cidadão; daí decorre a perfeição da cidade. Mas que todos possuam a virtude de um bom homem é impossível, a menos que todos os cidadãos em um Estado bem-regulado sejam necessariamente virtuosos. Além disso, assim como uma cidade é composta de partes dissimilares, como um animal é composto de vida e corpo, a alma de razão e apetite, uma família de um homem e sua esposa, a propriedade de um mestre e um escravo, segue-se necessariamente que a virtude de todos os cidadãos não pode ser a mesma; tal como o papel de quem lidera a banda é diferente do dos outros dançarinos. Por todas essas provas, é notório que as virtudes de um cidadão não podem ser uma e a mesma. Mas será que nunca encontramos unidas as virtudes que constituem um bom homem e um excelente cidadão? Pois dizemos que alguém é um excelente magistrado e um homem prudente e bom; mas a prudência é uma qualificação necessária para todos os que se envolvem em assuntos públicos. Na verdade, algumas pessoas afirmam que a educação daqueles que estão destinados a comandar deve, desde o início, ser diferente da dos outros cidadãos, como as crianças dos reis geralmente são instruídas em equitação e exercícios de guerra; e assim diz Eurípedes:

> "[...] Não quero artes vistosas; ensina-me o que
> o Estado requer."[1]

É como se aqueles que devem governar precisassem de uma educação exclusiva para si mesmos. Mas, se admitirmos que as virtudes de um bom homem e de um bom magistrado podem ser iguais, e que um cidadão é alguém que obedece ao magistrado, segue-se que a virtude de um não pode, em geral, ser a mesma que a virtude do outro, embora isso possa ser verdade para um cidadão em particular, pois a virtude do magistrado deve ser diferente da do cidadão. Por essa razão, Jason declarou que, se fosse privado de seu reino, ele definharia de arrependimento porque não saberia como viver como um homem comum. Todavia, é uma grande recomendação saber tanto comandar quanto obedecer; e fazer bem ambas as coisas é a virtude de um cidadão exemplar. Se, então, a virtude de um bom homem consiste apenas em ser capaz de comandar, mas a virtude de um bom cidadão o torna igualmente apto para ambas as funções, o elogio a um e a outro não será idêntico. Parece, então, que tanto quem comanda quanto quem obedece devem aprender suas funções separadamente. O cidadão deve ser mestre e participar de ambas, como qualquer um pode perceber facilmente; em um governo familiar, não há necessidade de o mestre saber como realizar as tarefas necessárias, mas sim desfrutar do trabalho dos outros, pois fazer o contrário é papel de servo. Refiro-me aqui ao trabalho comum de um escravo.

Existem muitos tipos de escravos, com funções variadas. Entre eles estão os artesãos, que, como o nome sugere, vivem do trabalho de suas mãos, e entre esses estão incluídos todos os operários; por essas razões, em alguns Estados, tais trabalhadores não eram admitidos para participar do governo até que, eventualmente, as democracias foram estabelecidas. Não é, portanto, adequado que qualquer homem de honra, qualquer cidadão ou qualquer um que se envolva em assuntos públicos

---

[1] Eurípedes, *Éolo*, fragmento 16 (catalogado por Augustus Nauck).

aprenda esses ofícios servis, a menos que precise deles para seu próprio uso; pois, se isso não for observado, a distinção entre um mestre e um escravo se perderia. Mas há um tipo de governo diferente, no qual os homens governam aqueles que são seus iguais em status e são livres, o que chamamos de governo político, no qual os homens aprendem a comandar ao se submeterem primeiro a obedecer, como um bom general de cavalaria, ou um comandante-em-chefe, deve adquirir conhecimento de suas funções tendo estado por muito tempo sob o comando de outro, e o equivalente ocorre em todos os cargos no Exército, pois é bem dito que ninguém sabe como comandar sem antes ter sido comandado por outro. As virtudes desses são, decerto, diferentes, mas um bom cidadão deve necessariamente possuí-las; deve também saber de que maneira os homens livres devem governar, bem como ser governados: isso também é dever de um bom homem. E se a temperança e a justiça de quem governa são diferentes das de quem, embora livre, está sob comando, é evidente que as virtudes de um bom cidadão não podem ser as mesmas que, por exemplo, a justiça, mas devem ser de uma espécie diferente nessas duas situações distintas, assim como a temperança e a coragem de um homem e de uma mulher são diferentes uma da outra, pois um homem pareceria covarde se tivesse apenas a coragem apropriada para uma mulher, e uma mulher seria considerada tagarela se participasse da conversa com a mesma intensidade que um homem de importância.

As tarefas domésticas de cada um também são diferentes; cabe ao homem adquirir o sustento, e à mulher cuidar dele. Mas a direção e o conhecimento dos assuntos públicos são virtudes exclusivas daqueles que governam, enquanto todas as outras parecem ser igualmente necessárias para ambas as partes; mas, com isso, os governados não têm preocupação, pois cabe a eles apenas ter noções justas. Eles, de fato, são como fabricantes de flautas, enquanto os que governam são os músicos que as tocam. E, assim, isso foi dito para mostrar se a virtude de um bom homem e a de um excelente cidadão são as mesmas ou se são diferentes, e até que ponto são iguais e diferentes.

V

Ainda resta uma dúvida em relação aos cidadãos: apenas aqueles que têm permissão para participar do governo são verdadeiramente cidadãos, ou os operários também devem ser considerados como tal? Pois, se aqueles que não têm permissão para governar forem contados entre eles, é impossível que a virtude de todos os cidadãos seja a mesma, já que esses também são cidadãos; e, se nenhum deles for admitido como cidadão, como deverão ser classificados? Afinal, não são nem residentes temporários nem estrangeiros. Ou será que não há inconveniente em não serem considerados cidadãos, já que não são escravos nem libertos? Certamente é verdade que nem todos os necessários à existência de uma cidade são cidadãos, de tal maneira que os meninos não o são, enquanto os homens sim; pois estes últimos são cidadãos plenos, enquanto os outros o são com algumas restrições; afinal, são cidadãos, mas imperfeitos. Em tempos antigos, em alguns lugares, os operários eram escravos ou estrangeiros, razão pela qual muitos ainda o são hoje. E, de fato, os Estados mais bem-regulados não permitem que um operário seja cidadão; mas, se isso lhes for permitido, não podemos atribuir a virtude que descrevemos a todo cidadão ou homem livre, senão apenas àqueles desvinculados de funções servis. Os que trabalham para uma pessoa em tais funções são escravos; os que trabalham por dinheiro são operários e trabalhadores assalariados. Portanto, é evidente, com uma mínima reflexão, qual é a sua situação, pois o que eu disse é totalmente explicado pelas aparências.

Como o número de comunidades é muito grande, segue-se necessariamente que haverá muitos tipos diferentes de cidadãos, especialmente aqueles governados por outros, de modo que, em um Estado, pode ser necessário admitir operários e trabalhadores assalariados como cidadãos, mas em outros isso pode ser impossível; como em uma aristocracia, na qual as honras são concedidas pela virtude e dignidade. Assim, é impossível para alguém que vive a vida de um operário ou trabalhador assalariado adquirir a prática da virtude. Em uma oligarquia, também, os trabalhadores assalariados não são admitidos como cidadãos, porque o direito de ocupar qualquer cargo é regulado pela fortuna; mas os operários são, pois muitos cidadãos são muito ricos.

Havia uma lei em Tebas que determinava que ninguém poderia ter uma participação no governo até ter passado dez anos fora do comércio. Em muitos Estados, a lei convida estrangeiros a aceitarem a cidadania; e, em algumas democracias, o filho de uma mulher livre é ele próprio livre. O equivalente é observado em diversas outras regiões em relação aos filhos ilegítimos; mas isso ocorre por falta de cidadãos nascidos regularmente; logo, eles admitem tais pessoas. Tais leis sempre são criadas em consequência de uma escassez de habitantes; assim, à medida que o número aumenta, eles primeiro privam os filhos de escravos ou escravas desse privilégio, depois os filhos de uma mulher livre, e, por fim, não admitem mais ninguém a não ser aqueles cujos pais e mães eram ambos livres.

É evidente, pelo que foi dito, que existem muitos tipos de cidadãos e que se pode considerar como plenamente cidadão aquele que participa das honras do Estado. Assim, Aquiles, em Homero, reclama de Agamêmnon por tratá-lo como um estrangeiro desonrado, pois um estrangeiro ou residente temporário é aquele que não participa das honras do Estado. Sempre que o direito à cidadania é mantido obscuro, isso é feito em benefício dos habitantes. Pelo que foi dito, fica claro se a virtude de um bom homem e a de um excelente cidadão são as mesmas ou diferentes. E vemos que, em alguns Estados, elas são iguais; em outros, não; e também que isso não é verdade para cada cidadão, mas somente para aqueles que lideram ou são capazes de liderar nos assuntos públicos, seja sozinhos ou em conjunto com outros.

VI

Estabelecidos esses pontos, passamos a considerar se deve ser estabelecida apenas uma forma de governo ou mais de uma; e, se mais de uma, quantas e de que tipo, e quais são as diferenças entre elas. A forma de governo é a organização e regulação da cidade e de todos os seus cargos, especialmente aqueles em que o poder supremo está concentrado. Esse poder é sempre detido pela administração, mas a própria administração é a forma específica de governo estabelecida em um Estado. Assim, em uma democracia, o poder supremo está nas mãos de todo o povo; ao contrário, em uma oligarquia, está nas mãos de alguns poucos. Portanto, afirmamos que a forma de governo nesses Estados é diferente e veremos que o equivalente se aplica a outros casos. Vamos primeiro determinar para quem uma cidade é estabelecida e apontar as diferentes formas de governo às quais o homem pode se submeter na vida social.

Já mencionei em meu tratado sobre a administração da família e o poder do mestre que o homem é um animal naturalmente formado para a sociedade e que, portanto, quando não precisa de assistência externa, desejará por sua própria vontade viver com os outros; não apenas porque o benefício mútuo os induz a isso na medida em que permite a cada pessoa viver de maneira mais agradável; e esse é, de fato, o grande objetivo não apenas para todos, mas também para cada indivíduo. Não é simplesmente uma questão de escolha, pois o homem se junta à sociedade também para poder viver, o que provavelmente não é sem algum mérito, e também sustenta a sociedade civil, mesmo para preservar a vida, a menos que seja gravemente sobrecarregado pelas misérias dela. É muito evidente que os homens suportarão muitas calamidades por causa da vida, já que viver é algo naturalmente doce e desejável. É fácil apontar as diferentes formas de governo e já as estabelecemos em nossos discursos exteriores. O poder do mestre, embora por natureza igualmente útil tanto para o mestre quanto para o escravo, tem como objetivo o benefício do mestre, enquanto o benefício do escravo surge acidentalmente, pois, se o escravo for destruído, o poder do mestre chega ao fim. Mas a autoridade que um homem tem sobre esposa, filhos e família, que chamamos de governo doméstico, é para o benefício daqueles que estão sob submissão ou para o benefício comum de todos. Seu objetivo particular é o benefício dos governados, como vemos em outras artes; na medicina, por exemplo, e nos exercícios físicos, em que, se algum benefício ocorre ao mestre, é acidental, já que nada impede o mestre dos exercícios de ser, às vezes, um dos que os praticam, assim como o timoneiro é sempre um dos marinheiros. Mas tanto o mestre dos exercícios quanto o timoneiro consideram o bem daqueles que estão sob seu governo. Qualquer benefício que possa ocorrer ao timoneiro quando ele é marinheiro ou ao mestre dos exercícios quando ele mesmo participa dos jogos não é intencional ou objetivo de seu poder; assim, em todos os governos políticos estabelecidos para preservar e defender a igualdade dos cidadãos, é considerado justo governar por turnos. Antigamente, como era natural, todos esperavam que cada um de seus concidadãos servisse ao público em sua vez e assim administrasse seu próprio bem, como ele mesmo tinha feito por outros quando estava no cargo; mas agora cada um deseja estar continuamente no poder para desfrutar da vantagem que obtém dos negócios públicos e da função de estar no cargo, como se os cargos fossem um remédio infalível para todas as queixas, e por isso fossem tão avidamente procurados.

É evidente, então, que todos os governos que visam ao bem comum estão devidamente estabelecidos e são estritamente justos, enquanto aqueles que visam apenas ao bem dos governantes são fundados em princípios errados e amplamente diferentes do que um governo deveria ser, pois são tirania sobre escravos, enquanto uma cidade é uma comunidade de homens livres.

VII

Após estabelecer esses detalhes, passemos a considerar o número de governos existentes e o que eles são; e, primeiro, quais são suas qualidades. Quando tivermos determinado isso, seus defeitos ficarão bastantes claros.

É evidente que toda forma de governo ou administração, pois as palavras têm o mesmo significado, deve conter um poder supremo sobre todo o Estado, e esse poder supremo deve necessariamente estar nas mãos de uma pessoa, de alguns poucos ou de muitos. E, quando qualquer um desses aplica seu poder para o bem comum, tais Estados são bem governados. Todavia, quando o interesse de um, dos poucos ou dos muitos que desfrutam de tal poder é o único considerado, então o governo é ruim. É preciso afirmar que aqueles que compõem a comunidade não são cidadãos, ou permitir que compartilhem das vantagens do governo.

Chamamos geralmente de reino o Estado governado por uma pessoa para o bem comum; de aristocracia aquele governado por mais de uma pessoa, mas por poucos apenas; seja porque o governo está nas mãos dos cidadãos mais dignos, seja porque é a melhor forma para a cidade e seus habitantes. Quando os cidadãos em geral governam para o bem público, é chamado de Estado; esse também é um nome comum para todos os outros governos, e essas distinções são racionais, pois não é difícil encontrar uma pessoa, ou um número muito pequeno, com habilidades muito distintas, mas é quase impossível encontrar a maioria de um povo eminente em todas as virtudes. Se há algo comum a toda uma nação, é a valentia, elemento criado e sustentado por números. Por isso, em tal Estado, a profissão de armas sempre terá a maior parte no governo.

Já as corrupções que acompanham cada um desses governos são as seguintes: um reino pode degenerar em tirania; uma aristocracia, em oligarquia; e um Estado, em democracia. Uma tirania é uma monarquia na qual o bem de um só homem é o objetivo do governo; uma oligarquia considera apenas os ricos; e uma democracia considera apenas os pobres; mas nenhum deles tem o bem comum em vista.

VIII

Será necessário ampliar um pouco mais a natureza de cada um desses Estados, o que não é isento de dificuldades, pois, quem quiser iniciar uma investigação filosófica sobre seus princípios, e não se contentar com uma visão superficial de seus conduta externa, não deve passar algo ou omiti-lo, mas explicar o verdadeiro espírito de cada um deles. Uma tirania é, então, como foi dito, uma monarquia, quando uma pessoa tem um poder absoluto e despótico sobre toda a comunidade e sobre todos os seus membros; uma oligarquia, quando o poder supremo do Estado está alojado nos ricos; uma democracia, pelo contrário, quando o têm aqueles que pouco ou nada valem. Mas a primeira dificuldade que surge das distinções que estabelecemos é esta: se acontecer de a maioria dos habitantes que possuem o poder do Estado (pois isso é uma democracia) ser rica, a questão é como é que isso concorda com o que dissemos? A mesma dificuldade ocorre caso aconteça que os pobres constituam uma parte menor do povo do que os ricos, mas a partir de suas habilidades superiores adquiram o poder supremo, sendo isso o que eles chamam de oligarquia. Deveria parecer então que a nossa definição dos diferentes Estados não estava correta. Além disso, alguém poderia supor que a maioria do povo era pobre, e a minoria rica, e então descrever o Estado desta maneira, que uma oligarquia era um governo em que os ricos, sendo poucos em número, possuíssem o poder supremo, e em que uma democracia fosse um Estado em que os pobres, sendo muitos em número, possuíssem-lo. Todavia, ainda assim haverá outra dificuldade, pois que nome daremos aos Estados que descrevemos? Quero dizer, aquele em que o maior número é rico e aquele em que o menor número é pobre (no qual cada um deles possui o poder supremo), se não houver outros Estados além daqueles que descrevemos. Parece, portanto, evidente para a razão que o fato de o poder supremo estar investido nas mãos de muitos ou de poucos pode ser uma questão de acidente; mas é bastante claro que, quando estiver nas mãos de poucos, será um governo dos ricos; quando estiver nas mãos de muitos, será um governo dos pobres; uma vez que em todos os países há muitos pobres e poucos ricos. Não é, portanto, a causa já atribuída (nomeadamente, o número de pessoas no poder) que faz a diferença entre os dois governos; uma oligarquia e uma democracia diferem uma da outra nisto: na pobreza daqueles que governam em uma, e nas riquezas daqueles que governam na outra, pois, quando o governo está nas mãos dos ricos, sejam eles poucos ou mais, é uma oligarquia; quando está nas mãos dos pobres, é uma democracia. Mas, como já dissemos, um será sempre poucos, os outros, numerosos, mas ambos gozarão de liberdade; e das reivindicações de riqueza e liberdade surgirão disputas contínuas entre si pela liderança nos assuntos públicos.

IX

Primeiramente, devemos determinar quais são os limites adequados de uma oligarquia e de uma democracia, e o que é justo em cada um desses Estados, pois todos os homens têm alguma inclinação natural para a justiça, mas chegam a isso apenas até certo ponto; nem conseguem apontar universalmente o que é absolutamente justo. Por exemplo, o que é igual parece justo, e é, mas não para todos;

apenas entre aqueles que são iguais. E o que é desigual também parece justo, e é, mas não para todos, apenas entre aqueles que são desiguais. Essa circunstância é muitas vezes negligenciada, e por isso o julgamento é falho; a razão para tal é que as pessoas julgam a partir de seus próprios interesses, e cada um, quase sempre, é o pior juiz de seu próprio caso. Já que a justiça se refere às pessoas, as mesmas distinções que fazemos em relação às coisas devem ser feitas em relação às pessoas, da maneira que já descrevi na minha *Ética*.

Quanto à igualdade das coisas, elas concordam nisso; mas a disputa é sobre a igualdade das pessoas, principalmente pela razão mencionada anteriormente: porque elas julgam mal em seus próprios casos e também porque cada parte pensa que, se aceitarem o que é certo em alguns aspectos, terão feito justiça no todo. Por exemplo, se algumas pessoas são desiguais em riqueza, supõem que são desiguais em geral; ou, ao contrário, se são iguais em liberdade, supõem que são iguais em geral. Mas o que é absolutamente justo é omitido, pois, se a sociedade civil fosse fundada para preservar e aumentar a propriedade, o direito de cada um na cidade seria igual à sua fortuna; e então o raciocínio daqueles que insistem na oligarquia seria válido, já que não seria justo que aquele que contribuiu com uma mina tivesse uma parte igual no total com aquele que trouxe todo o resto, seja do dinheiro original ou do que foi adquirido depois.

Além disso, a sociedade civil não foi fundada apenas para preservar as vidas de seus membros, mas para que eles possam viver bem; caso contrário, um Estado poderia ser composto por escravos ou pela criação animal. Mas isso não acontece, pois estes não têm parte na felicidade da cidade; nem vivem conforme sua própria escolha; e não há uma aliança para defender mutuamente uns aos outros contra lesões ou para um intercâmbio comercial. Caso contrário, os etruscos e cartagineses, e todas as outras nações entre as quais existem tratados comerciais, seriam cidadãos de uma mesma cidade, pois entre eles há artigos para regular suas exportações e importações, e compromissos para proteção mútua, e alianças para defesa mútua; mas eles não têm os mesmos magistrados estabelecidos, sendo distintos entre os diferentes povos; nem se preocupam se os costumes dos outros estão como deveriam, ou se algum dos que aderiram aos acordos comuns é injusto ou de algum modo vicioso, apenas que não prejudique algum membro da confederação. Mas quem se esforça para estabelecer leis benéficas em um Estado se preocupa com as virtudes e os vícios de cada indivíduo que o compõe; daí é evidente que o primeiro cuidado de quem deseja fundar uma cidade, verdadeiramente merecedora desse nome, e não apenas nominalmente, deve ser ter cidadãos virtuosos; caso contrário, é apenas uma aliança para autodefesa, diferenciando-se das de mesma índole feitas entre diferentes povos somente em termos de lugar. A lei é um acordo e uma garantia, como diz o sofista Lícofron, entre os cidadãos com intenção de fazer justiça uns aos outros, embora não seja suficiente para tornar todos os cidadãos justos e bons. E que isso é evidente, pois, se alguém pudesse juntar lugares diferentes, como cercar Megara e Corinto com uma muralha, ainda assim não seriam uma só cidade, nem mesmo se os habitantes se casassem entre si, embora essa intercomunidade contribuísse muito para transformar um lugar em uma única cidade. Além disso, se suposermos um grupo de pessoas vivendo separadas umas das outras, mas a uma distância que permitisse intercâmbio e que houvesse leis entre cada parte para evitar que se prejudicassem mutuamente em suas transações, supondo um carpinteiro, um agricultor, um sapateiro e outros, e que seus números fossem dez mil, ainda assim tudo o que teriam em comum seria uma tarifa para o comércio ou uma aliança para defesa mútua, mas não a mesma cidade. E por quê? Não porque seu intercâmbio mútuo não é próximo o suficiente, pois, mesmo que essas pessoas se reunissem em um lugar e cada um morasse em sua própria casa como se estivesse em sua cidade natal, e houvesse alianças entre cada parte para auxiliar mutuamente e evitar qualquer dano ao outro, ainda assim não seriam considerados uma cidade por aqueles que pensam corretamente, caso preservassem os mesmos costumes quando estivessem juntos como quando estivessem separados.

É evidente, então, que uma cidade não é uma comunidade de lugar; nem estabelecida para a segurança mútua ou para o comércio entre si; mas que essas coisas são consequências necessárias de uma cidade, embora possam existir onde não há cidade. Uma cidade é uma sociedade de pessoas que se unem com suas famílias e seus filhos para viver de maneira agradável, buscando ter suas vidas mais felizes e independentes possível; e para isso é necessário que vivam em um só lugar e se casem entre si. Daí em todas as cidades há reuniões familiares, clubes, sacrifícios e entretenimentos públicos para promover a amizade, pois o amor à sociabilidade é a própria amizade. Assim, o fim para o qual uma cidade é estabelecida é que seus habitantes vivam felizes, e essas coisas contribuem para esse fim, sendo uma comunidade de famílias e aldeias para uma vida independente perfeita; ou seja, como já dissemos, para viver bem e felizes. Portanto, não é fundada somente para que os homens vivam juntos, mas para que vivam como devem. Por isso, aqueles que mais contribuem para esse fim merecem ter maior poder na cidade do que aqueles que são seus iguais em família e liberdade, mas inferiores em virtude cívica, ou aqueles que os superam em riqueza, mas são inferiores em valor. É evidente, a partir do que foi dito, que, em todas as disputas sobre governo, cada parte diz algo que é justo.

X

Pode haver também uma dúvida sobre com quem o poder supremo deveria estar. Deve ser com a maioria, com os ricos, com um número de pessoas apropriadas, com um indivíduo melhor do que os outros ou com um tirano? Mas, qualquer que seja a nossa preferência, alguma dificuldade surgirá, pois, se os pobres o tiverem apenas porque são a maioria, podem então dividir entre si o que pertence aos ricos. E isso não é injusto, pois foi realmente assim que o poder supremo decidiu. Porém, de que adianta apontar o que é o cúmulo da injustiça se isso não é o caso? Novamente, caso os muitos tomem para si tudo o que pertence aos poucos, é evidente que a cidade estará condenada. Mas a virtude nunca destruirá o que é virtuoso; nem o que é justo pode ser a ruína do Estado. Portanto, tal lei nunca pode ser justa, e os atos de um tirano nunca podem ser errados, pois, por necessidade, todos devem ser justos; ele, com seu poder ilimitado, força todos a obedecer às suas ordens, assim como a multidão oprime os ricos. Então, seria certo que os ricos, os poucos, tivessem o poder supremo? E, se eles forem culpados do mesmo saque e pilhagem das possessões da maioria, isso seria tão justo quanto o outro. É evidente que todas essas coisas são erradas e injustas. Então, os de melhor condição deveriam ter o poder e, por isso, todos os outros cidadãos não deveriam viver desonrados, sem compartilhar os cargos da cidade, pois os cargos de uma cidade são suas honras. Caso um grupo de pessoas esteja sempre no poder, é notório que o restante deve ficar sem honra. Então, deve ser com uma pessoa, a mais adequada para isso. Contudo, assim o poder será ainda mais restrito, e um número maior do que antes continuará desonrado. Ainda, alguém pode argumentar que é errado dar ao homem o poder supremo, e não à lei, pois sua alma está sujeita a tantas paixões. Mas se essa lei estabelece uma aristocracia ou uma democracia, como isso nos ajudará nas dúvidas atuais? Pois essas coisas levarão aos problemas que já mencionamos.

XI

Outros detalhes serão considerados separadamente, mas parece apropriado provar que o poder supremo deve estar com a maioria, e não com aqueles que são de melhor condição, que são poucos; e também explicar quais dúvidas (e provavelmente justas) podem surgir. Agora, embora nenhum indivíduo da maioria possa ser ele mesmo adequado para o poder supremo, quando esses muitos se juntam, não é impossível que estejam mais qualificados para isso do que aqueles, e isso não de forma isolada, mas como um corpo coletivo; assim como os jantares públicos superam os que são oferecidos às expensas de uma só pessoa. Como são muitos, cada um contribui com sua parte de virtude e sabedoria; e, assim, ao se reunirem, eles se tornam como um homem formado por uma multidão, com muitos pés, muitas mãos e muitas inteligências: assim é em relação aos modos e entendimentos da multidão como um todo. Por isso, o público é o melhor juiz de música e poesia: alguns entendem uma parte, outros entendem outra, e todos coletivamente entendem o todo; e, nesse aspecto, homens influentes se distinguem de cada um da maioria, assim como as pessoas bonitas se distinguem das que não são, e como as belas pinturas superam os objetos naturais ao reunir as várias partes bonitas dispersas entre diferentes originais em uma só, embora as partes separadas, como o olho ou qualquer outra, possam ser mais atraentes do que na pintura.

Mas, se essa distinção deve ser feita entre todo o povo e toda a assembleia geral, e alguns poucos homens influentes, pode haver dúvida sobre se é verdadeira; é bastante claro que, em relação a poucos, não é, pois a mesma conclusão poderia ser aplicada até mesmo aos animais. E, de fato, em que alguns homens se diferenciam dos animais? Não que o que eu disse não seja verdadeiro em alguns Estados. A dúvida então, que recentemente propusemos, com todas as suas consequências, pode ser resolvida desta maneira: é necessário que os homens livres que compõem a maior parte do povo tenham poder absoluto em algumas coisas; mas como eles não são nem homens de propriedade, nem agem uniformemente com princípios de virtude, não é seguro confiar-lhes os primeiros cargos do Estado, tanto por causa de sua iniquidade quanto por sua ignorância; por um motivo eles farão o que é errado e por outro, cometerão erros. Ainda é perigoso não lhes permitir nenhum poder ou participação no governo, pois, quando há muitos pobres incapazes de adquirir as honras de seu país, o Estado necessariamente terá muitos inimigos. Deixe então que possam votar nas assembleias públicas e decidir causas; por isso, Sócrates e alguns outros legisladores deram a eles o poder de eleger os oficiais do Estado e de investigar sua conduta quando saem do cargo, e apenas impediram que fossem magistrados por conta própria. A multidão, quando está reunida, tem entendimento suficiente para esses propósitos e, ao se misturar com aqueles de classe superior, é útil para a cidade, assim como algumas coisas, que sozinhas são impróprias para alimentação, ao se misturarem com outras, tornam o todo mais saudável do que poucas delas sozinhas.

Mas há uma dificuldade associada a essa forma de governo, pois parece que a pessoa capaz de curar qualquer um que está doente deve ser o melhor juiz de quem empregar como médico; porém, tal pessoa deve ser um médico; e o equivalente cabe a qualquer outra prática e arte: tal como um médico deve prestar contas de sua prática a outro médico, assim deve ser em outras artes. Aqueles cuja ocupação é a medicina podem ser divididos em três tipos: o primeiro é o que prepara os medicamentos; o segundo prescreve e é para o outro o que o arquiteto é para o pedreiro; o terceiro entende a ciência, mas nunca a pratica. Essas três distinções podem ser encontradas entre aqueles que entendem todas as outras artes; e não temos menos opinião sobre o julgamento daqueles que são apenas instruídos nos princípios da arte do que sobre aqueles que a praticam. Em relação às eleições, o mesmo método parece correto pois eleger uma pessoa adequada em qualquer ciência é o trabalho daqueles que são habilidosos nela; como em geometria, dos geômetras; em navegação, dos timoneiros. Contudo, se alguns indivíduos souberem algo sobre artes e trabalhos específicos, não sabem mais do que os especialistas. Portanto, mesmo com esse princípio, nem a eleição de magistrados nem a censura de sua conduta deve ser confiada à maioria.

Provavelmente tudo o que foi dito aqui pode não estar correto; para retomar o argumento que usei recentemente, se o povo não for muito brutal, embora permitamos que cada indivíduo saiba menos sobre esses assuntos do que aqueles que se dedicaram a eles, ainda assim, quando se reúnem, conhecerão melhor, ou pelo menos não pior, esses assuntos. Além disso, em algumas artes específicas não é apenas o trabalhador o melhor juiz; ou seja, aquelas obras compreendidas por aqueles que não as professam. Assim, quem constrói uma casa não é o único juiz dela, pois o chefe da família que a habita é um melhor juiz; da mesma forma, um timoneiro é um melhor juiz de um leme do que aquele que o fez, e quem dá uma festa é um melhor juiz do que o cozinheiro. O que foi dito parece uma solução suficiente para essa dificuldade; mas há outra que segue, pois parece absurdo que o poder do Estado deva estar com aqueles que têm moralidade medíocre, em vez de com aqueles que têm excelente caráter. Agora, o poder de eleição e censura é de suma importância, e isso, como foi dito, em alguns Estados é confiado ao povo, uma vez que a assembleia geral é o tribunal supremo de todos, e eles têm voz nisso, deliberam sobre todos os assuntos públicos e julgam todas as causas, sem objeção à condição de seus membros e a qualquer idade; mas seus tesoureiros, generais e outros grandes oficiais do Estado são escolhidos entre homens de grande fortuna e valor. Essa dificuldade pode ser resolvida com o mesmo princípio; e aqui também podem estar certos, pois o poder não está no homem membro da assembleia ou do Conselho, mas na assembleia em si, no Conselho e no povo, dos quais cada indivíduo da comunidade faz parte, como senador, conselheiro ou juiz. Por isso, é muito justo que a maioria tenha o maior poder em suas próprias mãos, pois o povo, o Conselho e os juízes são compostos por eles, e a propriedade de todos esses coletivamente é maior do que a propriedade de qualquer pessoa ou poucos que ocupam os grandes cargos do Estado. E assim eu determino esses pontos.

A primeira questão que levantamos demonstra claramente que o poder supremo deve estar nas leis bem elaboradas, e que o(s) magistrado(s) – seja um ou mais – deve(m) ter a autorização para decidir casos que as leis não conseguem especificar, uma vez que é impossível que elas cubram todas as situações possíveis em termos gerais. No entanto, ainda não foi explicado quais são as bases mais adequadas para estabelecer essas leis, e isso continua sendo uma questão em aberto. As leis de cada Estado, portanto, serão necessariamente influenciadas pela natureza do próprio Estado, podendo ser trifásicas ou excelentes, justas ou injustas. É evidente que devem ser formuladas de acordo com a constituição do governo; logo, um governo bem-estruturado terá boas leis, enquanto um governo mal-estruturado terá leis ruins.

XII

Como em toda arte e ciência o objetivo buscado é sempre o bem, na fundação da sociedade civil, que é a mais excelente de todas, esse bem almejado é a justiça, pois é isso que beneficia a todos. Agora, é opinião comum que a justiça é uma certa igualdade; e, nesse ponto, todos os filósofos concordam quando tratam da moralidade: eles afirmam o que é justo e para quem, e que iguais devem receber igual. Mas devemos saber como determinar o que é igual e o que é desigual; e nisso há alguma dificuldade, que requer a filosofia do político. Alguns provavelmente dirão que os cargos do Estado devem ser distribuídos de acordo com a excelência particular de cada cidadão, se não houver outra diferença entre eles e o resto da comunidade, exceto que em todos os demais aspectos sejam iguais, pois a justiça atribui coisas diferentes a pessoas que se diferenciam em seus caracteres, de acordo com seus respectivos méritos. Mas se isso for aceito como verdade, a compleição, a altura ou qualquer vantagem similar será uma reivindicação para a maior parte dos direitos públicos. No entanto, é claro que isso é evidentemente absurdo, como se vê em outras artes e ciências, já que, no caso dos músicos que tocam flauta juntos, a melhor flauta não é dada àquele que vem de uma melhor família, considerando que isso não fará com que ele toque melhor; o melhor instrumento deve ser dado ao melhor artista.

Se o que foi dito agora não esclarecer isso, explicaremos ainda mais: caso haja alguém, um excelente flautista, mas muito deficiente em família e beleza, embora cada um desses atributos seja mais valioso do que a habilidade musical e supere essa arte em um grau maior do que o que esse flautista supera os outros, ainda assim as melhores flautas devem ser dadas a ele, pois a superioridade em beleza e fortuna deve ter relação com o trabalho em questão; mas esses atributos não têm nenhuma relação. Além disso, segundo esse raciocínio, qualquer excelência possível poderia ser comparada a qualquer outra, porque, se a força corporal pudesse disputar com a riqueza ou a liberdade, qualquer força poderia fazê-lo; então, se uma pessoa se destacasse em tamanho mais do que outra em virtude, e seu tamanho a qualificasse para substituir a virtude do outro, tudo então deveria admitir comparação entre si, pois, se tal tamanho é maior do que a virtude por tanto, é evidente que outro deve ser igual a ele. Contudo, como isso é impossível, é claro que seria contrário ao senso comum disputar um direito a qualquer cargo no Estado com base em superioridade, já que, caso uma pessoa seja lenta e a outra, rápida, nenhuma delas está mais ou menos qualificada por isso, embora nas corridas ginásticas uma diferença nesses aspectos ganharia o prêmio. No entanto, uma pretensão aos cargos do Estado deve se basear em superioridade nas qualificações úteis para ele. Logo, aqueles de boa família, independência e fortuna, de maneira apropriada, disputam entre si por eles, pois são as pessoas adequadas para ocupá-los. Uma cidade não pode consistir apenas de pobres, assim como não pode consistir apenas de escravos. Mas, se tais pessoas são necessárias, é evidente que aqueles que são justos e valentes são igualmente necessários; sem justiça e valentia nenhum Estado pode se sustentar, sendo a primeira necessária para sua existência e a segunda, para sua felicidade.

XIII

Parece então necessário para a constituição de um Estado que todos, ou pelo menos muitos desses detalhes, sejam bem analisados e investigados; e que a virtude e a educação possam, de maneira justa, reivindicar o direito de serem consideradas os meios necessários para tornar os cidadãos felizes, como já dissemos. Como aqueles que são iguais em um aspecto não são necessariamente iguais em todos, e aqueles que são desiguais em um aspecto não são necessariamente desiguais em todos, conclui-se que todos os governos estabelecidos sobre um princípio que supõe essa igualdade são errôneos.

Já dissemos que todos os membros da comunidade disputarão entre si pelos cargos do Estado; e em alguns aspectos de maneira justa, mas não de forma geral; os ricos, por exemplo, por possuírem a maior parte das terras, e o direito final sobre o solo está investido na comunidade; e também porque sua fidelidade é, em geral, a mais confiável. Os homens livres e de boa família disputam o ponto entre si quase em igualdade, pois esses últimos têm um direito a maior consideração como cidadãos do que pessoas obscuras, já que uma linhagem honorável é sempre muito estimada. Nem é uma conclusão inadequada que os descendentes de homens de valor serão homens de valor por si mesmos, pois o nascimento nobre é a fonte da virtude para os de boa família. Pelo mesmo motivo, também dizemos com justiça que a virtude tem o direito de reivindicar sua posição. A justiça, por exemplo, é uma virtude, e tão necessária à sociedade que todas as outras devem ceder-lhe a precedência.

Agora vejamos o que os muitos têm a argumentar contra os poucos; e eles podem dizer que, quando considerados coletivamente, são mais fortes, ricos e melhores do que os poucos. Mas, se algum dia todos esses habitarem a mesma cidade, ou seja, os bons, os ricos, os nobres, bem como os muitos que costumam compor a comunidade, pergunto: haverá razão para discutir quem deve governar, ou não? Pois em toda comunidade que mencionamos não há disputa sobre onde o poder supremo deve ser colocado; assim como esses se diferem entre si, também são os que recebem esse poder; em um Estado, os ricos o desfrutam, em outros, os merecedores, e assim cada um de acordo com seus próprios critérios. No entanto, vamos considerar o que deve ser feito quando todos estão ao mesmo tempo em uma mesma cidade. Se os virtuosos forem muito poucos em número, como devemos agir? Devemos preferir os virtuosos por causa de suas habilidades se eles forem capazes de governar a cidade? Ou eles devem ser tantos a ponto de quase compor todo o Estado?

Há também uma dúvida sobre as reivindicações de todos que buscam as honras do governo, pois aqueles que as fundamentam na fortuna ou na família não têm nada que possam justificar em sua defesa; é evidente pelo princípio deles que, se qualquer pessoa for encontrada mais rica do que todas as outras, o direito de governá-las será justamente atribuído a essa única pessoa. Da mesma forma, um homem que vem da melhor família reivindicará dos que disputam com base no mérito familiar; e provavelmente em uma aristocracia uma equivalente disputa poderia surgir com base na virtude, se houver um homem melhor do que todos os outros homens de valor na mesma comunidade; parece justo, pelo mesmo raciocínio, que ele deva usufruir do poder supremo. E com base nesse princípio também, enquanto os muitos supõem que devem ter o comando supremo, por serem mais poderosos do que os poucos, se um ou mais, embora em número pequeno, forem encontrados mais fortes do que eles, esses deveriam tê-lo em vez deles.

Todas essas considerações parecem deixar claro que nenhum dos princípios sobre os quais as pessoas baseariam seu direito ao poder supremo está fundamentado de maneira justa; e que todos os homens deveriam obedecer a eles, pois, no que diz respeito àqueles que reivindicam o poder devido à sua virtude ou fortuna, pode haver algumas objeções justas a serem feitas. Nada impede que, às vezes, os muitos possam ser melhores ou mais ricos do que os poucos, não como indivíduos, mas em sua capacidade coletiva.

Quanto à dúvida que algumas pessoas levantaram e contestaram, podemos respondê-la da seguinte forma: trata-se de saber se um legislador, ao estabelecer o sistema mais perfeito de leis, deve calculá-las para o uso da melhor parte dos cidadãos, ou para os muitos, nas circunstâncias que já mencionamos? A retidão de algo consiste em sua igualdade; portanto, o que é igualmente justo será vantajoso para todo o Estado e para cada membro dele em comum.

Agora, em geral, um cidadão é aquele que tanto participa do governo quanto se submete a ser governado; sua condição, é verdade, varia de um Estado para outro: o melhor é aquele em que um homem pode escolher e perseverar em um curso de virtude durante toda a sua vida, tanto em sua vida pública quanto privada. Mas, se houver uma pessoa ou poucas pessoas, notáveis por um grau incomum de virtude, embora não o suficiente para formar um Estado civil, de modo que a virtude dos muitos ou suas habilidades políticas sejam muito inferiores para se comparar com as deles, se mais de um, ou se apenas um, com o dele sozinho, tais pessoas não devem ser consideradas como parte da cidade, pois seria injusto avaliá-las no mesmo nível daqueles que são muito inferiores em virtude e habilidades políticas, a ponto de parecerem a eles como um deus entre os homens. Daí, é evidente que um sistema de leis deve ser calculado para aqueles que são iguais entre si por natureza e poder. Portanto, tais homens não são o objeto da lei, pois eles próprios são uma lei: e seria ridículo para alguém tentar incluí-los nas penalidades de uma lei, já que provavelmente poderiam dizer o que Antístenes nos conta sobre os leões quando eles exigiram ser admitidos em uma participação igual no governo com as lebres. E é por isso que os estados democráticos estabeleceram o ostracismo, pois a igualdade parece ser o principal objetivo de seu governo. Em consequência, obrigam todos aqueles que muito eminentes por seu poder, fortuna, amizades ou qualquer outra causa que possa lhes dar um peso excessivo no governo a se submeter ao ostracismo e deixar a cidade por um tempo determinado; assim como as histórias fabulosas relatam que os argonautas serviram Hércules, pois se recusaram a levá-lo com eles na nave Argo devido ao seu valor superior. Por essa razão, aqueles que odeiam uma tirania e criticam o conselho que Periandro deu a Trasíbulo não devem pensar que não havia nada a ser dito em sua defesa, pois a história diz que Periandro não disse nada ao mensageiro em resposta ao assunto sobre o qual ele foi consultado, mas, cortando as espigas de milho mais altas do que as outras, reduziu toda a colheita ao mesmo nível; de modo que o mensageiro, sem saber a causa do que foi feito, relatou o fato a Trasíbulo, que entendeu que deveria eliminar todos os principais homens da cidade. E isso não serve apenas para tiranos; nem são somente os tiranos que o praticam; o equivalente é feito tanto em oligarquias quanto em democracias: o ostracismo tem, de certa forma, quase o mesmo poder ao restringir e banir aqueles que são excessivamente poderosos; e o que é feito em uma cidade também é feito por aqueles que têm o poder supremo em Estados separados; como os atenienses em relação aos samienses, quianos e lesbos; pois, quando adquiriram repentinamente a superioridade sobre toda a Grécia, submeteram os outros Estados, contrariando os tratados que existiam entre eles. O rei da Pérsia também frequentemente reduz os medos e babilônios quando eles assumem seu antigo poder: e esse é um princípio que todos os governos, sejam bem administrados ou não, têm em mente; aqueles para o bem privado, estes para o bem público.

Tal fato ainda se observa nas outras artes e ciências; por exemplo, um pintor não representaria um animal com uma pata desproporcionalmente grande mesmo que a obra estivesse notavelmente bela; nem o construtor naval faria a proa ou qualquer outra parte do navio maior do que deveria ser; nem o mestre da banda permitirá que alguém que canta mais alto e melhor que os outros cante em conjunto com eles. Portanto, não há motivo para que um monarca não aja em acordo com Estados livres para manter seu próprio poder, se eles fazem o mesmo para o benefício de suas respectivas comunidades. Consequentemente, quando há uma diferença reconhecida no poder dos cidadãos, a razão sobre a qual o ostracismo se baseia será politicamente justa; mas é melhor para o legislador estabelecer seu Estado de forma que não precise desse recurso desde o início; se, com o tempo, tal inconveniente surgir, deve-se tentar corrigi-lo com alguma medida similar. Não que esse fosse o uso a que foi destinado: muitos não consideravam o benefício de suas respectivas comunidades, mas usavam o ostracismo como uma arma nas mãos da sedição.

Portanto, é evidente que em governos corruptos o uso do ostracismo é, em parte, justo e útil para o indivíduo, embora seja igualmente claro que não é inteiramente justo, pois em um Estado bem governado pode haver grandes dúvidas quanto ao uso desse recurso não por causa da preeminência em força, riqueza ou conexões; mas quando a preeminência é a virtude, o que se deve fazer? Pois parece errado expulsar e banir tal pessoa; também não parece certo governá-la, já que isso seria como desejar compartilhar o poder com Júpiter e governá-lo. Resta então o que parece natural: que todas as pessoas se submetam pacificamente ao governo daqueles que são assim eminentemente virtuosos, deixando-os ser perpetuamente reis nos Estados separados.

XIV

O que foi dito até agora leva a uma mudança de assunto para investigar a natureza das monarquias, pois já admitimos que elas são uma das formas de governo corretamente fundamentadas. Vamos considerar se um governo monárquico é adequado para uma cidade ou país cujo principal objetivo é a felicidade dos habitantes, ou se é outro. Mas, antes disso, vamos determinar se há apenas um tipo de monarquia ou se existem vários. É fácil perceber que existem muitas espécies diferentes e que as formas de governo não são iguais em todos os lugares: em Esparta, por exemplo, o poder real parece ser principalmente regulado pelas leis; não é supremo em todas as circunstâncias; quando o rei deixa os territórios do Estado, ele se torna general em guerra; e todos os assuntos religiosos são confiados a ele. Na verdade, o poder real lá é principalmente o de um general que não pode ser chamado à responsabilidade por sua conduta e cujo comando é vitalício. O rei não tem o poder de vida e morte, exceto como general; como era comum em suas expedições por meio da lei marcial, como aprendemos com Homero. Quando Agamêmnon é afrontado no Conselho, ele reprime sua raiva, mas, quando está em campo e armado com esse poder, diz aos gregos:

*"Quem eu souber que evitou a luta iminente,
Logo será presa para cães e abutres; pois a morte é minha [...]"*[2]

Essa é uma forma de governo monárquico em que o poder real está nas mãos de um general por toda a vida; às vezes, hereditário, às vezes, eleito. Além disso, há outra forma encontrada entre alguns dos bárbaros, na qual os reis têm poderes quase iguais aos de um tirano, mas ainda estão, de certa forma, vinculados pelas leis e pelos costumes do seu país, pois, como os bárbaros são por natureza mais propensos à escravidão do que os gregos, e aqueles na Ásia mais do que os da Europa, eles suportam sem murmurar um governo despótico. Assim, seus governos são tiranias, mas não suscetíveis de serem derrubados, pois são habituais e de acordo com a lei. Suas guardas também são semelhantes às usadas em um governo monárquico, e não em um despótico, pois a guarda dos reis é composta por cidadãos, enquanto a de um tirano é composta por estrangeiros. Um comanda, conforme a lei orienta, aqueles que obedecem voluntariamente;

---

2 Homero, *Ilíada*, 391-393.

o outro, arbitrariamente, aqueles que não consentem. Portanto, um é protegido pelos cidadãos e o outro, contra eles.

Essas são, então, as duas formas diferentes de monarquias, e outra é a que na Grécia Antiga se chamava de *aisymnetia*, que não é mais do que uma tirania eletiva; e sua diferença em relação à encontrada entre os bárbaros não está no fato de não ser conforme a lei, mas no fato de não estar de acordo com os antigos costumes do país. Alguns detinham esse poder por toda a vida, outros apenas por um período ou propósito específico, como o povo de Mitilene que elegeu Pítaco para enfrentar os exilados, liderados por Antimênides e o poeta Alceu, conforme aprendemos em um poema[3] seu: ele repreende os mitilenenses por terem escolhido Pítaco como seu tirano e por elogiá-lo aos céus como a ruína de um povo imprudente e devoto. Essas formas de governo são, e sempre foram, despóticas por serem tiranias; mas, na medida em que são eletivas e sobre um povo livre, também são monárquicas.

Uma quarta espécie de governo monárquico é a que estava em uso nos tempos heroicos, quando um povo livre se submetia a um governo monárquico, de acordo com as leis e os costumes do seu país. Aqueles que foram inicialmente benéficos para a Humanidade, seja nas artes ou nas armas, ou por reunir o povo em uma sociedade civil, ou por garantir um estabelecimento, tornaram-se os reis de um povo voluntário e estabeleceram uma monarquia hereditária. Eles eram especialmente seus generais em guerra e presidiam seus sacrifícios, exceto os que pertenciam aos sacerdotes. Também eram os juízes supremos do povo; e, nesse caso, alguns prestavam um juramento, outros não; aqueles que prestavam o faziam com o cetro erguido.

Nos tempos antigos, o poder dos reis se estendia a tudo, tanto civil, doméstico quanto estrangeiro; mas, com o tempo, abandonaram

---

3 Pítaco integrava o grupo dos Sete Sábios da Grécia. Antimênides e Alceu eram irmãos. Quanto à alusão aos versos de Alceu: *Poetarum Lyricorum Graecorum*, fragmento 37A (editado por Theodor Bergk).

alguns de seus privilégios e outros foram assumidos pelo povo, de modo que, em alguns Estados, deixaram aos reis apenas o direito de presidir os sacrifícios; e até aqueles a quem valeria a pena chamar pelo nome de rei tinham apenas o direito de serem comandantes--em-chefe em suas guerras estrangeiras.

Então, são quatro as formas de reinos: a primeira é a dos tempos heroicos, um governo sobre um povo livre, com seus direitos em alguns aspectos claramente definidos, pois o rei era seu general, seu juiz e seu sumo sacerdote. A segunda é a dos bárbaros, um governo despótico hereditário regulado por leis. A terceira é a chamada *aesymnetia*, uma tirania eletiva. A quarta é a espartana; e essa, em poucas palavras, não é mais do que uma generalidade hereditária. Nesses aspectos, elas se diferenciam umas das outras. Há uma quinta forma de governo monárquico, que é quando uma pessoa tem poder supremo sobre todas as coisas, da maneira que cada Estado e cada cidade tem sobre os assuntos públicos, pois assim como o chefe de uma família é rei em sua própria casa, esse rei é chefe de uma família em sua própria cidade ou Estado.

XV

Os diferentes tipos de governo monárquico podem, se me permitem dizer, ser reduzidos a dois, que consideraremos mais detalhadamente. O último mencionado e o lacedemônio, já que os principais entre os outros se situam entre esses, que estão como que nas extremidades, tendo menos poder do que um governo absoluto e, ainda assim, mais do que os lacedemônios. Desse modo que toda a questão pode ser reduzida a dois pontos: o primeiro é se é vantajoso para os cidadãos ter o cargo de general em uma única pessoa por toda a vida e se ele deve ser restrito a famílias específicas ou se qualquer pessoa deve ser elegível; o segundo é se é vantajoso que uma única pessoa tenha o poder supremo sobre tudo ou não. Mas entrar em detalhes sobre o cargo de um general lacedemônio seria mais uma questão de elaborar leis para um Estado do que considerar a natureza e a utilidade de sua constituição, já que sabemos que a nomeação de um general é algo que acontece em todo Estado. Ignorando isso, passaremos a considerar a outra parte do governo, que é a política do Estado, o que precisará ser examinado de maneira particular e abordado em pontos que possam surgir.

A primeira questão que se apresenta é se é melhor ser governado por um homem bom ou por boas leis. Aqueles que preferem um governo monárquico acreditam que as leis só podem falar de maneira geral, mas não se adaptar às circunstâncias particulares; por isso, é absurdo seguir uma regra escrita em qualquer ciência; mesmo no Egito, o médico podia alterar o método de cura prescrito pela lei após o quarto dia; mas, se o fizesse antes, seria por sua conta e risco. Da mesma forma, um governo baseado apenas em leis escritas não é o melhor; e, ainda assim, o raciocínio geral é necessário para todos que governam, sendo muito mais perfeito para aqueles que estão completamente livres de paixões do que para quem elas são naturais. Mas essa é uma qualidade que as leis possuem; enquanto a outra é natural à alma humana. Alguém pode responder que o homem será um melhor juiz dos detalhes. Então, será necessário que um rei seja um legislador, e que suas leis sejam publicadas, mas que aquelas que forem absurdas não tenham autoridade, enquanto as que não forem devem ter.

Mas é melhor para a comunidade que as questões que não podem ser abrangidas pela lei, ou não adequadamente, estejam sob o governo de cada cidadão digno, como é o método atual, no qual a comunidade pública, em suas assembleias gerais, age como juízes e conselheiros, em que todas as suas decisões são sobre casos particulares, pois um indivíduo, quem quer que seja, será encontrado, em comparação, inferior a um povo inteiro tomado coletivamente. Isso é o que uma cidade é, já que um entretenimento público é melhor do que a porção de um homem; por essa razão, a multidão julga muitas coisas melhor do que qualquer pessoa individual. Eles também são menos suscetíveis à corrupção devido ao seu número, assim como a água é devido à sua quantidade. Além disso, o julgamento de um indivíduo necessariamente se desvia se ele for vencido pela raiva ou por qualquer outra paixão; mas seria realmente difícil se toda a comunidade fosse enganada pela raiva. Além disso, deixe o povo ser livre e ele agirá somente em conformidade com a lei, exceto nos casos que ela não pode abranger. Mas, embora o que estou propondo possa não ser facilmente encontrado, se a maioria do Estado for composta por homens bons, eles deveriam preferir um governador incorruptível ou muitos igualmente bons? Não é evidente que eles devessem escolher os muitos? Pode haver divisões entre esses muitos que não ocorrem quando há apenas um. Em resposta, pode-se dizer que todas as suas almas estarão tão animadas com a virtude quanto a deste único homem.

Se um governo de muitos homens bons constitui uma aristocracia, e o governo de um é uma monarquia, é evidente que o povo deve preferir o primeiro ao último; e isso vale tanto se o Estado é poderoso quanto se não é, caso seja possível encontrar muitas pessoas semelhantes. Assim, é provável que os primeiros governos fossem geralmente monarquias, porque era difícil encontrar um número de pessoas eminentemente virtuosas, especialmente naquela época em que o mundo estava dividido em pequenas comunidades. Além disso, os reis eram nomeados em recompensa pelos benefícios que haviam conferido à Humanidade; mas tais ações são peculiares aos homens bons. Quando muitas pessoas iguais em virtude surgiram, não toleraram uma superioridade, mas buscaram igualdade e estabeleceram um Estado livre. Porém, depois disso, quando degeneraram, tornaram a coisa pública uma propriedade, o que provavelmente deu origem às oligarquias, pois tornaram a riqueza meritória e as honras do governo foram reservadas para os ricos. Essas oligarquias, por sua vez, se transformaram em tiranias, e estas eventualmente deram origem às democracias. Com a diminuição contínua do poder dos tiranos, devido à sua avareza desenfreada, o povo se tornou poderoso o suficiente para criar e estabelecer democracias. E, à medida que as cidades cresceram, provavelmente não foi fácil para elas se submeterem a qualquer governo que não fosse uma democracia.

Porém, se alguém prefere um governo monárquico em um Estado, o que deve ser feito com os filhos do rei? A família também deve reinar? Se tiverem filhos como alguns costumam ter, isso será muito prejudicial. Pode-se argumentar que o rei que tem o poder nunca permitirá que tais filhos sucedam ao seu reino. Mas não é fácil confiar nisso, pois é muito difícil e exige uma virtude maior do que a que se encontra na natureza humana. Há também uma dúvida sobre o poder que um rei deve possuir: ele deve ter força suficiente para compelir aqueles que não desejam obedecer às leis, e como ele deve sustentar seu governo? Pois, se deve governar de acordo com a lei e não fazer nada por vontade própria que seja contrário a ela, ao mesmo tempo será necessário proteger o poder com o qual ele defende a lei. No entanto, essa questão pode não ser muito difícil de determinar: ele deve ter um poder adequado, e tal poder seria o suficiente para tornar o rei superior a qualquer pessoa ou até mesmo a uma grande parte da comunidade, mas inferior ao todo, como os antigos sempre nomeavam guardas para a pessoa que criavam como *aesymneia* ou tirano; e alguém aconselhou os siracusanos, quando Dionísio pediu guardas, a conceder-lhe tal poder.

XVI

Agora, vamos considerar o monarca absoluto que acabamos de mencionar, aquele que faz tudo conforme sua própria vontade. Um rei que governa sob a direção de leis que ele é obrigado a seguir não cria por si mesmo nenhum tipo específico de governo, como já dissemos. Em qualquer Estado, seja aristocracia ou democracia, é fácil nomear um general vitalício; e há muitos que confiam a administração dos assuntos a uma só pessoa; tal é o governo em Dirráquio, e quase o mesmo em Opus.

Quanto à monarquia absoluta, isto é, quando todo o Estado está inteiramente sujeito à vontade de uma pessoa, o rei, muitos acham que é antinatural que um homem tenha todo o poder sobre seus concidadãos, sabendo-se que o Estado é composto por iguais. A natureza exige que o mesmo direito e a mesma posição sejam respeitados entre todos os iguais por natureza. Assim como seria prejudicial para o corpo que pessoas com diferentes constituições seguissem o mesmo regime, seja de dieta ou vestuário, é igualmente prejudicial em relação às honras do Estado que aqueles que são iguais em mérito sejam desiguais em posição. Por essa razão, é tão dever de um homem submeter-se ao comando quanto assumi-lo, e isso também por rotação, pois a lei é ordem, e é mais apropriado que a lei governe do que qualquer um dos cidadãos.

Com o mesmo princípio, se é vantajoso colocar o poder supremo em algumas pessoas específicas, elas devem ser nomeadas apenas como guardiãs e servos das leis, pois o poder supremo deve estar em algum lugar; mas dizem que é injusto que, onde todos são iguais, uma pessoa desfrute continuamente desse poder. Entretanto, parece improvável que o homem possa ajustar aquilo que a lei não pode determinar. Pode-se responder que a lei, tendo estabelecido as melhores regras possíveis, deixa o ajuste e a aplicação dos detalhes à discrição do magistrado; além disso, permite alterar qualquer coisa que a experiência prove que possa ser mais bem estabelecida. Ademais, aquele que coloca o poder supremo na mente coloca-o em Deus e nas leis; mas aquele que o confia ao homem dá-o a uma fera selvagem, pois tais apetites, às vezes, assim o tornam. A paixão influencia aqueles que estão no poder, até mesmo os melhores dos homens; por isso, a lei é razão sem desejo.

O exemplo tirado das artes parece falacioso: diz-se que é errado para um doente buscar remédios em livros, mas que seria muito mais adequado empregar aqueles que são especialistas em medicina, pois estes não fazem nada contrário à razão por motivos de amizade, mas ganham seu dinheiro curando os doentes, enquanto aqueles que administram os assuntos públicos fazem muitas coisas por ódio ou favor. E, como prova do que afirmamos, pode-se observar que, sempre que o doente suspeita que seu médico foi persuadido por inimigos a cometer alguma prática ilícita em sua profissão, ele prefere recorrer aos livros para sua cura. Não só isso, mas até os próprios médicos, quando estão doentes, chamam outros médicos; e aqueles que ensinam os exercícios ginásticos exercitam-se com outros da mesma profissão, pois são incapazes, por parcialidade, de formar um julgamento adequado sobre o que diz respeito a eles mesmos. Daí é evidente que aqueles que buscam o que é justo procuram um meio; agora, a lei é um meio. Além disso, a lei moral é muito superior e trata de objetos muito superiores do que a escrita, pois o magistrado supremo é mais seguro para ser confiado do que a escrita, embora seja inferior a ela.

Mas, como é impossível que uma pessoa possa ter um olhar para tudo sozinha, será necessário que o magistrado supremo empregue vários subordinados. Por que, então, não fazer isso desde o início, em vez de nomear uma pessoa dessa maneira? Além disso, se, de acordo com o que já foi dito, o homem de valor é apto para governar, dois homens de valor são certamente melhores do que um; por exemplo, em Homero, "Deixem dois irem juntos"[4]; e também o desejo de Agamemnon: "Quem dera fossem dez tais conselhos meus!"[5]. Não que ainda existam alguns magistrados específicos investidos com poder supremo para decidir, como juízes, sobre questões que a lei não pode resolver, por serem casos que não se enquadram adequadamente em sua jurisdição; das questões que podem, não há dúvida. Visto que as leis

---

4 Homero, Ilíada, X, 224.
5 Homero, Ilíada, II, 372.

compreendem algumas coisas, mas não todas, é necessário investigar e considerar qual dos dois é preferível, se o melhor homem ou a melhor lei deve governar, uma vez que reduzir todo assunto que pode ser deliberado pelo homem a uma lei é impossível.

Ninguém nega ser necessário alguém para decidir os casos que não podem ser abordados por uma lei escrita; mas dizemos que é melhor ter muitos do que um. Embora cada um decida de acordo com os princípios da lei justamente, parece absurdo supor que uma pessoa pode ver melhor com dois olhos, ouvir melhor com duas orelhas, ou fazer melhor com duas mãos e dois pés, do que muitos podem fazer com muitos. Vemos que os monarcas absolutos agora se cercam de muitos olhos, ouvidos, mãos e pés, pois confiam naqueles que são seus amigos e do seu governo com parte do seu poder. Se não forem amigos do monarca, não farão o que ele deseja; mas se forem, também são amigos de seu governo. Um amigo é um igual e semelhante ao seu amigo. Se ele pensa que tal pessoa deve governar, também pensa que seu igual deve governar. Essas são as objeções geralmente feitas ao poder monárquico.

XVII

O que dissemos pode ser verdadeiro para algumas pessoas, mas não para outras, pois alguns homens são, por natureza, feitos para estarem sob o governo de um mestre; outros, para estarem sob um rei; e outros ainda, para serem cidadãos de um Estado livre, justo e útil. Mas a tirania e diversas formas perversas de governo não estão de acordo com a natureza; são contrárias a ela. No entanto, é evidente pelo que foi dito que, entre iguais, não é vantajoso nem justo que uma pessoa seja senhora de todas, não havendo leis estabelecidas e sua vontade sendo a lei; ou, havendo leis, não é justo que alguém bom tenha poder sobre aqueles que também são bons; ou que alguém que não é bom tenha poder sobre aqueles que não são bons; nem que alguém que é superior aos outros em mérito, exceto de uma maneira particular, que será descrita, embora já tenha sido mencionada.

Vamos agora determinar quais pessoas são mais adequadas para um governo monárquico, quais para uma aristocracia e quais para uma democracia. Primeiro, para a monarquia: devem ser aquelas acostumadas por natureza a submeter à administração civil de si mesmas a uma família eminente em virtude. Para a aristocracia, devem ser as que, por sua virtude superior, são naturalmente preparadas para governar outros. Para um Estado livre, deve-se considerar um povo guerreiro, formado por natureza tanto para governar quanto para ser governado por leis que permitam ao cidadão mais pobre compartilhar as honras da comunidade de acordo com seu mérito.

Sempre que uma família inteira ou qualquer pessoa se destacar em virtude, de maneira que supere todos os outros na comunidade, é justo que o poder monárquico esteja com ela; ou, se for um indivíduo que se destaca, que seja o rei e senhor de todos. Como mencionamos, isso não só corresponde ao princípio de justiça que todos os fundadores de Estados, sejam aristocracias, oligarquias ou democracias, consideram (pois, ao colocar o poder supremo, todos acham certo vinculá-lo à excelência, embora não à mesma forma); mas também está de acordo com o que foi dito anteriormente. Não seria justo matar, banir ou ostracizar alguém por seu mérito superior. Nem seria adequado conceder-lhe o poder supremo apenas por um tempo limitado, pois é contrário à natureza que o que é o mais alto seja sempre o mais baixo; o que ocorreria se tal pessoa fosse governada por outros. Portanto, não resta outra opção senão submeter-se e permitir que ele desfrute continuamente do poder supremo. E assim tratamos do poder monárquico em diferentes estados, e se é ou não vantajoso para eles e de que forma é.

XVIII

Como já dissemos, há três tipos de governos regulares, e o melhor deles deve ser necessariamente aquele que é administrado pelos melhores homens (e esse deve ser o governo que tem um homem, uma família ou um grupo de pessoas que se destacam em virtude, capazes de governar e ser governado de maneira que torne a vida mais agradável. Já mostramos que a virtude de um bom homem e a de um cidadão no governo mais perfeito são equivalentes). Assim, é evidente que, da mesma forma e pelas qualidades que confeririam a um homem o caráter de ser bom, qualquer um diria que o governo de um Estado é uma aristocracia ou monarquia bem estabelecida. Assim, pode-se concluir que a educação e a moral são quase tudo o que contribui para fazer um bom homem, e as mesmas qualidades também fazem um bom cidadão ou um bom rei.

Tratando desses detalhes, agora vamos considerar qual tipo de governo é o melhor, como ele surge naturalmente e como é estabelecido, pois é necessário fazer uma investigação adequada sobre isso.

LIVE

IV

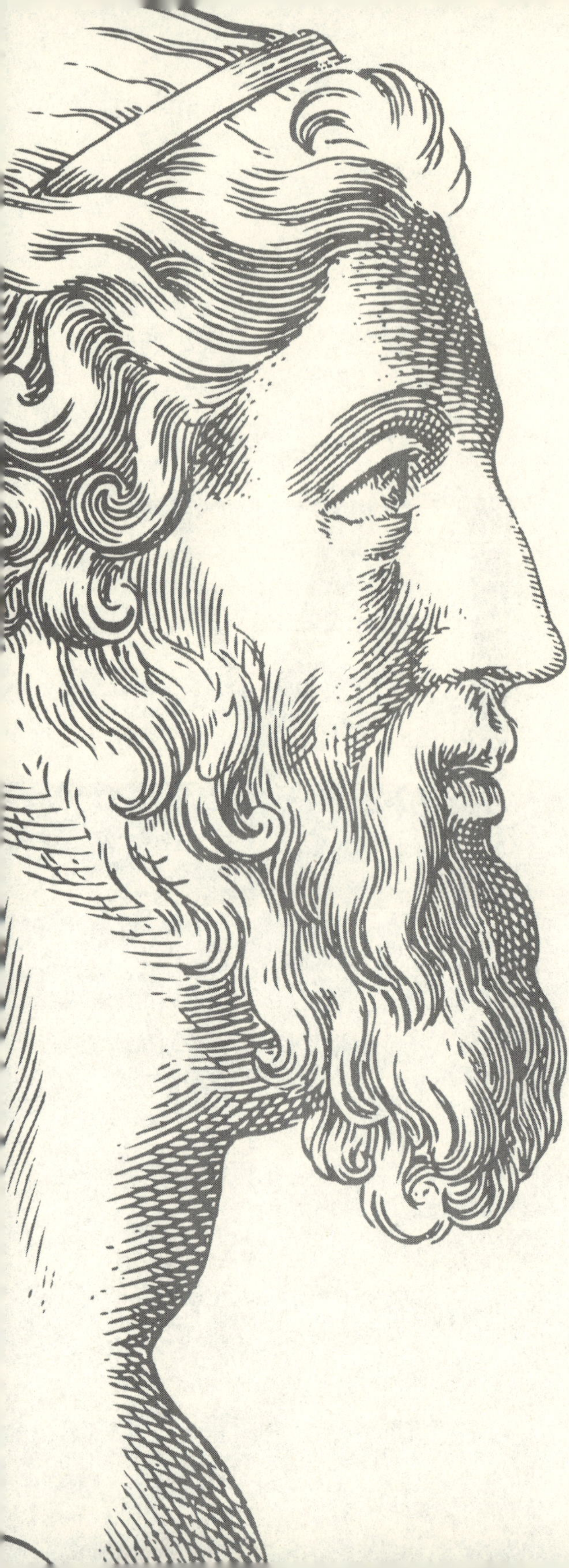

I

Em cada arte e ciência que não se ocupa de partes, mas de um gênero específico em que é completa, cabe exclusivamente a essa arte determinar o que é adequado ao seu gênero particular; assim como um exercício específico é adequado a um corpo em particular e o atende melhor, pois o corpo formado pela natureza como o mais perfeito e superior aos demais necessita do melhor exercício – e também o tipo de exercício adequado à maioria, o que compete às artes ginásticas. Embora alguém não deseje adquirir um conhecimento exato e uma habilidade nesses exercícios, não é menos necessário que aquele que se diz mestre e instrutor dos jovens seja perfeito nisso. Vemos que isso também se aplica à medicina, à construção naval, à fabricação de tecidos e, de fato, a todas as outras artes. Assim, evidentemente, cabe à mesma arte descobrir qual tipo de governo é o melhor e que corresponderia mais ao nosso desejo, enquanto não sofresse perturbações externas. E qual espécie particular é adaptada a pessoas específicas, pois há muitos que provavelmente são incapazes de desfrutar da melhor forma de governo. Assim, o legislador, aquele que é verdadeiramente um político, deve estar familiarizado não apenas com o que é o mais perfeito imaginável, mas também com o que é mais adequado às circunstâncias dadas. Além disso, há um terceiro tipo, um imaginário, e ele deve, se tal for apresentado para sua consideração, ser capaz de discernir qual seria esse tipo desde o início; e, uma vez estabelecido, quais seriam os meios adequados para preservá-lo por muito tempo.

Refiro-me ao caso em que, por exemplo, um Estado não tem a melhor forma de governo, está em falta naquilo que é necessário ou não recebe todas as vantagens possíveis, mas algo menos. E, além de tudo isso, é necessário saber qual tipo de governo é mais adequado para todas as cidades. Porque a maioria dos escritores que trataram desse assunto, por mais que possam lidar com outras partes de forma aparente, falharam na descrição das partes práticas; não é suficiente perceber o que é melhor se isso não puder ser colocado em prática. Deve também ser simples e acessível a todos. Mas alguns buscam apenas as formas mais sutis de governo. Outros, por sua vez, preferem tratar do que é comum, criticando os governos sob os quais vivem e exaltando a excelência de um Estado específico, como o Lacedemônio, ou outro qualquer. Mas todo legislador deve estabelecer uma forma de governo que, a partir do Estado atual e da disposição do povo que o receberá, será mais prontamente aceita e persuadirá a comunidade a participar, pois corrigir os erros de um governo estabelecido não é menos trabalhoso do que formar um novo; é tão difícil recuperar o que esquecemos quanto aprender algo novo. Logo, aquele que aspira ao caráter de legislador deve, além de tudo o que já dissemos, ser capaz de corrigir os erros de um governo já estabelecido.

Mas isso é impossível para quem não conhece as diferentes formas de governo que existem: algumas pessoas pensam que há apenas uma espécie de democracia e de oligarquia, o que não é verdade. Assim, todos devem conhecer a diferença entre esses governos, quão grandes são e de onde surgem; e ter conhecimento suficiente para perceber quais leis são melhores e mais adequadas para cada governo específico, já que todas as leis são, e devem ser, formuladas de acordo com o Estado que será governado por elas, e não o Estado em relação às leis. O governo é uma certa organização em um Estado que se refere particularmente aos magistrados quanto à forma como devem ser regulados e onde o poder supremo deve ser colocado; e qual deve ser o objetivo final que cada comunidade deve ter em vista. Todavia, as leis são algo diferente do que regula e expressa a forma da constituição – é função delas direcionar a conduta do magistrado na execução de seu cargo e na punição dos infratores. Daí, é evidente que os fundadores das leis devem considerar tanto o número quanto as diferentes formas de governo, pois é impossível que as mesmas leis sejam adequadas para todos os tipos de oligarquias e todas as democracias, já que existem muitas espécies desses governos, e não apenas uma.

II

Como, então, de acordo com nosso método inicial para tratar das diferentes formas de governo, dividimos os governos regulares em três tipos – monárquico, aristocrático e Estados livres –, mostramos os três excessos aos quais eles estão sujeitos – o monárquico, de se tornar tirânico; o aristocrático, oligárquico; e o Estado livre, democrático –, e como já tratamos do aristocrático e do monárquico, sabemos que examinar qual governo é o melhor é equivalente a tratar especificamente desses dois, já que cada um deles busca ser estabelecido com base nos princípios da virtude. Além disso, já determinamos em que um governo monárquico e uma aristocracia se diferenciam e quando um Estado pode ser dito governado por um rei. Agora, resta-nos examinar o Estado livre e também os outros tipos de governo: a oligarquia, a democracia e a tirania. É evidente desses três excessos qual deve ser o pior de todos e qual vem a seguir, pois, naturalmente, os excessos dos melhores e mais justos devem ser os piores. Deve necessariamente acontecer que o nome de rei permanecerá apenas, ou então que o rei assumirá mais poder do que lhe pertence, originando a tirania, o pior dos excessos imagináveis, um governo o mais contrário possível a um Estado livre. O próximo excesso prejudicial é uma oligarquia, pois uma aristocracia difere muito desse tipo de governo, e o que menos se aproxima é uma democracia. Esse assunto já foi tratado por um dos escritores que vieram antes de mim, embora suas opiniões não sejam as mesmas que as minhas: ele achava que, entre todas as constituições excelentes, como uma boa oligarquia ou semelhante, a democracia era a pior, mas entre todas as ruins, a melhor.

Agora, afirmo que todos esses Estados, sem exceção, caíram em excessos; e também que ele não deveria ter dito que uma oligarquia era melhor do que outra, mas que não era tão ruim. Mas essa questão não vamos discutir agora. Primeiro, investigaremos quantos tipos diferentes de Estados livres existem, já que há muitas espécies de democracias e oligarquias; e qual deles é a mais abrangente e desejável depois da melhor forma de governo; ou se há outro semelhante a uma aristocracia, bem estabelecida; e também qual desses é mais adaptado à maioria das cidades e qual é preferível para pessoas específicas, pois, provavelmente, alguns podem se adequar melhor a uma oligarquia do que a uma democracia, e outros, melhor a uma democracia do que a uma oligarquia. Em seguida, veremos como alguém deve proceder se deseja estabelecer qualquer um desses Estados, ou seja, cada espécie de democracia e também de oligarquia. E, para concluir, após termos abordado tudo o que é necessário, tentaremos apontar as fontes de corrupção e estabilidade no governo, tanto aquelas comuns a todos quanto as específicas de cada Estado, e quais causas elas principalmente originam.

III

A razão para a existência de muitos tipos diferentes de governos é que cada Estado é composto por uma grande quantidade de partes. Em primeiro lugar, vemos que todas as cidades são formadas por famílias, e entre essas famílias há algumas ricas, outras pobres e outras estão em uma posição intermediária. Além disso, tanto os ricos quanto os pobres, há alguns acostumados com as armas e outros não. Vemos também que alguns membros do povo são agricultores, outros trabalham no mercado e outros são artesãos. Há também uma diferença entre os nobres em termos de riqueza e dignidade em que vivem; por exemplo, na quantidade de cavalos que possuem, pois isso não pode ser sustentado sem uma grande fortuna. Por essa razão, no passado, aquelas cidades cuja força estava baseada na cavalaria tornaram-se oligarquias e usavam os cavalos em suas expedições contra cidades vizinhas, como os eretrianos, os calcídios, os magnésios, que viviam perto do rio Meandro, e muitos outros na Ásia. Além da diferença de fortuna, há também a que decorre da família e do mérito; ou, se houver outras distinções que fazem parte da cidade, já foram mencionadas ao tratar da aristocracia, pois ali consideramos quantas partes cada cidade deve necessariamente ter. E, às vezes, cada uma dessas partes tem uma participação no governo; às vezes, poucas; e às vezes, mais.

É evidente, então, que devem existir muitas formas de governo, diferenciando-se em sua constituição particular, pois as partes das quais são compostos diferem entre si. O governo é a organização das magistraturas do Estado, e essas são compartilhadas pela comunidade, seja por meio da força, seja de acordo com alguma igualdade comum entre eles, como a pobreza, a riqueza ou algo que ambos compartilham. Portanto, deve haver tantas formas diferentes de governo quanto há diferentes categorias na sociedade, originadas pela superioridade de alguns sobre outros e suas diferentes situações. E essas parecem ser principalmente duas, assim como dizem dos ventos: o norte e o sul; e todos os outros são variações desses. Da mesma forma, na política, há o governo dos muitos e o governo dos poucos; ou seja, a democracia e a oligarquia. A aristocracia pode ser considerada uma espécie de oligarquia por também ser um governo dos poucos; e o que chamamos de Estado livre pode ser considerado uma democracia. Similarmente, nos ventos, o oeste é considerado parte do norte, e o leste, parte do sul; e assim também na música, segundo alguns, há apenas duas espécies: a dórica e a frígia, e todas as outras composições são chamadas por um desses nomes; muitas pessoas estão acostumadas a considerar a natureza do governo da mesma maneira. No entanto, é mais conveniente e mais fiel à verdade distinguir os governos como eu fiz, em duas espécies: uma dos que são estabelecidos com princípios adequados, dos quais pode haver um ou dois tipos; e a outra que inclui todos os diferentes excessos desses para que possamos comparar a melhor forma de governo com a peça de música mais harmoniosa – a oligarquia e a tirania com as melodias mais violentas; e a democracia com as árias suaves e gentis.

IV

Não devemos definir a democracia como alguns fazem, dizendo simplesmente que é um governo no qual o poder supremo está nas mãos do povo, pois mesmo nas oligarquias o poder supremo está na maioria. Também não devemos definir uma oligarquia como um governo no qual o poder supremo está nas mãos de poucos; por exemplo, se considerarmos um povo de 13 mil pessoas, e mil delas forem ricas, que não permitiriam aos trezentos pobres terem qualquer participação no governo, apesar de serem livres e iguais em todos os outros aspectos, ninguém diria que esse governo seria uma democracia. Da mesma forma, se os pobres, quando são poucos em número, adquirirem o poder sobre os ricos, embora eles sejam mais numerosos, ninguém diria que isso seria uma oligarquia; nem mesmo se os ricos não tiverem participação na administração. Devemos dizer, na verdade, que uma democracia é quando o poder supremo está nas mãos dos cidadãos livres; e uma oligarquia é quando está nas mãos dos ricos. Isso acontece porque, no primeiro caso, muitos terão o poder, enquanto, no segundo, poucos; porque há muitos pobres e poucos ricos. E, se o poder do Estado fosse distribuído de acordo com o tamanho dos cidadãos, como dizem que é na Etiópia, ou de acordo com sua beleza, seria uma oligarquia, pois o número dos grandes e belos é pequeno.

Além disso, as coisas que já mencionamos não são suficientes para descrever esses Estados, pois, uma vez que há muitas espécies tanto de democracia quanto de oligarquia, o assunto requer mais consideração. Não podemos admitir que, se alguns poucos cidadãos livres possuem o poder supremo sobre muitos que não são livres, esse governo seja uma democracia; como em Apolônia, na Jônia, e em Tera – em cada uma dessas cidades as honras do Estado pertencem a algumas poucas famílias particulares que fundaram as colônias. Igualmente, os ricos, por serem superiores em número, não formam uma democracia, como antigamente em Colofão, pois ali a maioria possuía grandes propriedades antes da guerra com os lídios. Uma democracia é um Estado no qual os cidadãos livres e os pobres, sendo a maioria, detêm o poder. Uma oligarquia é um Estado no qual os ricos e os de famílias nobres, sendo poucos, possuem o poder.

Agora provamos que existem várias formas de governo e atribuímos uma razão para isso; e prosseguiremos para mostrar que há até mais formas do que essas, quais são e por quê, começando pelo princípio que já estabelecemos. Admitimos que cada cidade não é composta por uma, mas por muitas partes; assim, se tentássemos compreender as diferentes espécies de animais, deveríamos primeiro observar as partes que todo animal deve ter, como um certo *sensorium*, e também o que é necessário para adquirir e reter alimento, como a boca e o estômago; além de certas partes para permitir o movimento de um lugar para outro. Caso essas sejam as únicas partes de um animal e há diferenças entre elas, nomeadamente, em seus diversos tipos de estômagos, barrigas e *sensoriums*, ao que devemos acrescentar seus poderes motores, o número das combinações de todas essas partes deve necessariamente formar as diferentes espécies de animais. Isso porque não é possível que o mesmo tipo de animal tenha uma diferença muito grande em sua boca ou orelhas; então, quando todos esses elementos estão reunidos, aqueles que possuem essas características semelhantes formam uma espécie de animais dos quais há tantas quanto as combinações gerais de partes necessárias.

O equivalente se aplica ao que se chama de Estados, pois uma cidade não é formada por uma, mas por muitas partes, como já foi frequentemente dito. Uma dessas partes é a dos que fornecem os suprimentos, chamados lavradores; outra é a dos operários, cujo trabalho é nas artes manuais, sem as quais a cidade não poderia ser habitada. Entre esses, alguns se dedicam ao que é absolutamente necessário; outros, ao que contribui para as elegâncias e prazeres da vida; o terceiro grupo é formado pelos comerciantes, ou seja, compradores, vendedores, mercadores e fornecedores; o quarto grupo é o dos trabalhadores contratados; o quinto é o dos homens de armas, um grupo não menos útil que os outros, sem o qual a comunidade se tornaria escrava de qualquer invasor. O que não pode se defender não merece o nome de cidade; uma cidade é autossuficiente, um escravo não é. Assim, quando Sócrates, em *A República*, de Platão, diz que uma cidade é necessariamente composta por quatro tipos de pessoas, ele fala de forma elegante, mas não corretamente. Segundo ele, esses tipos são tecelões, lavradores, sapateiros e construtores. Então acrescenta, como se esses não fossem suficientes, ferreiros, pastores para o gado e também mercadores e fornecedores, que são adicionados à sua primeira lista; como se uma cidade fosse estabelecida para a necessidade, e não para a felicidade, ou como se um sapateiro e um lavrador fossem igualmente úteis. Ele não considera o militar como uma parte até que o aumento do território e a união com as fronteiras dos poderes vizinhos tornem a guerra necessária. E mesmo entre aqueles que compõem suas quatro divisões, ou que têm alguma conexão entre si, será necessário ter alguém para distribuir justiça e resolver disputas entre as pessoas. Se, então, a mente é uma parte mais valiosa do homem do que o corpo, todos desejariam que as coisas mais importantes para sua cidade fossem aquelas que beneficiam essas partes, como a guerra e a justiça; a isso pode ser adicionada a deliberação, que é a função da sabedoria civil (não importa se esses diferentes empregos são preenchidos por pessoas diferentes ou por uma só, pois o mesmo homem é muitas vezes tanto um soldado quanto um lavrador). Portanto, se tanto o juiz quanto o senador são partes da cidade, segue-se necessariamente que o soldado também deve ser uma parte. O sétimo grupo é composto por aqueles que servem ao público em cargos dispendiosos por conta própria; esses são chamados de ricos. O oitavo grupo é formado pelos que executam os diferentes cargos do Estado, e sem esses a cidade não poderia subsistir. Logo, é necessário que haja pessoas capazes de governar e ocupar os cargos na cidade, seja por toda a vida ou por rotação. Os cargos de senador e de juiz, dos quais já tratamos suficientemente, são os únicos restantes. Se, então, essas coisas são necessárias para que um Estado seja feliz e justo, segue-se que os cidadãos que se envolvem em assuntos públicos devem ser pessoas capacitadas para isso. Muitos pensam que diferentes cargos podem ser atribuídos à mesma pessoa, como soldado, lavrador e artesão; assim como que outros podem ser tanto senadores quanto juízes.

Além disso, todos supõem que são pessoas de habilidades políticas e que estão qualificadas para quase todos os cargos no Estado. Mas a mesma pessoa não pode ser concomitantemente pobre e rica. Por isso, a divisão mais óbvia da cidade é entre pobres e ricos. Além disso, como, em geral, um grupo é pequeno e o outro é grande, parecem ser as partes mais opostas de uma cidade; assim, conforme um ou outro prevalece, formam diferentes tipos de Estado: democracia e oligarquia.

Já mencionamos que existem muitos tipos diferentes de Estados e quais são suas causas, e agora vamos mostrar que também existem diferentes espécies de democracias e oligarquias. Embora isso seja evidente pelo que já dissemos, há também demasiados tipos de pessoas comuns e também daqueles que são chamados de nobres. Entre os tipos de pessoas comuns estão os lavradores, os artesãos, os comerciantes envolvidos na compra e venda, os marinheiros – alguns dos quais se dedicam à guerra; outros, ao comércio; alguns, ao transporte de mercadorias e passageiros; e outros, à pesca; e há muitos em cada um desses grupos, como os pescadores em Tarento e Bizâncio, os mestres de galés em Atenas, os mercadores em Égina e Quios e os que alugam navios em Tenedos. Podemos adicionar ainda aqueles que vivem do trabalho manual e têm poucos bens, de modo que não conseguem viver sem algum emprego; e também os que não são livres por ambos os lados, e qualquer outro tipo de pessoa comum. Quanto aos nobres, são os que se destacam por fortuna, nascimento, habilidades, educação ou qualquer outra excelência atribuída a eles.

A democracia mais pura é a que recebe tal nome principalmente pela igualdade que prevalece nela, pois é isto que a lei nesse Estado determina: os pobres não devem estar em maior subjugação do que os ricos, nem o poder supremo deve estar nas mãos de um desses grupos, mas ambos devem compartilhá-lo. Se a liberdade e a igualdade, como alguns supõem, estão principalmente em uma democracia, deve ser na medida em que todos os departamentos do governo estão igualmente abertos a todos; mas como o povo é a maioria e o que eles votam é a lei, segue-se que tal Estado deve ser uma democracia. Essa é uma espécie de democracia. Outra é quando os magistrados são eleitos por um certo quórum; mas esse quórum deve ser pequeno, e todos os incluídos nele devem ser elegíveis, mas, assim que alguém estiver abaixo dele, deve perder esse direito. Outro tipo é aquele em que cada cidadão que não é infame tem uma participação no governo, mas no qual o governo está nas leis. Outro é o em que todo cidadão, sem exceção, tem tal direito. Outro é semelhante a esses em diversos aspectos, mas lá o povo governa, e não a lei, e isso ocorre quando tudo é decidido por maioria de votos, e não por uma lei. É o que acontece quando o povo é influenciado pelos demagogos, pois onde uma democracia é governada por leis estabelecidas, não há espaço para eles, já que os homens de valor ocupam os primeiros cargos no Estado. Contudo, onde o poder não está nas leis, abundam os demagogos; nesses locais, o povo governa com poder real, formando um corpo único, pois é supremo, não como indivíduos, mas em sua capacidade coletiva.

Homero também critica o governo dos muitos; mas, se ele se refere ao tipo de governo que estamos discutindo ou ao onde cada pessoa exerce seu poder separadamente, é incerto. Quando o povo possui esse poder, deseja ser completamente absoluto para não estar sob o controle da lei, e é quando os bajuladores são valorizados. Não há diferença entre esse tipo de povo e os monarcas em uma tirania, pois seus modos são equivalentes, e ambos detêm um poder despótico sobre pessoas melhores do que eles próprios. Seus decretos são semelhantes aos éditos dos outros; seus demagogos são semelhantes aos bajuladores dos outros: mas sua maior semelhança está no apoio mútuo que dão um ao outro: o bajulador ao tirano, o demagogo ao povo. E é a isso que se deve que o poder supremo esteja nos votos do povo, e não nas leis, pois coloca-se tudo diante deles, já que sua influência se deve ao fato de serem supremos cujas opiniões dirigem totalmente; são esses a quem a multidão obedece. Além disso, aqueles que acusam os magistrados insistem que o direito de determinar sua conduta está no povo, que recebe de bom grado suas queixas como meio de destruir todos os seus cargos.

Portanto, pode-se com grande justiça criticar tal governo como sendo uma democracia, e não um Estado livre, pois, onde o governo não está nas leis, não há um Estado livre, já que a lei deve ser suprema sobre todas as coisas; e incidentes particulares que surjam devem ser decididos pelos magistrados ou pelo Estado. Se, portanto, uma democracia deve ser considerada um Estado livre, é evidente que qualquer estabelecimento que centralize todo o poder nos votos do povo não pode, propriamente dito, ser uma democracia, já que seus decretos não podem ser gerais em sua extensão. Assim, podemos descrever as várias espécies de democracias.

V

Entre as diferentes espécies de oligarquias, uma delas é quando o direito aos cargos é regulado por um certo quórum; assim, os pobres, embora sejam a maioria, não têm participação, enquanto todos os que estão incluídos no quórum participam da administração dos assuntos públicos. Outro tipo é quando os magistrados são pessoas de fortuna muito pequena, que preenchem as vagas conforme surgem; e, se fazem isso a partir da comunidade em geral, o Estado se aproxima de uma aristocracia; se o fazem a partir de uma classe específica de pessoas, será uma oligarquia. Outra espécie de oligarquia é quando o poder está nas mãos de uma nobreza hereditária. A quarta é quando o poder está nas mesmas mãos que os outros, mas não sob o controle da lei; e essa forma de oligarquia corresponde exatamente a uma tirania nas monarquias e àquela espécie particular de democracias que mencionei por último ao tratar de tal Estado. Tal forma recebe o nome específico de dinastia. Essas são as diferentes formas de oligarquias e democracias.

Deve-se também saber que, muitas vezes, um Estado livre, no qual o poder supremo está nas leis, pode não ser democrático e, ainda assim, em consequência dos costumes e das tradições estabelecidos do povo, ser governado como se o fosse. Igualmente, onde as leis podem favorecer uma forma de governo mais democrática, podem fazer o Estado inclinar-se para uma oligarquia, e isso ocorre principalmente quando há alguma alteração no governo, pois o povo não muda facilmente e ama seus antigos costumes. E é apenas por pequenos graus que uma coisa substitui a outra; assim, as leis antigas permanecem enquanto o poder estiver nas mãos daqueles que causaram uma revolução no Estado.

VI

É evidente, a partir do que foi dito, que existem tantas formas diferentes de democracias e oligarquias quanto eu mencionei, pois, necessariamente, ou todas as camadas do povo que enumerei devem ter participação no governo ou algumas apenas e outras não. Quando os agricultores e aqueles com fortunas moderadas detêm o poder supremo, governam de acordo com a lei, considerando que, como devem ganhar a vida com seu trabalho, têm pouco tempo livre para os assuntos públicos; portanto, estabelecerão leis adequadas e só convocarão assembleias públicas quando for necessário; e ainda permitirão que todos participem da administração pública assim que possuírem a fortuna exigida pela lei para sua qualificação. Assim, todo aquele que estiver qualificado terá sua parte no governo. Excluir alguém seria transformar o governo em uma oligarquia, e seria impossível para todos terem tempo para participar sem sustento. Por essas razões, então, esse governo é uma espécie de democracia.

Outra espécie é distinguida pelo modo de eleger seus magistrados, em que qualquer um pode se candidatar, desde que seu nascimento não apresente objeções e ele tenha tempo para comparecer. Logo, em tal democracia, o poder supremo estará nas leis, uma vez que não há compensação para aqueles que frequentam as assembleias públicas. Uma terceira espécie é aquela em que todo cidadão livre tem o direito a uma parte no governo, que não aceitará pelas razões já mencionadas; por isso, aqui também o poder supremo estará na lei. A quarta espécie de democracia, a última a ser estabelecida em ordem de tempo, surgiu quando as cidades foram amplamente expandidas em relação ao que eram no início e quando a receita pública se tornou considerável; assim, o povo, devido ao seu número, foi admitido para participar da administração pública, uma vez que até os mais pobres tinham tempo para isso, já que recebiam salários para tal. Decerto, eles estavam mais disponíveis do que os outros, pois não tinham preocupações pessoais como os ricos; por isso, esses últimos muitas vezes não frequentavam as assembleias públicas e os tribunais. Então, o poder supremo foi exercido pelos pobres, e não pelas leis. Essas são as diferentes formas de democracias e as causas que necessariamente as originaram.

A primeira espécie de oligarquia ocorre quando a maioria do Estado é composta por pessoas com propriedade moderada e não excessiva; isso lhes dá tempo para a gestão dos assuntos públicos. Como são um corpo numeroso, é inevitável que o poder supremo esteja nas leis, e não nas pessoas, pois, estando longe de um governo monárquico e sem fortuna suficiente para negligenciar seus próprios assuntos, enquanto são numerosos demais para serem sustentados pelo público, eles decidirão ser governados pelas leis, e não uns pelos outros. Mas, se as pessoas com propriedade no Estado são poucas e sua propriedade é grande, então ocorrerá uma oligarquia do segundo tipo, já que aqueles com mais poder acharão que têm o direito de dominar os outros; e, para alcançar isso, eles se associarão a alguns que tenham inclinação para os assuntos públicos e, como não são poderosos o suficiente para governar sem lei, criarão uma para esse fim. Caso esses poucos com grandes fortunas adquiram ainda mais poder, a oligarquia então se transformará em uma do terceiro tipo, pois obterão todos os cargos do Estado em suas próprias mãos por meio de uma lei que determine que o filho deva suceder o pai na morte deste. E, quando, devido ao aumento de sua riqueza e suas conexões poderosas, eles expandirem ainda mais sua opressão, uma dinastia monárquica sucederá diretamente, na qual os homens serão supremamente poderosos, e não a lei; e essa é a quarta espécie de oligarquia, correspondente à última classe de democracias mencionadas.

VII

Além das duas outras formas de governo, a democracia e a oligarquia, de que todos falam e que sempre são consideradas espécies dos quatro tipos principais (a saber: monarquia, oligarquia, democracia e aquele quarto que chamam de aristocracia), há também um quinto tipo, que recebe um nome comum aos outros quatro, a saber, um Estado. No entanto, como esse tipo é raro, escapou àqueles que tentaram enumerar as diferentes formas de governo, que geralmente limitam a quatro, como faz Platão em *A República*.

Uma aristocracia, sobre a qual já falei no primeiro livro, é corretamente chamada assim, pois um Estado governado pelos melhores homens, baseando-se nos princípios mais virtuosos, e não em qualquer hipótese, que mesmo homens bons podem propor, é o único que pode ser chamado de aristocracia, já que é lá que um homem é simultaneamente um bom homem e um bom cidadão; enquanto em outros Estados os homens são bons apenas em relação a esses mesmos. Além disso, há alguns outros que também são chamados pelo mesmo nome e que diferem tanto das oligarquias quanto dos Estados livres, nos quais não apenas os ricos, mas também os virtuosos têm participação na administração, e por isso receberam o nome de aristocracias. Nos governos em que a virtude não é a preocupação comum, ainda há homens de valor e bondade reconhecida. Portanto, qualquer Estado, como os cartagineses, que favorece os ricos, os virtuosos e os cidadãos em geral é uma espécie de aristocracia; quando apenas os dois últimos são estimados, como em Lacedemônia, e o Estado é composto por esses elementos, é uma democracia virtuosa. Essas são as duas espécies de aristocracia além da primeira, que é a melhor de todas as formas de governo. Há também uma terceira, que ocorre sempre que um Estado livre tende à dominação de poucos.

VIII

Agora, resta tratarmos do governo que é especificamente chamado de Estado livre e também da tirania. A razão pela qual escolho colocar o Estado livre aqui é que, assim como as aristocracias já mencionadas, embora não pareçam excessos, na verdade, todas elas se afastam do que seria um governo perfeito. Na verdade, ambos representam desvios de outras formas, como mencionei no início. É apropriado mencionar a tirania como a última das formas de governo, pois é a que mais difere das demais. Mas, como minha intenção é tratar de todos os governos em geral, essa também será considerada em seu devido lugar.

Vou agora investigar o Estado livre e mostrar o que ele é; e entenderemos melhor sua natureza positiva, já que foram descritas a oligarquia e a democracia. Um Estado livre é, de fato, apenas uma mistura dessas formas, e é comum classificar assim aqueles que se inclinam mais para a democracia; e de aristocracia os que se inclinam mais para a oligarquia, porque os ricos geralmente são pessoas de família e educação. Além disso, desfrutam das coisas pelas quais outros frequentemente cometem crimes para obter; por isso, são considerados homens de valor, honra e notabilidade.

Uma vez que é característica de uma aristocracia alocar a maior parte do governo aos melhores cidadãos, dizem que uma oligarquia é composta principalmente por homens dignos e honráveis. Agora parece impossível que, onde o governo está nas mãos dos bons, as leis não sejam boas, mas ruins; ou, ao contrário, que onde o governo está nas mãos dos maus, as leis sejam boas. Além disso, um governo não está bem constituído somente porque as leis são boas, sem que se cuide ao mesmo tempo de que sejam observadas; pois fazer cumprir a obediência às leis que o governo estabelece é uma prova de uma boa constituição no Estado. Outra prova é ter leis bem calculadas para aqueles que devem obedecê-las; se forem inadequadas, ainda devem ser obedecidas. Isso pode ser feito de duas maneiras: ou por serem as melhores em relação ao Estado em particular ou as melhores de forma absoluta. Uma aristocracia parece ser a forma mais provável de conferir honras aos virtuosos, pois a virtude é o objetivo da aristocracia; a riqueza, da oligarquia; e a liberdade, da democracia. O que é aprovado pela maioria prevalecerá em todos ou em cada um desses três estados diferentes; e aquilo que parece bom para a maioria dos membros da comunidade prevalecerá. O que é chamado de Estado prevalece em muitas comunidades que visam a uma mistura de ricos e pobres, riqueza e liberdade. Quanto aos ricos, geralmente são considerados os substitutos dos dignos e honráveis. Como há três aspectos que reivindicam uma posição igual no Estado – liberdade, riqueza e virtude (pois a quarta, a posição, é um acompanhamento de duas das outras, já que virtude e riqueza são a origem da família) –, é evidente que a combinação dos ricos e dos pobres compõe um Estado livre; mas que os três tendem a uma aristocracia mais do que qualquer outra, exceto a que é verdadeiramente tal, a qual ocupa o primeiro lugar.

Já vimos que existem governos diferentes da monarquia, democracia e oligarquia; e o que eles são e em que diferem uns dos outros; e também as aristocracias e os Estados propriamente ditos, que derivam deles; e é evidente que esses não são muito diferentes entre si.

IX

Vamos agora mostrar como o governo peculiarmente chamado de Estado surge ao lado da democracia e da oligarquia, e como ele deve ser estabelecido; e isso, ao mesmo tempo, mostrará quais são os limites próprios de ambos os governos, pois devemos demarcar em que eles diferem um do outro; então, a partir desses dois, compor um Estado com partes de cada um que mostrarão de onde foram retiradas.

Existem três maneiras diferentes de como dois Estados podem ser misturados e unidos: primeiro, podem ser adotadas todas as regras que as leis de cada um deles estabelecem; por exemplo, no setor judicial, em uma oligarquia os ricos são multados se não comparecerem ao tribunal como jurados, mas os pobres não são pagos pela sua presença; enquanto nas democracias eles são pagos, e os ricos não são multados pela falta. Esses aspectos, sendo comuns a ambos, são adequados para serem observados em um Estado livre. Assim, essa é uma maneira de uni-los.

Em segundo lugar, pode-se adotar um meio-termo entre os diferentes métodos que cada Estado observa; por exemplo, em uma democracia, o direito de votar na assembleia pública pode não ter quórum ou ser limitado por um muito pequeno; em uma oligarquia, apenas aqueles com um quórum alto têm esse direito. Portanto, como essas duas práticas são contrárias uma à outra, um quórum intermediário pode ser estabelecido em tal Estado.

Em terceiro lugar, podem ser adotadas leis diferentes de cada comunidade; por exemplo, parece condizente com a natureza de uma democracia que os magistrados sejam escolhidos por sorteio, enquanto em uma aristocracia são escolhidos por voto e em um Estado, de acordo com um quórum. Assim, uma aristocracia e um Estado livre podem copiar algo de cada um; podem seguir uma oligarquia na escolha dos magistrados por voto, mas uma democracia ao não admitir quórum, e assim mesclar os diferentes costumes dos dois governos. Mas a melhor prova da mistura bem-sucedida de uma democracia e uma oligarquia é quando uma pessoa pode chamar o mesmo Estado de democracia e oligarquia. É evidente que aqueles que falam assim são levados a isso porque ambos os governos estão bem misturados. Decerto, isso é comum a todos os meios-termos, que os extremos de cada lado devem ser discernidos neles, como em Lacedemônia.

Muitos afirmam que é uma democracia pelos detalhes em que segue essa forma de governo; por exemplo, na educação dos filhos, pois ricos e pobres são educados de maneira similar; e a educação é tal que os filhos dos pobres podem participar dela. As mesmas regras são observadas quando são jovens e homens: não há distinção entre ricos e pobres. E, nas refeições públicas, a mesma comida é servida a todos. Os ricos também usam apenas roupas que o homem mais pobre consegue comprar. Além disso, com relação a duas magistraturas de maior prestígio, uma têm o direito de eleger, e a outra, de preencher; ou seja, o senado e os éforos. Outros consideram como uma oligarquia, cujos princípios seguem em muitas coisas, como na escolha de todos os seus oficiais por voto, e não por sorteio; e há poucos que têm o direito de julgar causas capitais e semelhantes. De fato, um Estado bem composto de dois outros deve se assemelhar a ambos e a nenhum deles. Tal Estado deve ter seus meios de preservação em si mesmo, e não fora dele; e quando digo em si mesmo não quero dizer que isso se deve à tolerância dos vizinhos, pois pode acontecer a um governo ruim, mas a cada membro da comunidade não desejar que haja a menor alteração em sua constituição. Tal é o método pelo qual um Estado livre ou aristocracia deveria ser estabelecido.

X

Resta tratar da tirania. Não que haja muito a ser dito sobre o assunto, mas faz parte do nosso plano, já que a enumeramos entre os diferentes tipos de governo. No início deste trabalho, investigamos a natureza do governo monárquico e fizemos uma análise detalhada do que é propriamente chamado assim, se era vantajoso para um Estado ou não, o que deveria ser e como deveria ser estabelecido.

Dividimos a tirania em duas partes quando tratamos do assunto, porque há algo análogo entre isso e um governo monárquico, já que ambos são estabelecidos por lei. Entre alguns dos bárbaros, elege-se um monarca com poder absoluto, e anteriormente entre os gregos havia alguns assim que chamavam de *aesumnetes*. Agora, diferem entre si: alguns possuem apenas poder monárquico regulamentado por lei e governam aqueles que se submetem voluntariamente ao seu governo; outros governam de forma despótica, de acordo com sua própria vontade. Há uma terceira espécie de tirania, propriamente dita, que é o oposto do poder monárquico, que é o governo de alguém que rege sobre seus iguais e superiores sem prestar contas de sua conduta, e cujo objetivo é seu próprio benefício, e não o benefício dos governados. Por isso, governa por coação, pois nenhum homem livre se submeterá voluntariamente a tal governo. Essas são as diferentes espécies de tirania, seus princípios e suas causas.

XI

Agora vamos investigar a forma de governo e o estilo de vida que são os melhores para as comunidades em geral, não os adaptando àquela virtude superior que está além do alcance do homem comum, nem à educação que só as vantagens naturais e a fortuna podem proporcionar, nem a planos imaginários que podem ser elaborados a bel-prazer; mas sim àquele modo de vida que a maior parte da Humanidade pode alcançar e àquele governo que a maioria das cidades pode estabelecer. Pois, quanto às aristocracias que mencionamos anteriormente, ou são perfeitas demais para que um Estado as sustente, ou são tão semelhantes ao Estado que estamos prestes a investigar, que trataremos de ambas como uma só.

As opiniões que formamos sobre esses assuntos devem basear-se em um princípio comum: se o que afirmei no meu *Tratado sobre a Moral* for verdadeiro, uma vida feliz deve decorrer de um curso ininterrupto de virtude; e, se a virtude consiste em um certo equilíbrio, a vida mediana deve ser certamente a mais feliz, e esse equilíbrio é acessível a todos. Os limites entre virtude e vício no Estado devem ser os mesmos que em uma pessoa particular, pois a forma de governo é a vida da cidade. Em cada cidade, as pessoas se dividem em três grupos: os muito ricos, os muito pobres e aqueles que estão entre eles. Se for universalmente aceito que o equilíbrio é o melhor, é evidente que, até em termos de fortuna, a mediocridade deve ser preferida, pois esse Estado é o mais submisso à razão. Aqueles que são muito bonitos, muito fortes, muito nobres ou muito ricos, ou, ao contrário, aqueles que são muito pobres, muito fracos ou muito humildes, têm dificuldade em obedecer à razão; os primeiros são caprichosos e frequentemente envolvem-se em atos graves, os outros são vis e mesquinhos, com seus crimes decorrendo de excessos diferentes. Nem passam pelos diferentes cargos do Estado, o que é prejudicial. Além disso, aqueles que se destacam em força, riquezas ou amizades, e coisas do tipo, nem sabem nem querem se submeter ao comando; e isso começa em casa, quando são crianças, pois são criados com tanta delicadeza que não estão acostumados a obedecer aos seus mestres. Quanto aos muito pobres, a falta geral e excessiva das coisas das quais os ricos desfrutam os rebaixa a um Estado miserável, de modo que uns não sabem como comandar, e os outros só sabem se submeter como escravos, e os que comandam fazem isso de forma despótica.

Uma cidade composta por tais homens deve, portanto, consistir em escravos e senhores, não de homens livres, na qual uma parte deve odiar e a outra, desprezar, não havendo possibilidade de amizade ou comunidade política, pois a comunidade pressupõe afeto; não nos associamos nem mesmo com nossos inimigos na estrada. É também característica de uma cidade ser composta, na medida do possível, por iguais, o que ocorrerá mais quando os habitantes estiverem no Estado mediano; daí decorre que a cidade melhor organizada deve ser composta por aqueles que dizemos ser naturalmente seus membros adequados. São homens dessa posição que estarão mais seguros e protegidos, pois não cobiçarão o que pertence aos outros, como fazem os pobres, nem os outros cobiçarão o que é deles, como os pobres cobiçam o que pertence aos ricos; e assim, sem tramar contra ninguém nem ter ninguém tramando contra eles, viverão livres de perigo. Por isso, Focílides sabiamente deseja o Estado mediano como sendo o mais produtivo de felicidade. É evidente, então, que a comunidade política mais perfeita deve ser aquela formada por pessoas de classe média, e os Estados são mais bem constituídos quando essa classe é uma parte maior e mais respeitável, se possível, do que ambas as outras; ou, se isso não for possível, pelo menos do que qualquer uma delas separadamente, para que, jogadas na balança, possam impedir que qualquer dos extremos predomine.

É, portanto, a maior felicidade que os cidadãos podem desfrutar possuir uma fortuna moderada e conveniente, pois, quando alguns possuem muito e outros nada, o governo deve estar ou nas mãos da classe mais baixa ou em uma pura oligarquia; ou, pelos excessos de ambos, em uma tirania, que surge de uma democracia desenfreada ou de uma oligarquia, e muito raramente quando os membros da comunidade estão quase em igualdade uns com os outros. Explicaremos isso quando tratarmos das alterações pelas quais diferentes Estados podem passar. O Estado mediano é, assim, o melhor, sendo o menos sujeito às sedições e insurreições que perturbam a comunidade; e, pelo mesmo motivo, governos extensos são menos suscetíveis a esses inconvenientes, pois ali os membros do Estado mediano são muito numerosos, enquanto em pequenos Estados é fácil passar para os dois extremos, a ponto de quase não restarem membros medianos, mas a metade é rica e a outra pobre. Pelo mesmo princípio, as democracias são mais firmemente estabelecidas e duram mais do que as oligarquias; mas, mesmo nelas, quando falta um número adequado de homens de fortuna mediana, os pobres estendem seu poder demais, surgem abusos e o governo logo chega ao fim.

Devemos considerar como prova do que afirmei que os melhores legisladores eram aqueles da classe média, entre os quais estava Sólon, como é evidente por seus poemas, Licurgo, pois ele não era rei, Carondas e de fato a maioria dos outros. O que foi dito mostrará por que de tantos Estados livres alguns mudaram para democracias e outros, para oligarquias, pois, sempre que o número de pessoas no Estado mediano foi muito pequeno, aqueles que eram mais numerosos, fossem os ricos ou os pobres, dominaram-nos e assumiram para si a administração dos assuntos públicos; daí surgiu ou uma democracia ou uma oligarquia. Além disso, quando, em consequência de suas disputas e brigas, os ricos derrotam os pobres ou os pobres derrotam os ricos, nenhum deles estabelece um Estado livre; mas, como registro de sua vitória, um que se incline para seus próprios princípios, formando ou uma democracia ou uma oligarquia.

Aqueles que tiveram conquistas na Grécia, todos com um olho nas formas de governo em suas próprias cidades, estabeleceram ou democracias ou oligarquias sem considerar o que era útil para o Estado, mas sim o que era semelhante ao seu próprio governo; por isso, um governo raramente foi estabelecido onde o poder supremo foi colocado entre aqueles de classe média, ou muito raramente. E, entre poucos, apenas um homem entre os conquistadores foi persuadido a dar preferência a essa ordem de homens. De fato, é costume estabelecido entre os habitantes da maioria das cidades não desejarem igualdade, e sim aspirarem a governar ou, quando derrotados, a se submeterem.

Assim, mostramos qual é o melhor Estado e por quê. Não será difícil perceber, entre os muitos existentes, pois vimos que há várias formas de democracias e oligarquias, a que devemos dar o primeiro lugar, a que devemos dar o segundo e, da mesma forma, as demais; e observar quais são as excelências e os defeitos particulares de cada uma, depois de descrevermos o melhor possível. Deve ser o melhor aquele mais próximo disso e o pior o mais distante do equilíbrio, a menos que alguém tenha um plano particular em mente que use como critério. Com isso, quero dizer que pode acontecer de, embora uma forma de governo possa ser melhor que outra, ainda assim não haver motivo para impedir que outra seja preferível em certas circunstâncias e para certos fins.

XII

Após o que foi dito, devemos agora mostrar qual forma específica de governo é mais adequada para diferentes tipos de pessoas, começando por estabelecer como uma máxima geral que o grupo que deseja manter a administração atual do Estado deve sempre ser superior àquele que busca alterá-la. Cada cidade é composta de qualidade e quantidade: por qualidade, entendo liberdade, riquezas, educação e família; e, por quantidade, refiro-me à sua população relativa. Pode acontecer que a qualidade exista em uma das partes que compõem a cidade e a quantidade, em outra; assim, o número de pessoas sem nobreza pode ser maior que o número de nobres, e o número dos pobres maior que o dos ricos; mas não de forma que a quantidade de um grupo supere a do outro. Esses aspectos devem estar adequadamente equilibrados, pois, onde o número dos pobres excede a proporção mencionada, ali surgirá uma democracia. E, se os agricultores tiverem mais poder do que os outros, será uma democracia de agricultores; e a democracia será uma espécie particular, de acordo com a classe de homens que for mais numerosa. Assim, se forem os agricultores, será composta por estes e será a melhor; se for composta por mecânicos e trabalhadores contratados, será a pior possível; da mesma forma pode ser com qualquer outro grupo entre esses dois. Mas, quando os ricos e os nobres prevalecem mais por sua qualidade do que são deficientes em quantidade, surge uma oligarquia; e essa oligarquia pode ser de diferentes espécies, conforme a natureza do grupo dominante.

Todo legislador, ao elaborar sua constituição, deve prestar especial atenção àqueles que estão na classe média; e, se pretende uma oligarquia, essa classe deve ser o foco de suas leis; se uma democracia, a eles deve ser confiada. E sempre que o número dessa classe exceder o das outras duas, ou pelo menos uma delas, darão estabilidade à constituição, pois não há temor de que os ricos e os pobres concordem em conspirar juntos contra eles, já que nenhum dos dois escolherá servir ao outro. Se alguém desejar fixar a administração sobre a base mais ampla possível, não encontrará nada melhor do que isso, pois alternar o poder é algo que os ricos e os pobres não aceitarão devido ao ódio que sentem um pelo outro. Além disso, é aceito que um árbitro seja a pessoa mais adequada para ambas as partes confiarem; e esse árbitro é a classe média.

Aqueles que tentam estabelecer governos aristocráticos cometem um erro não apenas ao dar poder excessivo aos ricos, mas também ao enganar o povo comum; ao final, em vez de um bem imaginário, eles experimentarão um mal real, já que os abusos dos ricos são mais destrutivos para o Estado do que os dos pobres.

XIII

Há cinco áreas em que, sob pretextos aparentemente justos, os ricos astutamente tentam minar os direitos do povo: as assembleias públicas, os cargos do governo, os tribunais, o poder militar e os exercícios ginásticos. Em relação às assembleias públicas, permitem que todos participem, mas multam apenas os ricos, e os outros muito pouco, por não comparecerem. Em relação aos cargos, permitem que os pobres sejam dispensados, mas não concedem essa indulgência àqueles que possuem quórum. Nos tribunais, multam os ricos pela ausência, mas os pobres não, ou muito pouco, como era feito pelas leis de Carondas. Em alguns lugares, todo cidadão que estava inscrito tinha o direito de participar das assembleias públicas e de julgar causas; caso contrário, uma multa alta era aplicada para que, com medo dela, evitassem ser inscritos, pois então não precisariam fazer alguma das duas coisas. O mesmo espírito legislativo prevalecia em relação ao uso de armas e aos exercícios ginásticos; os pobres são dispensados se não têm armas, mas os ricos são multados; também ocorre se não comparecem aos exercícios ginásticos: não há penalidade para um, mas há para o outro. Como consequência, o medo dessa penalidade induz os ricos a manter as armas e frequentar os exercícios, enquanto os pobres não fazem nenhuma das duas coisas. Essas são as artimanhas enganosas dos legisladores oligárquicos.

O contrário prevalece em uma democracia: nela, os pobres recebem uma compensação adequada por participar das assembleias e dos tribunais, mas os ricos não recebem nada por fazê-lo. Daí fica claro que, se alguém quisesse combinar adequadamente esses costumes, deveria estender tanto o pagamento quanto a multa a todos os membros da comunidade, e assim todos participariam, em vez de apenas uma parte, como ocorre atualmente. Os cidadãos de um Estado livre devem consistir apenas daqueles que portam armas. Quanto ao quórum, não é fácil determinar exatamente qual deveria ser, mas a regra que deve guiar essa questão é torná-lo o mais amplo possível para que aqueles inscritos nele constituam a maior parte da população, em vez daqueles não inscritos. Isso porque os pobres, embora não participem dos cargos do governo, estão dispostos a viver em paz, que ninguém os perturbe em sua propriedade. No entanto, isso não é fácil, pois nem sempre os que estão à frente dos assuntos públicos são de comportamento humano. Em tempos de guerra, os pobres costumam não mostrar entusiasmo a menos que recebam provisões; quando recebem, então estão dispostos a lutar.

Em alguns governos, o poder está investido não somente naqueles que portam armas, mas também nos que já as portaram. Entre os malienses, o Estado era composto apenas desses últimos, pois todos os oficiais eram soldados que já haviam servido. E os primeiros Estados na Grécia que sucederam àqueles onde o poder real estava estabelecido eram governados pelo Exército. Primeiro, pela cavalaria, pois naquela época a força e a excelência do Exército dependiam dela, uma vez que a infantaria pesada era inútil sem a devida disciplina; mas a arte da tática não era conhecida pelos antigos, por isso sua força residia na cavalaria. Mas, à medida que as cidades cresceram e passaram a depender mais da infantaria, um maior número de pessoas participou da liberdade da cidade; por isso, o que chamamos de repúblicas era anteriormente chamado de democracias. Os antigos governos eram propriamente oligarquias ou monarquias, pois, devido ao pequeno número de pessoas em cada Estado, teria sido impossível encontrar um número suficiente de pessoas da classe média; como eram poucos e estavam acostumados à subordinação, submetiam-se mais facilmente ao governo.

Já mostramos por que existem muitos tipos de governos e outros diferentes daqueles que tratamos. Há mais espécies de democracias do que uma, e o equivalente é verdade para outras formas, suas diferenças e de onde surgem; além de quais são os melhores, pelo menos em geral, e o mais adequado para diferentes povos.

XIV

Vamos agora fazer algumas reflexões gerais sobre os governos, começando por analisar cada um deles em particular e os princípios que lhes são próprios. Em todos os Estados, há três aspectos que um legislador cuidadoso deve considerar, pois são de grande importância para todos e, se forem devidamente atendidos, o Estado será feliz. A variação nesses aspectos é o que diferencia um governo do outro. O primeiro deles é a assembleia pública; o segundo, os cargos do governo, ou seja, quem deve ocupá-los, com que poder devem ser investidos e de que maneira devem ser nomeados; o terceiro, o departamento judiciário.

A assembleia pública tem a responsabilidade de decidir sobre guerra e paz, fazer ou romper alianças, promulgar leis, sentenciar à morte, exilar ou confiscar bens e responsabilizar os magistrados por sua conduta enquanto estiverem no cargo. Esses poderes devem ser confiados aos cidadãos em geral ou a alguns deles, seja a um magistrado ou a mais, ou alguns a um, e outros a outro, ou ainda alguns a todos, mas outros a alguns. Confiar todos os poderes a todo mundo é o espírito de uma democracia, pois o povo busca a igualdade. Há várias maneiras de delegar esses poderes aos cidadãos em geral, uma das quais é permitir que os exerçam alternadamente, e não de uma só vez, como foi feito por Télecles, o Milesiano, em seu Estado. Em outros casos, o Conselho supremo é composto pelos diferentes magistrados, que se revezam nos cargos da comunidade por divisões apropriadas de tribos, bairros e outras proporções muito pequenas, até que cada um, em sua vez, passe por eles. A comunidade como um todo raramente se reúne, exceto quando novas leis são promulgadas, algum assunto nacional é debatido ou para ouvir o que os magistrados têm a lhes propor. Outro método é o povo se reunir como um corpo coletivo apenas para realizar as comícias, fazer leis, decidir sobre guerra ou paz e investigar a conduta de seus magistrados, enquanto o restante dos negócios públicos é conduzido pelos magistrados, que têm seus departamentos separados e são escolhidos de toda a comunidade, seja por voto ou sorteio. Outra forma é o povo em geral se reunir para a escolha dos magistrados e para examinar sua conduta; também para deliberar sobre guerra e alianças, deixando os outros assuntos para os magistrados, sejam eles escolhidos ou designados por suas habilidades. Um quarto método é cada pessoa deliberar sobre todos os assuntos na assembleia pública, onde os magistrados não podem determinar nada por si mesmos e têm apenas o privilégio de dar suas opiniões primeiro; e essa é a democracia mais pura, análoga às práticas em uma oligarquia dinástica e em uma monarquia tirânica.

Esses, então, são os métodos pelos quais os negócios públicos são conduzidos em uma democracia. Quando o poder está nas mãos de parte da comunidade apenas, é uma oligarquia, e isso também admite diferentes costumes, pois, sempre que os cargos do governo são escolhidos entre aqueles que possuem uma fortuna moderada e que, por essa circunstância, são muitos, e quando não se desviam da linha traçada pela lei, mas a seguem cuidadosamente, e quando todos dentro do quórum são elegíveis, certamente é uma oligarquia, mas fundada em princípios verdadeiros de governo pela sua moderação. Quando o povo em geral não participa do poder deliberativo, sendo certas pessoas escolhidas para esse fim, que governam de acordo com a lei, isso também é uma oligarquia. Quando aqueles que têm o poder deliberativo se elegem mutuamente e o filho sucede ao pai, e quando podem revogar as leis, tal governo é necessariamente uma oligarquia estrita. Quando algumas pessoas decidem uma coisa, e outras outra, como guerra e paz, e quando todos investigam a conduta de seus magistrados, e outras coisas são deixadas para diferentes oficiais, eleitos seja por voto ou sorteio, então o governo é uma aristocracia ou um Estado livre. Quando alguns são escolhidos por voto e outros, por sorteio, e esses de toda a população ou de um certo número eleito para esse fim, ou se tanto os votos quanto os sorteios são abertos a todos, tal Estado é em parte uma aristocracia, em parte um governo livre. Esses são os diferentes métodos pelos quais o poder deliberativo é investido em diferentes Estados, todos os quais seguem algum regulamento aqui mencionado. É vantajoso para uma democracia, no sentido atual da palavra, em que me refiro a um Estado no qual o povo em geral tem poder supremo, até sobre as leis, realizar assembleias públicas frequentes; e será melhor, nesse aspecto, imitar o exemplo das oligarquias em seus tribunais de justiça, pois multam aqueles designados a julgar causas se não comparecem, assim como devem recompensar os pobres por comparecerem. E seus Conselhos serão melhores quando todos deliberarem juntos, os cidadãos com os nobres, os nobres com os cidadãos. Também é recomendável, quando o Conselho for composto por parte dos cidadãos, eleger, seja por voto ou sorteio, um número igual de ambas as classes. Ainda é adequado, se o povo comum no Estado for muito numeroso, não pagar a todos por sua presença, mas a um número suficiente para igualá-los aos nobres, ou rejeitar muitos deles por sorteio.

Em uma oligarquia, deve-se ou chamar parte do povo comum para o Conselho ou estabelecer um tribunal, como é feito em alguns Estados, que chamam tal grupo de pré-conselheiros ou guardiões das leis, cujo dever é propor primeiro o que depois devem promulgar. Dessa forma, o povo teria um lugar na administração dos assuntos públicos sem ter o poder de causar qualquer desordem no governo. Além disso, o povo pode ter um voto em qualquer projeto de lei proposto, mas não pode propor nada contrário a ele; ou pode dar sua opinião, enquanto o poder de decisão fica apenas com os magistrados. Também é necessário seguir uma prática contrária à estabelecida nas democracias, pois o povo deve ter o poder de perdoar, mas não de condenar; a causa deve ser devolvida aos magistrados. O contrário ocorre nas repúblicas, sendo que o poder de perdoar está nas mãos de poucos, mas não o de condenar, que sempre é reservado ao povo em geral. E assim determinamos sobre o poder deliberativo em qualquer Estado e em cujas mãos ele deve estar.

XV

Agora vamos considerar a escolha dos magistrados, pois essa parte dos negócios públicos envolve várias questões diferentes, como quantos devem ser, quais serão suas funções específicas e por quanto tempo cada um deles deve permanecer no cargo. Em alguns casos, o mandato é de seis meses, em outros, é mais curto ou pode durar um ano, ou muito mais tempo; ainda, podem ser perpétuos ou um mandato prolongado, ou nenhum dos dois, pois a mesma pessoa pode ocupar o mesmo cargo várias vezes, ou pode não ser permitido que o ocupe nem duas vezes, mas apenas uma. Também devemos considerar a nomeação dos magistrados: quem deve ser elegível, quem deve escolhê-los e de que maneira. Em todos esses pontos devemos distinguir adequadamente as diferentes formas que podem ser seguidas para depois mostrar quais são mais adequadas para este ou aquele governo.

Não é fácil determinar a quem devemos propriamente dar o título de magistrado, pois um governo requer muitas pessoas em cargos públicos; mas nem todos aqueles escolhidos por voto ou sorteio devem ser considerados magistrados. Os sacerdotes, por exemplo, em primeiro lugar, uma vez que devem ser considerados como muito diferentes dos magistrados civis; a esses podemos adicionar os coregos e arautos; até mesmo os embaixadores são eleitos. Existem alguns cargos civis que pertencem aos cidadãos, seja quando todos estão envolvidos em uma única função, como os soldados que obedecem ao seu general, ou quando apenas uma parte deles está, como no governo das mulheres ou na educação dos jovens; e também alguns econômicos, pois frequentemente elegem medidores de grãos; outros são servos, dos quais, se forem ricos, empregam escravos. Mas, na verdade, são chamados mais propriamente de magistrados aqueles que são membros do Conselho deliberativo, decidem causas ou estão em algum comando, especialmente o último, pois comandar é peculiar aos magistrados. No entanto, para falar a verdade, essa questão não é de grande importância nem é função dos juízes decidir entre aqueles que disputam sobre palavras; pode, de fato, ser um objeto de investigação especulativa; mas investigar quais oficiais são necessários em um Estado, quantos e quais, embora não sejam os mais necessários, podem ser vantajosos em um governo bem estabelecido, é uma tarefa muito mais útil tanto para Estados em geral quanto para pequenas cidades.

Em governos extensos, é adequado alocar uma função para cada pessoa, pois há muitos para servir ao público em uma sociedade tão numerosa, sendo que alguns podem ser deixados de lado por muito tempo, e outros nunca ocuparem um cargo mais de uma vez. Decerto, tudo é mais bem-feito quando recebe a atenção total de uma pessoa do que quando essa atenção é dividida entre muitos. Mas, em Estados pequenos, é necessário que poucos cidadãos ocupem muitos cargos, pois seus números são tão reduzidos que não será conveniente ter muitos deles em cargos ao mesmo tempo. Onde encontraremos outros para sucedê-los por turno? Estados pequenos, às vezes, precisam dos mesmos magistrados e das mesmas leis que os grandes, mas os primeiros não precisam empregá-los tão frequentemente quanto os últimos; assim, diferentes encargos podem ser confiados à mesma pessoa sem qualquer inconveniente, pois não interferirão entre si e, pela falta de membros suficientes na comunidade, isso será necessário. Se pudéssemos determinar quantos magistrados são necessários em cada cidade e quantos, embora não necessários, ainda assim são adequados, poderíamos saber melhor quantos cargos diferentes podem ser atribuídos a um único magistrado. Também é imprescindível saber quais tribunais em diferentes lugares devem ter diferentes coisas sob sua jurisdição, e também quais questões devem sempre estar sob a responsabilidade do mesmo magistrado; por exemplo, sobre a decência dos costumes, será que o responsável pelo mercado deve tomar conhecimento disso se a questão surgir no mercado, e outro magistrado em outro lugar? Ou será o mesmo magistrado em todos os lugares? Deve-se fazer uma distinção com base no fato ou nas partes envolvidas? Por exemplo, no que diz respeito à decência dos costumes, será que deve ser tratado de uma maneira quando envolve um homem e de outra quando envolve uma mulher?

Em diferentes Estados, os magistrados devem ser diferentes ou os mesmos? Quero dizer, em uma democracia, uma oligarquia, uma aristocracia e uma monarquia, as mesmas pessoas devem ter o mesmo poder? Ou isso deve variar de acordo com a formação do governo? Em uma aristocracia, os cargos públicos são atribuídos àqueles que são bem-educados; em uma oligarquia, àqueles que são ricos; em uma democracia, aos homens livres. Ou será que os magistrados devem variar conforme as diferenças entre as comunidades? Pode acontecer que o mesmo cargo seja apropriado em uma situação e não em outra: em um Estado pode ser necessário que o magistrado tenha grandes poderes, em outro, poderes menores. Existem também certos magistrados que são peculiares a determinados Estados, como os pré-conselheiros, que não são adequados em uma democracia, mas sim em um senado, pois é necessário haver uma ordem cuja função seja considerar previamente e preparar os projetos de lei que serão apresentados ao povo, para que eles possam ter tempo de cuidar de seus próprios assuntos. E, quando esses Conselhos são poucos, o Estado tende a uma oligarquia. De fato, os pré-conselheiros sempre devem ser poucos, pois são peculiares a uma oligarquia. E, quando existem esses dois cargos no mesmo Estado, o dos pré-conselheiros é superior ao dos senadores, o primeiro com poder oligárquico, o segundo com poder democrático. Decerto, o poder do senado se perde em democracias nas quais o povo, reunido em uma assembleia pública, assume todos os negócios em suas próprias mãos. Isso tende a acontecer quando a comunidade em geral está em boas condições financeiras ou quando são pagos para participar das assembleias, pois então têm tempo para se reunir com frequência e decidir tudo por conta própria. Um magistrado cuja função é controlar os costumes dos meninos ou das mulheres, ou que assume algum departamento semelhante a este, é encontrado em uma aristocracia, não em uma democracia, já que quem pode proibir as esposas dos pobres de aparecerem em público? Nem um desses é encontrado em uma oligarquia, pois as mulheres ali são muito delicadas para suportar o controle. E assim terminamos este assunto.

Vamos tentar tratar amplamente do estabelecimento dos magistrados, começando pelos primeiros princípios. Eles diferem entre si de três maneiras, das quais, combinadas, surgem todas as variações imagináveis. A primeira dessas diferenças está naqueles que nomeiam os magistrados; a segunda, nos que são nomeados; e a terceira, no modo de nomeação. E cada uma dessas três difere de três maneiras, pois ou todos os cidadãos podem nomear coletivamente, ou alguns de todo o corpo, ou alguns de uma ordem particular nele, conforme fortuna, família, virtude ou alguma outra regra (como em Mégara, onde o direito de eleição estava entre aqueles que haviam retornado juntos ao seu país e se reinstalaram pela força das armas), e por voto ou sorteio. Além disso, os diferentes modos podem ser formados de maneira diferente, pois alguns magistrados podem ser escolhidos por parte da comunidade e outros, pelo todo; alguns, por uma parte e outros, pelo todo; alguns, por voto e outros, por sorteio. Cada um desses modos diferentes admite uma subdivisão em quatro partes, uma vez que ou todos podem eleger todos por voto ou por sorteio; e quando todos elegem, podem proceder sem qualquer distinção, ou podem eleger por uma certa divisão de tribos, bairros ou companhias, até passarem por toda a comunidade; alguns magistrados podem ser eleitos de uma forma, e outros, de outra. Além disso, se alguns magistrados são eleitos por voto ou sorteio de todos os cidadãos, ou pelo voto de alguns e pelo sorteio de outros, ou alguns de uma maneira e outros de outra; isto é, alguns pelo voto de todos, outros pelo sorteio de todos, haverá então doze métodos diferentes de eleger os magistrados sem misturar os dois. Desses, há dois adaptados a uma democracia; a saber, serem todos os magistrados escolhidos por todo o povo, seja por voto ou sorteio, ou ambos; isto é, alguns por sorteio, alguns por voto.

Em um Estado livre, toda a comunidade não deve eleger ao mesmo tempo, mas alguns do todo ou de algum grau particular; e isso por sorteio, voto ou ambos. E devem eleger ou de toda a comunidade, ou de algumas pessoas particulares nela, e isso tanto por sorteio quanto por voto. Em uma oligarquia, é adequado escolher alguns magistrados de todo o corpo dos cidadãos, alguns por voto, outros por sorteio, outros por ambos. O sorteio é mais correspondente a essa forma de governo. Em uma aristocracia livre, alguns magistrados devem ser escolhidos da comunidade em geral, outros de um grau particular, ou esses por escolha, aqueles por sorteio. Em uma oligarquia pura, os magistrados devem ser escolhidos de certos graus e por certas pessoas, e alguns por sorteio, outros por ambos os métodos; mas escolher entre toda a comunidade não é correspondente à natureza de tal governo. Em uma aristocracia, é adequado que toda a comunidade eleja seus magistrados de pessoas particulares, e isso por voto. Esses, então, são todos os diferentes modos de eleição de magistrados, distribuídos de acordo com a natureza das diferentes comunidades; mas o modo de proceder deve ser adequado a diferentes comunidades, assim como os cargos devem ser estabelecidos, ou com que poderes será particularmente explicado. Refiro-me aos poderes de um magistrado, o que deve ser sua província particular, como a administração das finanças ou as leis do Estado, pois diferentes magistrados têm diferentes poderes, tal como o poder do general do Exército difere daquele do escrivão do mercado.

XVI

Das três partes das quais um governo é formado, passamos agora a considerar a judicial; e também a dividiremos como fizemos com o magisterial, em três partes. De quem serão os juízes, por quais causas e como. Quando digo de quem, quero dizer se serão todo o povo ou alguns detalhes; por quais causas quero dizer, quantos tribunais diferentes serão nomeados; por como, se serão eleitos por voto ou sorteio. Vamos primeiro determinar quantos tribunais diferentes deveriam existir. Agora são oito. O primeiro deles é o tribunal de fiscalização do comportamento dos magistrados quando estes deixam o cargo; o segundo envolve punir aqueles que prejudicaram o público; o terceiro toma conhecimento das causas nas quais o Estado é parte; o quarto decide entre magistrados e particulares, que recorrem da multa que lhes for imposta; o quinto determina disputas que possam surgir em relação a contratos de grande valor; o sexto julga entre estrangeiros e homicídios, dos quais existem diferentes espécies; e todos esses poderão ser julgados pelos mesmos juízes ou por juízes diferentes, pois há assassinatos por pretensão maliciosa e por acaso; há também homicídio justificável, quando o fato é admitido e sua legalidade é contestada.

Há também outro tribunal denominado Pritaneu, em Atenas, que determina questões relativas a um assassinato cometido por alguém que fugiu para decidir se ele deve retornar; embora tal caso aconteça raramente e em cidades muito grandes; o sétimo determina as causas em que estão envolvidos os estranhos, quer sejam entre estranho e estranho ou entre um estranho e um cidadão. O oitavo e último é para ações pequenas, de um a cinco dracmas, ou um pouco mais, pois essas também devem ser legalmente determinadas, ainda que não apresentadas a todo o corpo de juízes. Mas sem entrar em quaisquer detalhes relativos às ações por homicídio, e aquelas em que as partes são estranhas, tratemos particularmente dos tribunais que têm jurisdição sobre as questões que mais particularmente se relacionam com os assuntos da comunidade e que, se não forem bem conduzidas, ocasionam sedições e comoções no Estado. Todas as pessoas devem necessariamente ter o direito de julgar essas diferentes causas, podendo ser designadas para isso por meio de voto ou sorteio. Pode-se aplicar a todas as causas a escolha por voto, a todas por sorteio, ou ainda dividir, com algumas sendo decididas por voto e outras, por sorteio. Dessa forma, haverá quatro tipos de juízes. Haverá o mesmo número também se eles forem escolhidos apenas entre uma parte do povo, pois ou todos os juízes devem ser escolhidos dessa parte por voto ou sorteio, ou alguns, por sorteio e outros, por voto; ou os juízes em causas específicas devem ser escolhidos alguns por voto, outros, por sorteio; por isso, haverá o mesmo número deles também como foi mencionado. Além disso, diferentes juízes podem ser reunidos – refiro-me àqueles que são escolhidos entre todo o povo ou parte dele ou ambos – para que todos os três possam sentar-se juntos no mesmo tribunal, e isso por votação, sorteio ou ambos. Tal fato acontece com os diferentes tipos de juízes. Dessas nomeações, aquela que admite que toda a comunidade seja juiz em todas as causas é a mais adequada para uma democracia; a segunda, que determina que certas pessoas julguem todas as causas, a uma oligarquia; a terceira, que nomeia toda a comunidade para ser juiz em algumas causas, mas pessoas específicas em outras, para uma aristocracia ou um Estado livre.

LIV

OV

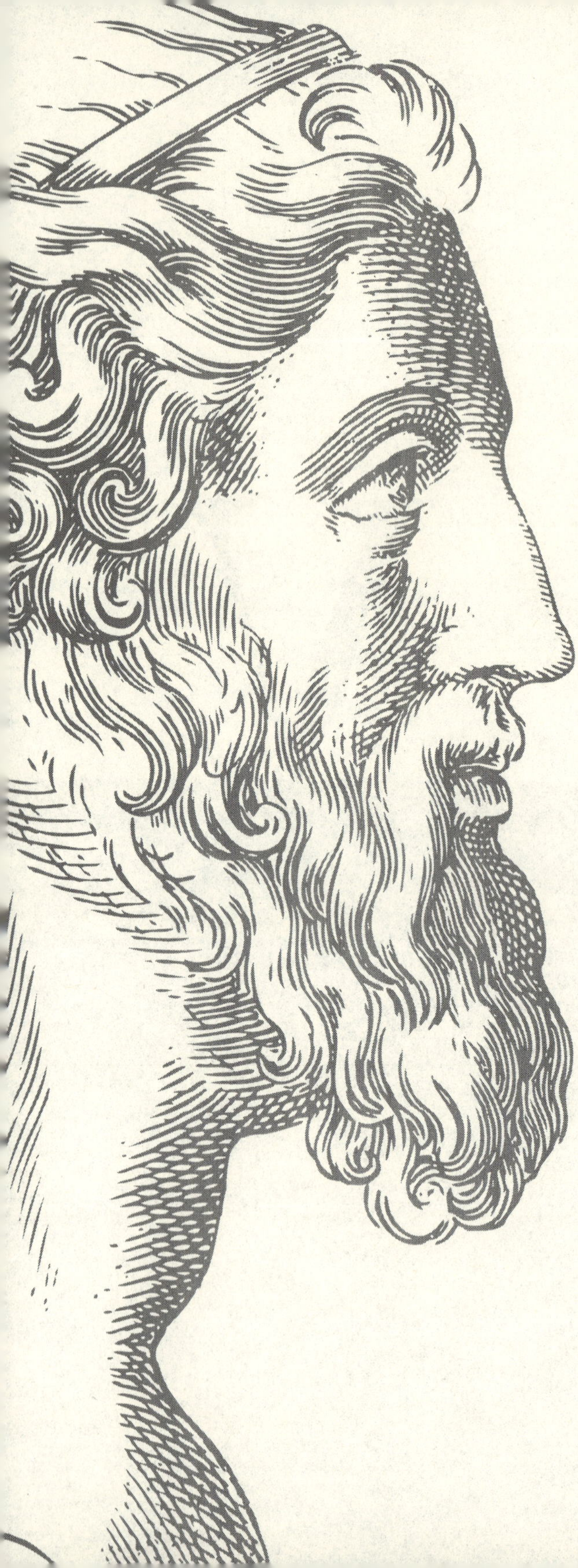

I

Agora que abordamos os temas que nos propusemos a tratar, resta considerar as causas e os processos pelos quais ocorrem as mudanças nos governos, além da natureza dessas mudanças e os fatores que levam à destruição de cada forma de governo. Também discutiremos para que forma de governo cada tipo de Estado tende a se transformar, quais são os meios gerais de preservar os governos e quais são aplicáveis a Estados específicos. Além disso, abordaremos os remédios que podem ser aplicados, seja em geral ou em casos específicos, quando os governos estão corrompidos.

Devemos começar estabelecendo o princípio de que existem muitas formas de governo, todas as quais concordam em seguir o que é justo e proporcionalmente igual, mas falham em alcançá-lo, como já mencionamos. Assim, as democracias surgem da suposição de que os iguais em um aspecto são iguais em todos os outros; por exemplo, por serem iguais em liberdade, acreditam que são iguais em tudo. As oligarquias, por outro lado, surgem da suposição de que os desiguais em um aspecto o são em tudo; ou seja, quando as pessoas são desiguais em termos de fortuna, essa desigualdade se estende a todos os outros aspectos.

Como resultado, aqueles que se consideram iguais aos outros em alguns aspectos sentem que têm o direito de buscar igualdade em todos os aspectos, enquanto aqueles que se consideram superiores buscam obter ainda mais. E é esse "mais" que gera a desigualdade. Assim, a maioria dos Estados, embora tenha alguma noção do que é justo, acaba errando quase completamente. Por essa razão, quando uma das partes não obtém a participação no governo que corresponde às suas expectativas, ela se torna sediciosa. Contudo, os que têm o maior direito de se rebelar são os últimos a fazê-lo, ou seja, aqueles que se destacam em virtude, pois somente eles podem ser chamados verdadeiramente superiores.

Há também pessoas de famílias distintas que, por causa de sua origem, desprezam a ideia de estar em pé de igualdade com os outros, pois se consideram nobres, vangloriando-se do mérito e da fortuna de seus antepassados. Esses, na verdade, são a origem e a fonte das sedições.

As mudanças que as pessoas podem propor para os governos são de dois tipos: tentam transformar o Estado estabelecido em outro, como quando propõem transformar uma democracia em uma oligarquia, ou uma oligarquia em uma democracia ou Estado livre, ou vice-versa; ou então, mesmo que não tenham objeções ao governo estabelecido, que apreciam muito, desejam ter o controle exclusivo, seja nas mãos de poucos ou de apenas um. Pode-se ainda levantar agitações sobre o grau de poder que desejam no governo estabelecido; por exemplo, se o governo é uma oligarquia, querem que ele seja mais puramente oligárquico, e o mesmo ocorre com a democracia, ou então desejam que seja menos oligárquico ou democrático. Da mesma forma, seja qual for a natureza do governo, alguns desejam ampliar ou restringir seus poderes, ou fazer alterações em algumas partes dele, como estabelecer ou abolir um determinado cargo, como alguns dizem que Lisandro tentou com o poder real em Esparta e Pausânias tentou fazer com o cargo de éforo. Em Epidamno, houve a alteração em uma parte da constituição, substituindo os filarcos por um senado.

Em Atenas, também é necessário que todos os magistrados compareçam ao tribunal de Helieia quando um novo magistrado é nomeado; o poder do arconte nesse Estado também tem natureza oligárquica. A desigualdade é sempre a causa de sedições, mas não quando os desiguais são tratados de maneira correspondente a essa desigualdade.

Assim, o poder real é desigual quando exercido sobre iguais. Em resumo, aqueles que buscam a igualdade são a causa das sedições. A igualdade pode ser de duas formas: numérica ou de valor. A igualdade numérica acontece quando duas coisas têm a mesma quantidade de partes ou a mesma quantidade total. Já a igualdade de valor é proporcional: por exemplo, dois é maior que um, e três é maior que dois na mesma proporção. Assim, quatro é o dobro de dois, e dois é o dobro de um, mantendo a mesma relação de proporção; ou seja, dois é metade de quatro e um é metade de dois.

Agora, todos concordam com o que é absolutamente justo e simples; mas, como já mencionamos, eles discordam quanto ao valor proporcional. Algumas pessoas, se são iguais em um aspecto, acham que são iguais em tudo; outras, se são superiores em um aspecto, acreditam que podem reivindicar superioridade em tudo. Daí surgem principalmente dois tipos de governo: a democracia e a oligarquia, pois a nobreza e a virtude são encontradas apenas entre poucos, e o contrário entre muitos; não há lugar onde se encontre cem do primeiro grupo, mas há muitos do último em qualquer lugar. No entanto, estabelecer um governo inteiramente baseado em qualquer uma dessas igualdades é errado, e isso é evidente pelos exemplos de governos assim estabelecidos, pois nenhum deles tem sido estável. E isso porque é impossível que algo que está errado em seus princípios não termine mal. Logo, em alguns aspectos, deve-se adotar a igualdade numérica, e, em outros, a igualdade de valor. No entanto, uma democracia é mais segura e menos propensa à sedição do que uma oligarquia, pois nessa última a sedição pode surgir de duas causas: ou os poucos no poder conspiram entre si ou contra o povo. Todavia, em uma democracia, há apenas uma causa, que é a oposição aos poucos que buscam poder exclusivo. Não há, por outro lado, um exemplo significativo de sedição do povo contra si mesmo. Além disso, um governo composto por homens de fortunas moderadas se aproxima muito mais de uma democracia do que de uma oligarquia, sendo o mais seguro de todos esses estados.

II

Como estamos investigando as causas de sedições e revoluções nos governos, devemos começar pelos princípios fundamentais de onde elas surgem. Tais princípios, por assim dizer, são quase três em número, os quais devemos distinguir inicialmente em geral e procurar mostrar em que situação se encontram as pessoas que iniciam uma sedição; e por quais causas; e, em terceiro lugar, quais são os começos das perturbações políticas e das brigas mútuas. A causa que mais universalmente inclina os homens a desejar uma mudança de governo é aquela que já mencionei: os que buscam a igualdade estarão sempre prontos para a sedição se virem que aqueles que consideram seus iguais possuem mais do que eles, assim como os que não estão satisfeitos com a igualdade, mas buscam a superioridade, se pensam que, embora mereçam mais, têm apenas igual ou menos do que seus inferiores. O que eles buscam pode ser justo ou injusto; justo, quando os inferiores são sediciosos para alcançar a igualdade; injusto, quando os iguais são sediciosos para alcançar a superioridade. Estes são, portanto, os contextos em que os homens se tornarão sediciosos: as causas para tal são lucro e honra, e seus opostos. Para evitar desonra ou perda de fortuna devido a multas, seja por conta própria ou de seus amigos, eles provocarão uma agitação no Estado. As causas originais que predispõem os homens aos fenômenos que mencionei são, de uma maneira, sete em número, e de outra, são mais; duas das quais são as mesmas já mencionadas, porém de influência distinta, pois lucro e honra aguçam os homens contra uns aos outros não para obter a posse para si mesmos (como acabei de supor), mas, quando veem outros, justamente ou injustamente, apoderando-se deles. As causas distintas são arrogância, medo, destaque, desprezo e aumento desproporcional em alguma parte do Estado. Existem também outros aspectos que, de maneira diferente, ocasionarão revoluções nos governos, como intrigas eleitorais, negligência, falta de números e uma dessemelhança excessiva de circunstâncias.

III

A influência dos maus-tratos e do lucro sobre as sedições é quase evidente; quando os magistrados são arrogantes e buscam obter mais lucro do que o que seu cargo lhes concede, não apenas provocam sedições entre si, mas também contra o Estado que lhes concedeu o poder; e essa avareza tem dois alvos: a propriedade privada ou a propriedade do Estado. A influência das honrarias e como elas podem causar sedição também são claras; aqueles que não são honrados enquanto veem outros sendo homenageados estarão prontos para qualquer perturbação: isso acontece de forma injusta quando alguém é honrado ou desconsiderado contra seus méritos, e de forma justa quando é de acordo com eles. Honrarias excessivas também são causa de sedição quando uma pessoa ou mais são superiores ao Estado e ao poder do governo, pois geralmente isso estabelece uma monarquia ou uma dinastia; por consequência, o ostracismo foi introduzido em alguns lugares, como Argos e Atenas. É melhor prevenir esses excessos na fundação do Estado do que corrigi-los depois que já ocorreram. Aqueles que cometeram crimes podem causar sedição por medo de punição; assim como aqueles que esperam um dano e querem evitá-lo, como aconteceu em Rodes, quando os nobres conspiraram contra o povo por causa dos decretos que esperavam que fossem aprovados contra eles.

O desprezo também é uma causa de sedição e conspirações, como em oligarquias, onde há muitos que não têm participação na administração. Os ricos, mesmo em democracias, desprezando a desordem e a anarquia que surgirão, esperam melhorar sua situação pelos mesmos meios que ocorreram em Tebas após a batalha de Enófita, onde, devido à má administração, a democracia foi destruída; assim como em Megara, onde o poder do povo foi perdido devido à anarquia e desordem; o equivalente ainda ocorreu em Siracusa antes da tirania de Gelon; e em Rodes houve a mesma sedição antes da queda do governo popular. Revoluções também podem ocorrer por um aumento desproporcional, tal como o corpo deve aumentar proporcionalmente para manter sua simetria, do contrário, será destruído. Se o pé tivesse quatro côvados de comprimento e o resto do corpo apenas duas palmas, o corpo mudaria de forma se o aumento fosse desproporcional tanto em quantidade quanto na disposição das partes. Da mesma forma, uma cidade pode consistir em partes, algumas das quais podem aumentar sem ser notadas, como o número de pobres em democracias e Estados livres. Revoluções ainda são resultantes de acidente, como em Tarento, pouco após a guerra mediana, onde muitos nobres foram mortos em uma batalha pelos lapigianos, transformando o governo de um Estado livre em uma democracia; e em Argos, onde tantos cidadãos foram mortos por Cleômenes, o espartano, que foram obrigados a admitir vários camponeses à liberdade do Estado; e em Atenas, devido ao evento infeliz das batalhas da infantaria, na qual o número de nobres foi reduzido pela escolha dos soldados da lista de cidadãos nas guerras lacedemônias. Revoluções ainda ocorrem em democracias, embora mais raramente; quando os ricos se tornam numerosos ou as propriedades aumentam, transformam-se em oligarquias ou dinastias. Governos também podem mudar sem sedições por uma combinação de pessoas de classes mais baixas, como em Herseia, onde mudaram o modo de eleição de votos para sorteios, e assim se elegeram; e por negligência, como quando os cidadãos admitem aqueles que não são amigos da constituição para cargos importantes do Estado, como aconteceu em Oreia, onde a oligarquia dos arcontes foi extinta com a eleição de Heracleodoro, que transformou o governo em uma democracia livre.

Aos poucos, grandes alterações na forma de governo ocorrem silenciosamente devido à negligência das pequenas questões, como em Ambrácia, onde o quórum, inicialmente pequeno, acabou se tornando inexistente, como se pouco e nada fossem quase iguais. Um Estado também está sujeito a sedições quando é composto por diferentes nações, até que suas diferenças se misturem e se tornem indistinguíveis; assim como uma cidade não pode ser composta por qualquer multidão, ela também não pode ser composta em qualquer momento dado. Por isso, todas as repúblicas que foram originalmente compostas por diferentes povos ou que depois admitiram seus vizinhos à liberdade da cidade foram mais suscetíveis a revoluções; como quando os aqueus se uniram aos trezênios para fundar Síbaris e logo após, tornando-se mais poderosos que os trezênios, expulsaram-nos da cidade, origem do provérbio sobre a maldade dos sibaritas. Da mesma forma, ocorreram disputas em Túrio entre os sibaritas e aqueles que se juntaram a eles na construção da cidade; os sibaritas, ao se considerarem os legítimos proprietários, acabaram expulsando os outros. E, em Bizâncio, os novos cidadãos, ao serem descobertos em conspirações contra o Estado, foram expulsos da cidade à força. Os antisseus, após acolherem os banidos de Quios, fizeram o mesmo, assim como os zancleus, após acolherem o povo de Samos. Os apoloniatas, no mar Euxino, ao admitirem os estrangeiros à liberdade da cidade, enfrentaram sedições; e os siracusanos, depois da expulsão de seus tiranos, ao inscreverem estrangeiros e mercenários entre seus cidadãos, brigaram e chegaram a uma ruptura aberta; e o povo de Anfípolis, ao acolher uma colônia de calcídios, teve a maior parte deles expulsos da cidade.

Muitas pessoas provocam sedições em oligarquias porque se sentem maltratadas por não compartilharem as honrarias do Estado com seus iguais, como já mencionei; mas, em democracias, as pessoas principais agem similarmente porque não têm mais do que uma parte igual com outros que não são iguais a elas. A situação do local também, às vezes, causa distúrbios no Estado quando o terreno não é bem adaptado para uma cidade; como em Clazômenas, onde as pessoas que viviam na parte central da cidade brigavam com aqueles que viviam na ilha, e os colofônios, com os notianos. Em Atenas, a disposição dos cidadãos não é igual; aqueles que vivem no Pireu estão mais ligados a um governo popular do que aqueles que vivem na cidade propriamente dita; assim como a interposição de um pequeno córrego faz que a linha da falange oscile, qualquer pequena discordância será a causa de sedições. No entanto, elas não surgem tão rapidamente de outra coisa quanto da discordância entre virtude e vício, e, em seguida, entre pobreza e riqueza, e assim por diante; uma causa tendo mais influência que outra, sendo uma das que mencionei por último.

IV

As sedições em governos não surgem por motivos pequenos, mas a partir deles, pois a causa imediata é algo de relevância. Pequenas disputas têm grandes consequências quando ocorrem entre pessoas de destaque no Estado, como foi o caso dos siracusanos em um período remoto. Uma revolução no governo foi provocada por uma briga entre dois jovens que ocupavam cargos públicos devido a um caso amoroso. Um deles, ao estar ausente, foi substituído por outro que seduziu sua amante; por sua vez, o ofendido convenceu a esposa do amigo a morar com ele. A partir disso, toda a cidade se dividiu entre apoiar um ou outro, e o governo foi derrubado. Por isso, no início de tais disputas, é importante evitar as consequências e extinguir todas as brigas que surgirem entre aqueles no poder, pois o problema está no começo. Como se diz, o começo é metade do trabalho; o que era uma pequena falha na origem pode se expandir e se tornar um grande problema.

Além disso, disputas entre pessoas de destaque envolvem toda a cidade em suas consequências. Em Hestieia, após a guerra com os medos, dois irmãos brigaram sobre a herança de seu pai; o irmão mais pobre, devido à ocultação de parte dos bens e algum dinheiro encontrado pelo pai, conseguiu o apoio do povo, enquanto o outro, mais rico, teve o apoio dos aristocratas. Em Delfos, uma briga sobre um casamento foi o início de todas as seduções que surgiram depois; o noivo, assustado por um mau presságio, recusou a casar-se, e os parentes da noiva, ressentidos, colocaram dinheiro sagrado em seu bolso enquanto ele realizava um sacrifício e depois o mataram como um ímpio.

Em Mitilene, uma disputa sobre um direito de herança causou grandes males e uma guerra com os atenienses, na qual Paques tomou a cidade. Timófanes, um homem de fortuna, deixou duas filhas; Doxandro, que teve dificuldades para casá-las com seus dois filhos, iniciou uma sedução e incitou os atenienses a atacar Mitilene, que era a anfitriã do Estado. Em Foceia, uma disputa sobre herança entre Mnaséas e Eutícrates levou à Guerra Sagrada. O governo de Epidamno também mudou devido a uma briga sobre um casamento: um homem que havia prometido sua filha em casamento foi punido pelo pai da jovem, o arconte, e, ressentido, uniu-se aos excluídos do governo e provocou uma revolução.

Um governo pode ser transformado em uma oligarquia, democracia ou Estado livre quando os magistrados ou qualquer parte da cidade adquire grande influência ou poder. Em Atenas, o tribunal de Areópago ganhou muita influência durante a guerra com os medos e fortaleceu sua administração. Por outro lado, a força marítima, composta pela plebe, venceu na batalha de Salamina e assumiu a liderança no Estado, fortalecendo o partido popular. Em Argos, os nobres, após a batalha de Mantineia contra os lacedemônios, tentaram dissolver a democracia. Em Siracusa, a vitória na guerra contra os atenienses, graças ao povo comum, transformou o Estado livre em uma democracia. Em Cálcis, o povo, após expulsar o tirano, Fócides, tomou o governo. Em Ambrácia, com a expulsão do tirano Periandro, o povo assumiu o poder supremo.

De modo geral, quem quer que tenha contribuído para o fortalecimento de um Estado, seja indivíduos, magistrados, uma tribo específica ou a multidão, será a causa de disputas no Estado. Ou alguns, invejosos dos honores adquiridos, começarão a ser sediciosos, ou eles mesmos, por causa da dignidade adquirida, não estarão satisfeitos com sua antiga igualdade. Um Estado também está sujeito a distúrbios quando as partes que parecem opostas se aproximam da igualdade, como os ricos e os pobres; de forma que a parte intermediária entre eles é insignificante ou quase não perceptível. Se um partido é muito mais poderoso do que o outro, esse último não estará disposto a enfrentar o perigo. Por isso, aqueles que são superiores em excelência e virtude nunca serão a causa de sediciosos, pois serão poucos em comparação aos muitos.

Em geral, o início e as causas das sedições em todos os Estados são como eu descrevi. As revoluções ocorrem de duas maneiras: por violência ou por fraude. Se por violência, é quando forçam a mudança desde o início. A fraude pode ocorrer de duas formas: quando o povo, inicialmente enganado, consente voluntariamente com a alteração do governo e depois é forçado a aceitá-la, como quando os quatrocentos enganaram o povo dizendo que o rei da Pérsia forneceria dinheiro para a guerra contra os lacedemônios e, depois disso, tentaram manter o poder supremo; ou quando são persuadidos inicialmente e depois consentem em ser governados. Esses métodos que mencionei são os responsáveis por todas as revoluções em governos.

V

Agora, devemos investigar os eventos que surgem dessas causas em cada tipo de governo. As democracias são particularmente suscetíveis a revoluções devido à desonestidade dos demagogos. Em parte, ao denunciarem homens de propriedade, eles os induzem a se unirem por autodefesa, já que o medo comum faz com que os maiores inimigos se juntem; e, em parte, ao incitar o povo contra esses indivíduos. Isso é algo que se vê frequentemente em vários estados. Na ilha de Cós, por exemplo, a democracia foi subvertida pela maldade dos demagogos, que levaram os nobres a se unirem em conluio. Em Rodes, os demagogos, ao distribuir subornos, impediram que o povo pagasse aos trierarcas o que lhes era devido, e estes, sobrecarregados pelo número de ações, conspiraram e destruíram o Estado popular. O equivalente ocorreu em Heracleia, logo após o assentamento da cidade, pelos mesmos indivíduos; os cidadãos de destaque, maltratados, abandonaram a cidade, mas, depois de se unirem, retornaram e derrubaram o Estado popular. Da mesma forma, a democracia foi destruída em Megara: os demagogos, para obter dinheiro por meio de confisco, expulsaram os nobres, até que o número dos banidos foi considerável;

eles retornaram, venceram o povo em uma batalha e estabeleceram uma oligarquia. Isso também aconteceu em Cuma, durante o período da democracia, que foi destruída por Trasímaco; e quem examina o que ocorreu em outros Estados pode perceber que essas revoluções surgiram das mesmas causas.

Os demagogos, para agradar ao povo, forçam os nobres a conspirar juntos, seja dividindo suas propriedades, seja obrigando-os a gastar com serviços públicos ou banindo-os para poder confiscar as fortunas dos ricos. No passado, quando uma pessoa era ao mesmo tempo demagogo e general, as democracias eram transformadas em tiranias; e, decerto, a maioria das tiranias antigas surgiu desses Estados. Isso ocorria porque, na época, os demagogos eram soldados; eles não eram poderosos pela eloquência, mas agora, com o desenvolvimento da oratória, os hábeis oradores são os demagogos. Como não têm qualificação militar, não conseguem se impor como tiranos, exceto em um ou dois casos insignificantes.

No passado, as tiranias eram mais comuns do que hoje devido aos amplos poderes concedidos a alguns magistrados, como os prítanes em Mileto, que tinham supremacia em muitas questões importantes. Também porque, naquela época, as cidades não eram tão extensas e a maioria das pessoas vivia no campo, ocupando-se com a agricultura, o que dava a quem liderava os assuntos públicos a oportunidade de se tornar tirano, caso tivesse vocação para a guerra. Todos eles fizeram isso quando ganharam a confiança do povo, e essa confiança vinha do ódio sentido pelos ricos. Foi o caso de Pisístrato, em Atenas, quando se opôs aos habitantes da planície, e de Teagênio, em Megara, que massacrou o gado dos ricos após capturar os que os guardavam às margens dos rios. Dionísio também, por acusar Dafneu e os ricos, foi considerado digno de ser elevado à tirania pela confiança que o povo tinha nele como um homem popular devido a esses conflitos.

Um governo também pode mudar de sua forma democrática antiga e aprovada para uma totalmente nova se não houver um quórum para regular a eleição dos magistrados. Como a eleição é feita pelo povo, os demagogos que desejam estar no cargo tentarão, com todo o seu poder, fazer com que o povo se sobreponha até mesmo às leis. Para evitar isso completamente, ou pelo menos em grande parte, os magistrados devem ser eleitos pelas tribos e não pelo povo em geral. Essas são as principais revoluções às quais as democracias estão sujeitas e também as causas de onde elas surgem.

VI

Existem dois fatores que mais frequentemente provocam uma revolução em uma oligarquia. O primeiro é quando o povo é maltratado, tornando cada indivíduo propenso à sedição, especialmente se um dos membros da oligarquia se torna seu líder, como foi o caso de Ligdamis em Naxos, que mais tarde se tornou tirano da ilha.

As sedições também podem variar conforme suas causas; às vezes, uma revolução é provocada pelos ricos que não têm participação na administração, a qual está nas mãos de poucos. Isto aconteceu em Massília, na Ístria, em Heracleia e em outras cidades: aqueles que não participavam do governo não cessavam de criar disputas até serem admitidos nele; primeiro os irmãos mais velhos, depois os mais jovens também. Em alguns lugares, o pai e o filho nunca estão no cargo ao mesmo tempo; em outros, os irmãos mais velhos e mais jovens não ocupam cargos ao mesmo tempo; onde isso ocorre, a oligarquia tem algo de Estado livre. Na Ístria, o governo foi transformado em democracia; em Heracleia, ao invés de estar nas mãos de poucos, passou a ser composto por seiscentos membros. Em

Cnido, a oligarquia foi destruída pela briga entre os nobres devido ao governo estar nas mãos de tão poucos; ali, como mencionamos, se o pai estava no cargo, o filho não podia estar; ou, se havia muitos irmãos, somente o mais velho tinha o cargo. Aproveitando-se dessas disputas, o povo elegeu um dos nobres como general e obteve a vitória, pois, onde há sedição, o governo é fraco. Em Erétria, durante a oligarquia dos Basílides, embora o Estado prosperasse sob sua excelente administração, o povo descontentou-se com o poder concentrado em tão poucos e mudou o governo.

As oligarquias também estão sujeitas a revoluções causadas pelas disputas internas entre os próprios membros, especialmente as brigas entre demagogos. Existem dois tipos de demagogos: os que bajulam os poucos que estão no poder; eles também têm seus demagogos, como foi o caso de Cáricles em Atenas, que tinha grande influência sobre os trinta, e de Frínico na época dos Quatrocentos. O outro tipo é o demagogo que faz parte da oligarquia e bajula o povo, como os guardiões do Estado em Larissa, que agradavam o povo porque haviam sido eleitos por ele. Isso sempre ocorre em qualquer oligarquia na qual os magistrados não se elegem, mas são escolhidos entre homens de grande fortuna ou de certos rangos, pelos soldados ou pelo povo, como era o costume em Abidos. Quando o poder judicial não está nas mãos do poder supremo, os demagogos, ao favorecerem o povo em suas causas, derrubam o governo, como aconteceu em Heracleia, no Ponto. Outro fator que provoca revoluções é o desejo de concentrar o poder da oligarquia em menos mãos. Aqueles que buscam manter a igualdade muitas vezes precisam recorrer ao povo para obter apoio. A oligarquia também está sujeita a revoluções quando a nobreza gasta suas fortunas com luxo; essas pessoas desejam inovações e tentam se tornar tiranos ou apoiar outros na tirania, como Hiparino apoiou Dionísio de Siracusa. Em Anfípolis, Cleótimo reuniu uma colônia de calcídios e, ao chegarem, incitou-os a brigar com os ricos. Em Egina, alguém que processou Cares tentou, por isso, alterar o governo. Às vezes, tentam provocar tumultos; às vezes, roubam o público e depois brigam entre si ou lutam contra aqueles que tentam desmascará-los, como ocorreu em Apolônia, no Ponto. No entanto, se os membros de uma oligarquia concordam entre si, o Estado não é facilmente destruído sem alguma força externa. A Farsália é um exemplo disso; embora o local seja pequeno, os cidadãos têm grande poder devido ao uso prudente que fazem dele. Uma oligarquia também pode ser destruída quando criam outra oligarquia sob a sua. Ou seja, quando a gestão dos assuntos públicos está nas mãos de poucos e não de todos igualmente, como ocorreu em Elis, onde o poder supremo estava nas mãos de um grupo muito pequeno, de onde um senado de noventa membros foi escolhido e manteve seus cargos por toda a vida. Seu modo de eleição visava preservar o poder entre as famílias, como os senadores em Esparta.

Uma oligarquia está sujeita a revoluções tanto em tempos de guerra quanto de paz. Em guerra, devido à desconfiança dos cidadãos, o governo é obrigado a empregar tropas mercenárias, e quem recebe o comando do Exército muitas vezes assume a tirania, como Timófanes em Corinto; e, se nomeiam mais de um general, é muito provável que estabeleçam uma dinastia. Às vezes, por medo disso, são forçados a conceder ao povo algum poder no governo porque precisam empregá-los. Em paz, devido à falta de confiança mútua, confiariam a guarda do Estado a mercenários e a seu general, que se tornaria um árbitro entre eles e, às vezes, dominaria ambos, como aconteceu em Larissa, quando os simos e os alêuades tinham o poder principal. O equivalente ocorreu em Abidos durante o período dos clubes políticos, dos quais o de Ifíade era um. Tumultos também ocorrem em uma oligarquia quando um partido é excessivamente dominante e insulta o outro ou quando brigam sobre processos judiciais ou casamentos. Já mostramos como os casamentos podem ter esse efeito; e, em Erétria, Diágoras destruiu a oligarquia dos cavaleiros pelo mesmo motivo. Uma sedição também surgiu em Heracleia quando uma pessoa foi condenada pelo tribunal; e, em Tebas, em consequência de um homem ser culpado de adultério. O castigo que Eurítion sofreu em Heracleia foi justo, mas executado ilegalmente, assim como o de Arcas, em Tebas, pois seus inimigos tentaram fazê-los ser publicamente amarrados ao pelourinho.

Muitas revoluções também foram provocadas em oligarquias por aqueles que não suportavam o despotismo assumido por quem estava no poder, como ocorreu em Cnido e Quios. Mudanças ainda podem ocorrer acidentalmente em um Estado livre e em uma oligarquia; onde quer que os senadores, juízes e magistrados sejam escolhidos conforme um quórum específico. Muitas vezes, o quórum mais alto é fixado inicialmente de modo que apenas poucos possam participar do governo; em uma oligarquia ou em um Estado livre, apenas os de fortuna moderada; quando a cidade enriquece, devido a paz ou alguma outra causa favorável, o quórum se torna tão pequeno que as fortunas de todos são equivalentes a ele, permitindo que a comunidade por completo participe de todas as honras do governo. Essa mudança, às vezes, ocorre gradualmente e de forma imperceptível; outras vezes, de maneira mais rápida. Essas são as revoluções e sedições que surgem nas oligarquias e as causas que as provocam. De fato, tanto as democracias quanto as oligarquias, por vezes, mudam não para governos contrários, senão para formas semelhantes de governo, como ao transferir o poder supremo da lei para o partido dominante, e vice-versa.

VII

As perturbações surgem nas aristocracias devido ao pequeno número de pessoas no poder, como já observamos nas oligarquias, pois nesse aspecto uma aristocracia é muito parecida com uma oligarquia, já que em ambos os sistemas a administração pública está nas mãos de poucos; não que a causa seja igual, embora pareça semelhante. Essas perturbações são mais prováveis quando a maioria do povo é altiva e se considera igual em mérito; como foi o caso dos lacedemônios, chamados de partenídeos (que eram, assim como outros, descendentes de cidadãos), que, após serem descobertos em uma conspiração contra o Estado, foram enviados para fundar Taranto. Elas também ocorrem quando grandes homens são desonrados por aqueles que receberam honras mais altas, embora não sejam inferiores a eles em habilidades, como foi o caso de Lisandro pelos reis; ou quando um homem ambicioso não consegue alcançar o poder, como Cinadão, que, durante o reinado de Agesilau, foi chefe de uma conspiração contra os espartanos. Também ocorrem quando alguns são muito pobres e outros, muito ricos, o que acontece com mais frequência em tempos de guerra, como em Lacedemônia durante a guerra messênia, como provado por um poema de Tirteu, chamado *Eunomia*; alguns, sendo reduzidos pela guerra, desejavam que as terras fossem divididas. Ainda ocorrem quando uma pessoa de alta posição poderia estar ainda mais elevada se pudesse governar sozinha, como parecia ser a intenção de Pausânias em Lacedemônia, enquanto era general na guerra meda, e de Anon em Cartago.

Mas os Estados livres e as aristocracias são, em sua maioria, destruídos pela falta de uma administração fixa dos assuntos públicos. A causa desse problema surge inicialmente da falta de uma devida mistura das partes democrática e oligarca em um Estado livre; e, em uma aristocracia, das mesmas causas e também da virtude não estar devidamente associada ao poder; mas principalmente das duas primeiras, ou seja, da mistura inadequada das partes democrática e oligarca, pois são as que todos os Estados livres tentam combinar, e muitos daqueles que chamamos de aristocracias, nesse aspecto, diferem entre si. Por causa disso, um Estado é menos estável que o outro; o Estado que mais se inclina para uma oligarquia é chamado de aristocracia, e o que mais se inclina para uma democracia é chamado de Estado livre. O último é mais seguro do que o primeiro, pois, quanto mais ampla a base, mais segura é a construção, e é sempre melhor viver onde a igualdade prevalece. No entanto, os ricos, se a comunidade lhes concede posição, muitas vezes tentam insultar e oprimir os outros. No geral, qualquer governo tende a se firmar na direção para a qual está inclinado, cada partido apoiando a sua própria. Assim, um Estado livre se tornará uma democracia; uma aristocracia, uma oligarquia; ou o contrário, uma aristocracia pode mudar para uma democracia (pois os pobres, caso sintam-se lesados, podem se aliar diretamente ao lado contrário), e um Estado livre, em uma oligarquia. O único Estado firme é aquele onde todos desfrutam da igualdade que têm direito e possuem plenamente o que é seu.

O que mencionei ocorreu com os turianos; ao serem eleitos magistrados de acordo com um quórum muito alto, este foi alterado para um mais baixo e subdividido em mais tribunais. No entanto, como os nobres possuíam toda a terra, o que era ilegal, o Estado tornou-se excessivamente uma oligarquia, o que lhes deu a oportunidade de invadir grandemente o resto da população; mas, depois de serem bem treinados para a guerra, conseguiram expelir todos que possuíam mais do que deveriam. Além disso, como todas as aristocracias são oligarquias livres, os nobres nelas tendem a ter um poder excessivo, como em Lacedemônia, onde a propriedade está agora nas mãos de poucos, e os nobres têm muita liberdade para agir como quiserem e formar alianças como desejarem. Assim, a cidade dos locrianos foi arruinada devido a uma aliança com Dionísio; esse Estado não era nem uma democracia nem uma aristocracia bem equilibrada.

Uma aristocracia se aproxima principalmente de uma mudança secreta quando é destruída gradualmente, como já dissemos sobre todos os governos em geral; isso acontece porque a causa da alteração é insignificante; sempre que algo que diz respeito ao Estado for tratado com desprezo, algo mais, e com um pouco mais de importância, será mais facilmente alterado, até que toda a estrutura do governo seja totalmente subvertida, como ocorreu no governo de Túrio. Ao ser estabelecida a lei de que deveriam continuar soldados por cinco anos, alguns jovens de disposição marcial, muito respeitados entre seus oficiais, desprezando aqueles que gerenciavam os assuntos públicos e imaginando que poderiam facilmente realizar seu propósito, primeiro tentaram abolir a lei, com a intenção de permitir que a mesma pessoa continuasse perpetuamente no serviço militar, acreditando que o povo os nomearia prontamente. Diante disso, os magistrados chamados conselheiros se reuniram inicialmente com a intenção de se opor, mas foram posteriormente induzidos a concordar, acreditando que, se a lei não fosse revogada, permitiriam que a administração de todos os outros assuntos públicos permanecesse em suas mãos; mas depois, quando tentaram restringir algumas novas alterações que estavam sendo feitas, descobriram que não podiam agir, pois toda a forma de governo havia sido alterada para uma dinastia daqueles que introduziram as inovações. Em resumo, todos os governos estão sujeitos a serem destruídos, seja de dentro para fora ou de fora para dentro; de fora, quando têm como vizinho um Estado cuja política é contrária à sua e, de fato, se tiver grande poder, o equivalente coisa ocorrerá se não for vizinho; tanto os atenienses quanto os lacedemônios são prova disso, pois um, ao conquistar territórios, destruiu as oligarquias; o outro, as democracias. Essas são as principais causas das revoluções e dissensões nos governos.

VIII

Agora, devemos considerar de que depende a preservação dos governos em geral e de cada Estado em particular. Em primeiro lugar, é evidente que, se estivermos certos sobre as causas de sua destruição, também conhecemos os meios de preservação. Afinal, o que é contrário produz o contrário: destruição e preservação são coisas opostas. Em governos bem equilibrados, é necessário ter tanto cuidado quanto possível para que nada seja feito em desacordo com a lei. Isso deve ser especialmente observado em questões de menor importância, pois a ilegalidade que se aproxima de forma imperceptível o faz de maneira secreta, como pequenas despesas contínuas em uma família que consomem a renda de um homem. A compreensão é enganada por este argumento falso: se cada parte é pequena, então o todo é pequeno; isso é verdade em um sentido, mas falso em outro, pois o todo e todas as partes juntas são grandes, embora composto de partes pequenas. Portanto, o primeiro cuidado de um Estado deve ser evitar isso.

Ademais, não se deve dar crédito àqueles que tentam enganar o povo com falsas pretensões; eles serão desmascarados pelos fatos. Os diferentes modos pelos quais tentarão fazer isso já foram mencionados. Muitas vezes, você pode perceber que tanto as aristocracias quanto as oligarquias permanecem firmes não pela estabilidade de suas formas de governo, mas pela conduta sábia dos magistrados, tanto com aqueles que participam da administração pública quanto com os que não participam. Com os que não participam, deve-se evitar causar-lhes dano e também incluir os mais importantes entre eles nos cargos públicos sem desonrar aqueles que buscam honras ou invadir a propriedade dos indivíduos. Com aqueles que participam, deve-se agir com igualdade, pois a igualdade que os defensores da democracia desejam estabelecer no Estado é não apenas justa, mas também conveniente entre pessoas do mesmo nível. Por isso, se a administração está nas mãos de muitos, regras estabelecidas em democracias, como limitar o tempo de mandato a seis meses, serão muito úteis para que todos do mesmo nível possam ter sua vez, já que entre eles há uma espécie de democracia. Por isso, demagogos tendem a surgir entre eles, como já mencionamos; além disso, dessa forma, tanto aristocracias quanto democracias serão menos propensas a se corromperem em dinastias, porque não será fácil para aqueles que são magistrados por pouco tempo causar tanto dano quanto poderiam em um longo período. As tiranias surgem em democracias e oligarquias quando os mais poderosos estabelecem uma tirania; como os demagogos, em uma, e as dinastias, na outra; ou os magistrados principais que estiveram muito tempo no poder.

Os governos, às vezes, são preservados não apenas mantendo os meios de corrupção longe, mas quando estão muito próximos. Aqueles alertados sobre um mal iminente mantêm um controle mais rígido acerca do Estado. Por isso, é necessário que os guardiões da constituição sejam capazes de despertar medos do povo para preservá-la, e não agir como um vigia noturno relaxado na proteção do Estado, mas fazer com que o perigo distante pareça iminente. Deve-se também ter grande cuidado para tentar restringir as brigas e disputas entre os nobres por leis, bem como evitar que aqueles que ainda não estão envolvidos se juntem a elas. Perceber um mal em sua primeira abordagem não é a capacidade de todos, mas do político.

Para evitar que ocorram alterações em uma oligarquia ou Estado livre devido ao quórum, se este se mantiver enquanto a quantidade de dinheiro aumenta, será útil fazer um levantamento geral do montante total de dinheiro de tempos anteriores e compará-lo com o atual, realizando isso anualmente nas cidades onde o censo é anual, e em comunidades maiores uma vez a cada três ou cinco anos. Se o total for encontrado muito maior ou menor do que era na época em que o censo foi estabelecido pela primeira vez no Estado, deve haver uma lei para expandir ou reduzir o quórum, ajustando-o ao aumento ou à diminuição; caso aumente, o quórum deve ser aumentado; caso diminua, reduzido. Se isso não for feito em oligarquias e Estados livres, surgirá uma dinastia em um, uma oligarquia no outro; se o contrário não for feito, os Estados livres se transformarão em democracias, e as oligarquias, em Estados livres ou democracias.

Uma máxima geral em democracias, oligarquias, monarquias e, decerto, em todos os governos é não permitir que alguém adquira uma posição muito superior ao restante da comunidade, mas conferir honras moderadas por um período prolongado em vez de grandes honras por um curto período, pois estas corrompem as pessoas, já que nem todos conseguem suportar a prosperidade. Se essa regra não for observada, que as honras conferidas de uma só vez não sejam retiradas de uma só vez, mas gradualmente. Acima de tudo, deve haver uma regra legal que proíba qualquer pessoa de ter poder excessivo, seja por meio de sua fortuna ou de seus amigos; caso contrário, para excessos cometidos, deve-se planejar que a pessoa deixe o país.

Como muitas pessoas promovem inovações para desfrutar de seu próprio modo de vida, deve haver um oficial específico para inspecionar os costumes de cada um e garantir que não sejam contrários ao caráter do Estado em que vivem, seja uma oligarquia, uma democracia ou qualquer outra forma de governo. Por razão semelhante, deve-se proteger aqueles que têm maior prosperidade na cidade, nomeando outras pessoas para os negócios e cargos do Estado. Ou seja, opor homens de destaque ao povo comum, os pobres aos ricos, e misturar esses grupos em um único corpo, aumentando o número de pessoas na faixa intermediária; isso evitará as sedições que surgem da desigualdade de condições.

Mas, acima de tudo, em cada Estado, é necessário, tanto por leis quanto por outros métodos possíveis, prevenir que aqueles empregados pelo público se tornem venais, especialmente em uma oligarquia. Isso porque o povo ficará mais descontente ao ver-se excluído do governo (e ficará contente por ter tempo para seus próprios assuntos) do que ao suspeitar que os oficiais do Estado estão roubando o dinheiro público, o que os aflige com duplo sofrimento: privação das honras do Estado e pilhagem pelos que as desfrutam.

Há um método para combinar uma democracia e uma aristocracia se o cargo não trouxer lucro; dessa forma, tanto os ricos quanto os pobres obterão o que desejam. Admitir todos na administração é democrático; que só os ricos estejam no cargo é aristocrático. Isso deve ser feito impedindo que qualquer emprego público traga qualquer tipo de benefício, pois os pobres não desejarão cargos sem remuneração, preferindo cuidar de seus próprios interesses, enquanto os ricos escolherão cargos, já que não precisam da comunidade. Assim, os pobres aumentarão suas fortunas ao se dedicarem totalmente aos seus próprios assuntos, e a principal parte da população não será governada pela camada mais baixa. Para evitar a fraude no tesouro, todo dinheiro público deve ser distribuído abertamente à vista da cidade inteira, e cópias das contas devem ser depositadas nas diferentes regiões, tribos e divisões. Mas, como os magistrados devem executar seus cargos sem vantagens, a lei deve prever honras adequadas para aqueles que os desempenham bem. Em democracias, também é necessário proteger os ricos, não permitindo a divisão de suas terras ou mesmo de seus produtos, o que em alguns Estados ocorre de maneira imperceptível. Seria melhor se o povo evitasse quando oferecerem uma série de entretenimentos públicos desnecessários e caros, como peças, música, procissões e semelhantes. Em uma oligarquia, é necessário cuidar bem dos pobres, oferecendo-lhes empregos públicos lucrativos; e, se algum rico os insultar, sua punição deve ser mais severa do que se insultasse alguém de sua própria classe; que as propriedades sejam transmitidas por afinidade, e não por doação; e que ninguém possua mais de uma propriedade, pois isso permitirá uma divisão mais equitativa da propriedade e melhorará as circunstâncias da maioria dos pobres. Também é útil em uma democracia e uma oligarquia conceder aos que não participam dos assuntos públicos igualdade ou preferência em outras áreas; os ricos em uma democracia, os pobres em uma oligarquia. No entanto, todos os principais cargos do Estado devem ser preenchidos apenas pelos mais qualificados para desempenhá-los.

IX

Existem três qualidades necessárias para quem ocupa os cargos mais importantes em um governo: em primeiro lugar, o apego à constituição estabelecida; em segundo, habilidades completamente adequadas ao cargo; e, em terceiro, virtude e justiça que correspondam à natureza do Estado em que se encontram. Como a justiça pode variar entre os Estados, é claro que devem existir diferentes formas de justiça. Pode surgir uma dúvida quando essas qualidades não estão todas em uma mesma pessoa: como deve ser feita a escolha? Por exemplo, se uma pessoa é um general competente, mas um mau-caráter e não é amigo da constituição, enquanto outra é justa e amiga dela, qual deve ser escolhida?

Devemos então considerar quais qualidades são mais comuns e quais são mais raras. Assim, ao escolher um general, devemos valorizar mais a coragem, que é uma qualidade mais rara, do que a virtude, pois há menos pessoas capazes de comandar um Exército do que de ser boas pessoas. Já para proteger o Estado ou gerenciar as finanças, o contrário deve ser feito: é necessário mais virtude do que a maioria possui, mas apenas o conhecimento comum a todos.

É possível se perguntar se um homem tem habilidades adequadas e afeições à constituição, qual seria a necessidade de virtude, já que essas duas qualidades seriam suficientes para que ele fosse útil ao público? A razão é que aqueles que possuem tais qualidades muitas vezes carecem de prudência; assim, como negligenciam seus próprios assuntos, mesmo conhecendo-os e amando-se, nada impedirá que ajam de maneira similar no serviço público. Em resumo, tudo o que as leis estabelecem como útil para o Estado contribui para sua preservação. Mas o principal apoio é (como já foi frequentemente enfatizado) ter um número maior de pessoas que desejam preservá-lo do que daqueles que desejam destruí-lo.

Acima de tudo, não devemos nos esquecer do que muitos governos corruptos atualmente negligenciam: manter um equilíbrio. Muitas coisas que parecem favoráveis a uma democracia podem destruí-la, e muitas que parecem favoráveis a uma oligarquia podem destruí-la. Aqueles que acreditam que o equilíbrio é a única virtude tendem a exagerar, sem perceber, que, assim como um nariz que se desvia um pouco da perfeição, seja para um formato mais curvo ou mais achatado, ainda pode ser bonito e agradável de se ver; mas, se essa particularidade é exagerada, primeiro as propriedades da parte são perdidas e, finalmente, é difícil até mesmo considerar aquilo como um nariz. O equivalente ocorre com outras partes do corpo humano e, de forma semelhante, com os Estados. Tanto uma oligarquia quanto uma democracia podem variar um pouco de sua forma mais perfeita e ainda assim serem bem constituídas; mas, se alguém tentar expandir demais qualquer uma delas, inicialmente piorará o governo e, no final, não restará governo algum. Portanto, o legislador e o político devem entender bem o que preserva e o que destrói uma democracia ou uma oligarquia, pois nenhuma das duas pode continuar sem ricos e pobres. Quando prevalece uma igualdade total de circunstâncias, o Estado inevitavelmente assume outra forma; assim, aqueles que destroem leis que autorizam a desigualdade de propriedade estão destruindo o governo.

Também é um erro nas democracias quando os demagogos tentam tornar o povo comum superior às leis, criando uma divisão entre ricos e pobres; em vez disso, deveriam falar a favor dos ricos. Nas oligarquias, por outro lado, é errado apoiar os que estão na administração contra o povo. Os juramentos feitos em uma oligarquia também deveriam ser contrários aos atuais, que, em alguns lugares, juram: "Serei adverso ao povo e farei tudo o que puder contra ele"; deveriam estes, ao contrário, afirmar que não prejudicarão o povo.

Mas, acima de tudo, o que mais contribui para preservar o Estado é algo atualmente mais desprezado: educar seus filhos para o Estado. As leis mais úteis e mais aprovadas por qualquer estadista não servirão de nada se os cidadãos não forem acostumados e educados nos princípios da constituição, seja de uma democracia, se for esse o caso, ou de uma oligarquia. Pois, se há maus costumes em um homem, há na cidade. Para educar uma criança adequada ao Estado, isso não deve ser feito de maneira que agrade aos que têm poder em uma oligarquia ou aos que desejam uma democracia, mas de forma que ela possa conduzir qualquer uma dessas formas de governo. Atualmente, os filhos dos magistrados em uma oligarquia são educados de maneira muito delicada, e os filhos dos pobres são endurecidos com exercícios e trabalho; assim, ambos acabam desejando e conseguindo promover inovações.

Nas democracias mais puras, seguem um método que é contrário ao seu bem-estar; a razão é que definem a liberdade incorretamente. Há duas coisas que parecem ser os objetivos de uma democracia: que o povo em geral possua o poder supremo e que todos desfrutem de liberdade. A justiça parece ser igual, e o que o povo considera igual é a lei: a liberdade e igualdade deles consistem em fazer o que bem entenderem, ou seja, viver como quiserem. Mas isso está errado: ninguém deve pensar que é escravidão viver sob um governo, mas uma proteção. Assim, mencionei as causas de corrupção em diferentes Estados e os meios de sua preservação.

X

Agora, resta falarmos sobre as monarquias, suas causas de corrupção e seus meios de preservação. De fato, quase as mesmas coisas que foram ditas sobre outros governos se aplicam aos reinos e tiranias; um reino se assemelha a uma aristocracia e uma tirania, à pior espécie de oligarquia e democracia. Por essa razão, é o pior a que um homem pode se submeter, pois é composto por dois tipos de governo, ambos ruins, e retém coletivamente todas as corrupções e defeitos desses dois Estados. As duas espécies de monarquias surgem de princípios opostos: um reino é formado para proteger as melhores pessoas contra a multidão, e os reis são escolhidos entre aqueles que se destacam por sua virtude superior e ações provenientes de princípios virtuosos, ou por sua nobre descendência; já um tirano é escolhido entre a população mais baixa, um inimigo das melhores pessoas, para que o povo comum não seja oprimido por elas. A experiência nos convence de que isso é verdade, pois a maioria dos tiranos era, de fato, mera demagoga e que ganhou a confiança do povo ao oprimir os nobres. Algumas tiranias foram estabelecidas dessa maneira depois que as cidades foram consideravelmente ampliadas; outras, antes disso, por reis que ultrapassaram o poder permitido por seu país, movidos pelo desejo de governar de forma despótica. Outras foram fundadas por aqueles que foram eleitos para os cargos superiores no Estado; antigamente, o povo nomeava oficiais para a vida toda, os quais se tornavam responsáveis por assuntos civis e religiosos, e esses escolhiam um dentre eles para deter o poder supremo sobre todos os magistrados.

Devido a tais meios, era fácil estabelecer uma tirania, se assim o desejassem, já que seu poder estava à disposição, seja como reis ou desfrutando das honras do Estado. Assim, Pídon em Argos e outros tiranos inicialmente gozaram do poder real; Fálaris e outros na Jônia, das honras do Estado. Pânseio em Leôncio, Cipselo em Corinto, Pisístrato em Atenas, Dionísio em Siracusa e outros adquiriram o poder ao serem demagogos. Um reino, como já dissemos, tem muito da natureza de uma aristocracia e é concedido conforme o mérito, seja virtude, família, ações benéficas ou uma combinação desses com o poder, pois aqueles que foram benfeitores das cidades e dos Estados, ou que têm o poder de serem assim, receberam essa honra; e aqueles que impediram um povo de cair na escravidão por meio da guerra, como Codro, ou seus libertadores, como Ciro; ou ainda os fundadores de cidades e colonizadores, como os reis de Esparta, Macedônia e Molossus. Um rei deseja ser o guardião de seu povo, garantindo que aqueles que tenham propriedades possam mantê-las em segurança e que o povo em geral não sofra danos; mas um tirano, como muitas vezes foi dito, não tem consideração pelo bem comum, exceto para seu próprio benefício. Seu único objetivo é o prazer, enquanto o de um rei é a virtude. O que um tirano busca acumular é riqueza, enquanto um rei busca honra. Além disso, os guardas de um rei são cidadãos, enquanto os de um tirano são estrangeiros.

É evidente que uma tirania contém todos os aspectos negativos tanto de uma democracia quanto de uma oligarquia; com esta, visa ao lucro como o único meio de proporcionar ao tirano guarda e luxos; assim como não confia no povo e, portanto, priva-o do uso de armas. Também é comum a ambas a perseguição ao povo, expulsando-os da cidade e de suas habitações. Com uma democracia, a tirania briga com os nobres, destruindo-os de modo tanto público quanto privado, ou expulsando-os, pois os vê como rivais e um obstáculo ao governo. Daí surgem conspirações entre aqueles que desejam governar e aqueles que não querem ser escravos; assim surgiu o Conselho de Periandro a Tirante para cortar os caules mais altos, insinuando que era necessário eliminar os cidadãos eminentes. Devemos, então, razoavelmente, considerar que as mudanças que ocorrem em uma monarquia têm as mesmas causas que produzem mudanças em outros Estados: por injustiça recebida, medo e desprezo, muitos daqueles que estão sob um governo monárquico conspiram contra ele. Contudo, de todas as formas de injustiça, o desprezo prejudicial tem mais influência nesse sentido; às vezes, devido ao fato de serem privados de suas fortunas pessoais. A dissolução de um reino e uma tirania geralmente é igual, pois os monarcas abundam em riqueza e honra, o que todos desejam obter. Sobre conspirações, algumas visam à vida dos governantes; outras, ao governo deles. A primeira resulta do ódio às suas pessoas; esse ódio pode ter várias causas, qualquer uma das quais será suficiente para provocar sua raiva, e a maioria daqueles que são influenciados por essa paixão se une a uma conspiração não para seu próprio avanço, mas para vingança. Assim, a conspiração contra os filhos de Pisístrato surgiu do mau tratamento que deram à irmã de Harmódio e ao insulto dirigido a ele, pois Harmódio ficou ressentido com o agravo feito à sua irmã, e Aristógiton, com o agravo feito a Harmódio. O tirano Periandro de Ambrácia também perdeu a vida por uma conspiração devido a liberdades impróprias que tomou com um rapaz quando estava bêbado; e Filipe foi assassinado por Pausânias por negligenciar vingar-se do insulto que recebeu de Atalantes; assim como Amintas, o Pequeno, por Dardes, por insultá-lo devido à sua idade; e o eunuco por Evágoras de Chipre, em vingança por ter levado a esposa de seu filho embora...

Muitos que foram açoitados também mataram os responsáveis ou conspiraram contra eles, mesmo quando possuíam poder real, como Mégacles, em Mitilene, que, juntando-se com seus amigos, matou os pentálidas que costumavam bater nas pessoas com bastões. Assim, em tempos mais recentes, Esmérides matou Pentilo por tê-lo espancado e arrastado para longe de sua esposa. Decânico também foi a principal causa da conspiração contra Arquelau, pois instigou outros; a causa de seu ressentimento foi o fato de ter entregado Arquelau a Eurípides, o poeta, para ser açoitado, pois Eurípides ficou muito ofendido com ele por ter dito algo sobre o mau hálito de Arquelau. E muitos outros foram mortos ou conspiraram contra eles pelo mesmo motivo.

O medo também é uma causa que produz os efeitos semelhantes tanto nas monarquias quanto em outros Estados; assim, Artábanes conspirou contra Xerxes por medo da punição por ter enforcado Dário, conforme suas ordens, a quem supunha que ele pretendia perdoar, já que a ordem foi dada na hora do jantar. Alguns reis também foram destronados e mortos em consequência do desprezo em que eram mantidos pelo povo: como alguém conspirou contra Sardanapalo ao vê-lo fiar com sua esposa, se o que é dito sobre ele for verdade ou, se não for verdade sobre ele, pode ser verdade sobre outra pessoa. Díon também conspirou contra Dionísio, o Jovem, ao ver que seus súditos desejavam uma conspiração e que ele estava sempre bêbado; e até os amigos de uma pessoa farão isso se a desprezarem, pois, com a confiança que deposita neles, acreditam que não serão descobertos. Aqueles que acreditam que podem ganhar seu trono também conspirarão contra um rei por desprezo, já que, sendo poderosos e desprezando o perigo devido à sua própria força, tentarão isso prontamente. Assim, um general à frente de seu Exército tentará destronar o monarca, como Ciro fez com Astíages, desprezando tanto seu modo de vida quanto suas forças; suas forças pela falta de ação, sua vida pela efemeridade. Assim, Seutes, o Traciano, que era general de Amádoco, conspirou contra ele.

Às vezes, mais de uma dessas causas pode levar os homens a conspirar, como o desprezo e o desejo de lucro; é o caso de Mitrídates contra Ariobarzanes. Aqueles que têm uma disposição audaciosa e ganharam honras militares entre os reis são os mais propensos a se envolver em sedições, pois força e coragem unidas inspiram grande bravura. Sempre que, portanto, essas qualidades se juntam em uma pessoa, esta estará muito pronta para conspirações, pois facilmente vencerá. Aqueles que conspiram contra um tirano por amor à glória e honra têm um motivo diferente do que já mencionei, considerando que, como todos os outros que abraçam o perigo, eles têm apenas a glória e a honra em vista, e não, como alguns, a riqueza e o luxo que podem adquirir. Envolvem-se nisso como em qualquer outra ação nobre para serem ilustres e distintos e destruir um tirano não para sucedê-lo em sua tirania, mas para adquirir renome. Sem dúvida, o número daqueles que agem com esse princípio é pequeno, pois devemos supor que consideram sua própria segurança como nada se não tiverem sucesso e devem adotar a opinião de Díon (o que poucos podem fazer) quando fez guerra contra Dionísio com um número muito reduzido de tropas; ele disse que, por menor que fosse o benefício que obtivesse, ficaria satisfeito por tê-lo conquistado; e que, se sua sorte fosse morrer no momento em que tivesse pisado em seu país, ele acharia sua morte suficientemente gloriosa.

Uma tirania também está exposta à mesma destruição que todos os outros Estados, por vizinhos muito poderosos, pois é evidente que uma oposição de princípios os fará desejar subvertê-la; e o que desejam, todos que podem fazem. Há um princípio de oposição em um Estado contra outro, como uma democracia contra uma tirania, como diz Hesíodo, "um oleiro contra um oleiro"[1]; o extremo de uma democracia é uma tirania; o poder real o é contra uma aristocracia, devido às suas diferentes formas de governo – por isso os espartanos destruíram muitas tiranias, assim como fizeram os siracusanos durante a prosperidade de seu Estado. Não são apenas destruídos de fora, mas também de dentro, quando aqueles que não têm parte no poder provocam uma revolução, como aconteceu com Gelão e, recentemente, com Dionísio; o primeiro, por meio de Trasíbulo, irmão de Hierão, que lisonjeou o filho de Gelão e o induziu a viver uma vida de prazer, para que ele mesmo pudesse governar. A família se uniu e tentou apoiar a tirania e expulsar Trasíbulo, mas aqueles que se aliaram a ela aproveitaram a oportunidade e a expulsaram. Dion fez guerra contra seu parente Dionísio, e sendo assistido pelo povo, primeiro o expulsou e depois o matou. Como há duas causas que induzem principalmente os homens a conspirar contra tiranos – ódio e desprezo – um desses, o ódio, parece inseparável deles. O desprezo também é frequentemente a causa de sua destruição, pois, embora, por exemplo, aqueles que se elevaram ao poder supremo geralmente o preservem, aqueles que o recebem, para dizer a verdade quase todos, perdem-no imediatamente. Tende isso como resultado de, caindo em uma maneira de vida efeminada, logo se tornam desprezíveis e, geralmente, caem vítimas de conspirações. Parte de seu ódio pode ser adequadamente atribuída à raiva, pois, em alguns casos, essa é a motivação para a ação. Por vezes, é uma causa que impulsiona a agir mais poderosamente do que o ódio, e eles procedem com maior obstinação contra os que atacam, uma vez que essa paixão não está sob a direção da razão. Muitas pessoas

---

1 Hesíodo, *Os Trabalhos e os Dias*, XXV.

também alimentam a paixão por desprezo, o que ocasionou a queda dos pisístridas e de vários outros. Mas o ódio é mais poderoso que a raiva, pois esta é acompanhada de tristeza, que impede a entrada da razão; mas o ódio está livre dela. Em resumo, quaisquer que sejam as causas atribuídas à destruição de uma oligarquia pura sem mistura de qualquer outro governo e a uma democracia extrema, o equivalente pode ser aplicado a uma tirania, pois essas são tiranias divididas.

Reinos raramente são destruídos por um ataque externo; por isso, geralmente são muito estáveis. Mas são alvo de muitas causas de subversão internas, das quais duas são principais: uma é quando aqueles que estão no poder provocam uma sedição, a outra é quando tentam estabelecer uma tirania assumindo mais poder do que a lei lhes confere. Um reino, de fato, não é o que vemos atualmente erguido, mas sim monarquias e tiranias, pois um governo real é o que se submete voluntariamente e seu poder supremo é admitido em grandes ocasiões. Porém, nos casos que há muitos iguais e ninguém em algum aspecto tão superior ao outro a ponto de ser qualificado para a grandeza e dignidade do governo sobre eles, tais iguais não se submeterão voluntariamente a ser comandados. Caso alguém assuma o governo, seja por força ou fraude, isso é uma tirania. Ao que já dissemos, acrescentaremos as causas das revoluções em um reino hereditário. Uma delas é que muitos daqueles que o desfrutam são naturalmente objetos de desprezo; outra é que são insolentes enquanto seu poder não é despótico, mas possuem apenas honras reais. Tal Estado é destruído rapidamente, pois um rei existe enquanto o povo está disposto a obedecer, já que sua submissão é voluntária, mas a de um tirano é involuntária. Essas e outras semelhantes são as causas da destruição das monarquias.

XI

As monarquias, em resumo, são mantidas de maneiras opostas às que mencionei como causas de sua destruição. Mas, para falar de cada uma separadamente: a estabilidade de um reino depende de manter o poder do rei dentro de limites moderados; quanto menor for seu poder, mais tempo seu governo durará, pois ele será menos despótico e estará mais próximo em condição daqueles que governa, o que fará com que o invejem menos. Foi por essa razão que o reino dos molossos durou tanto tempo; e os lacedemônios, cujo governo foi dividido em duas partes desde o início, também se beneficiaram da moderação introduzida por Teopompo, que estabeleceu os éforos. Ao reduzir um pouco o poder, aumentou a duração do reino, de modo que, de certa forma, não o tornou menor, mas maior – como dizem que ele respondeu à sua esposa, que lhe perguntou se ele não tinha vergonha de deixar para seus filhos um reino menor do que o que recebeu de seus antepassados. Não, disse ele, eu o deixo mais duradouro.

As tiranias são preservadas de duas maneiras opostas: uma delas é quando o poder é delegado de uma pessoa para outra, e dessa forma muitos tiranos governam em seus Estados. Diz-se que Periandro fundou vários desses. Existem também exemplos entre os persas. O que já foi mencionado é tão eficaz quanto qualquer coisa para preservar uma tirania: manter sob controle aqueles que têm disposição ambiciosa, eliminar os que não se submetem, não permitir refeições públicas, clubes, educação, nada disso, e impedir tudo o que estimule altos espíritos ou confiança mútua; nem permitir que reuniões de estudiosos para que não conversem entre si; tentar, de todas as maneiras possíveis, manter o povo isolado uns dos outros, pois o conhecimento aumenta a confiança mútua; e obrigar todos os estrangeiros a aparecerem em público e a viverem perto dos portões da cidade, para que todas as suas ações sejam suficientemente vistas, pois aqueles que são mantidos como escravos raramente têm pensamentos nobres. Em suma, imitar tudo o que os persas e bárbaros fazem, já que tudo isso contribui para sustentar a escravidão; e tentar saber o que todos aqueles que estão sob seu poder fazem e dizem; para esse fim, empregar espiões: como as mulheres que os siracusanos chamavam de *potagôgides*. Hierão também costumava enviar ouvintes para qualquer lugar onde houvesse reuniões ou conversas, pois as pessoas não se atrevem a falar com liberdade por medo deles; e, se alguém o fizer, há menos chance de que isso permaneça oculto; e tentar que toda a comunidade se acuse e entre em conflito, amigo contra amigo, o povo comum contra os nobres, e os ricos entre si.

Também é vantajoso para uma tirania que todos aqueles que estão sob seu poder sejam oprimidos pela pobreza, para que não possam formar uma guarda; e, estando ocupados em conseguir seu sustento diário, não tenham tempo para conspirar contra seus tiranos. As Pirâmides do Egito são prova disso, assim como os edifícios votivos dos cipsélidas, o templo de Zeus Olímpico, construído pelos pisistrátidas, e as obras de Polícrates em Samos; todos esses projetos tinham um objetivo: manter o povo pobre. Também é necessário multiplicar impostos, como em Siracusa, onde Dionísio, em cinco anos, acumulou toda a propriedade privada de seus súditos em seus próprios cofres.

Um tirano também deve se esforçar para envolver seus súditos em uma guerra, para que estejam ocupados e dependam continuamente de seu líder. Um rei é preservado por seus amigos, mas um tirano é a pessoa que menos pode confiar em amigos, pois todos desejam e, principalmente, têm o poder de destruí-lo. Todas essas práticas que ocorrem em uma democracia extrema também devem ser adotadas em uma tirania, como permitir grande libertinagem às mulheres dentro de casa, para que possam revelar os segredos de seus maridos, e mostrar grande indulgência aos escravos pelo mesmo motivo, pois escravos e mulheres não conspiram contra tiranos: quando tratados com bondade, ambos se tornam aliados dos tiranos e das democracias extremas; e o povo, em um Estado assim, também deseja ser despótico. Por essa razão, os aduladores são valorizados em ambos os sistemas: o demagogo na democracia, pois ele é o adulado ideal do povo; entre os tiranos, aquele que se adapta servilmente aos caprichos deles; esse é o papel dos aduladores. E por isso os tiranos sempre preferem os piores indivíduos, porque se alegram em ser adulados, o que ninguém de espírito nobre aceitaria, pois esses amam os virtuosos, mas não bajulam ninguém. Homens maus também são adequados para fins maus; "os semelhantes se atraem", como diz o ditado. Um tirano também não deve mostrar favor a um homem de valor ou a um homem livre; ele deve pensar que ninguém merece ser visto assim além dele próprio, pois quem defende a dignidade e é amigo da liberdade ameaça a superioridade e o despotismo do tirano. Tais homens, portanto, são naturalmente odiados por serem destrutivos ao seu governo. Um tirano também deve preferir receber estrangeiros à sua mesa e em sua intimidade em vez de cidadãos, pois estes são seus inimigos, enquanto os outros não têm intenções contra ele. Essas e outras práticas semelhantes são o que sustentam uma tirania, pois ela abrange tudo o que é perverso.

Mas todas essas coisas podem ser compreendidas em três divisões, pois há três objetivos que uma tirania busca. O primeiro é que os cidadãos tenham disposições pobres e subservientes, pois pessoas assim nunca se propõem a conspirar contra alguém. O segundo é que eles não tenham confiança uns nos outros; enquanto essa confiança não existir, o tirano está seguro contra a destruição. Por essa razão, os tiranos estão sempre em conflito com aqueles que têm mérito, já que são prejudiciais ao governo não apenas porque desprezam ser governados de forma despótica, mas por poderem confiar uns nos outros, e os outros podem confiar neles, e porque não delatarão seus companheiros nem outro alguém. O terceiro objetivo é que os cidadãos fiquem totalmente sem meios de fazer qualquer coisa, pois ninguém tenta realizar o impossível: sem poder, uma tirania nunca pode ser destruída. Esses são, portanto, os três objetivos que os tiranos desejam alcançar; todos os seus planos tirânicos visam promover um destes três fins: que o povo não tenha confiança mútua, poder ou espírito.

Esse, então, é um dos dois métodos para preservar as tiranias; o outro segue um caminho completamente oposto ao que já foi descrito e pode ser compreendido ao se considerar o que causa a destruição de um reino. Como uma das causas disso é fazer o governo se aproximar de uma tirania, a segurança de uma tirania consiste em fazer o governo se aproximar de uma monarquia, preservando apenas uma coisa: o poder, de modo que tanto os dispostos quanto os relutantes sejam obrigados a se submeter, pois, se isso for perdido, a tirania chega ao fim. Tal aspecto, então, deve ser preservado como fundamento; em outros, aja cuidadosamente e finja ser um rei; primeiro, demonstre prestar grande atenção ao que pertence ao público; evite fazer presentes tão generosos que ofendam o povo, que se vê obrigado a trabalhar arduamente para fornecer o dinheiro que é dado em profusão a amantes, estrangeiros e músicos; mantenha um registro preciso tanto do que você recebe quanto do que gasta, prática que alguns tiranos realmente seguem e que os faz parecer mais pais de família do que tiranos. E nunca tema a falta de dinheiro enquanto você tiver o poder supremo do Estado em suas mãos. Também é muito melhor para os tiranos que deixam seu reino fazer isso do que deixar para trás o dinheiro que acumularam, pois os regentes terão muito menos desejo de fazer inovações e são mais temidos pelos tiranos ausentes do que pelos cidadãos. Aqueles de quem suspeita, ele leva consigo, mas esses regentes devem ser deixados para trás. Ele também deve se esforçar para aparentar estar coletando impostos e exigindo serviços conforme as necessidades do Estado, para que, sempre que forem necessários, estejam prontos em tempos de guerra; e, principalmente, cuidar para que pareça que os coleta e guarda não como sua propriedade, mas como do público. Sua aparência também não deve ser severa, mas respeitável, de modo a inspirar veneração, e não medo, naqueles que se aproximam; mas isso não será facilmente alcançado se ele for desprezado. Caso, portanto, não queira se esforçar para adquirir outra qualidade, deve se empenhar em ser um homem com habilidades políticas e fixar essa opinião de si mesmo no julgamento de seus súditos. Ele também deve ter cuidado para não parecer culpado do menor delito contra a modéstia, nem permitir isso naqueles sob seu comando; nem permitir, ainda, que as mulheres de sua família tratem os outros com arrogância, pois a arrogância das mulheres foi a ruína de muitos tiranos.

Com relação aos prazeres sensoriais, deve fazer exatamente o oposto do que alguns tiranos fazem atualmente, pois não apenas se entregam continuamente a eles por muitos dias, mas também parecem desejar ter testemunhas disso para que se maravilhem com sua felicidade. Ele deve, na verdade, ser moderado nos prazeres e, se não for, ao menos parecer evitá-los diante dos outros, pois não é o homem sóbrio que está exposto a conspirações ou ao desprezo, mas sim o bêbado; não o que se levanta cedo, mas o preguiçoso. Sua conduta, em geral, deve ser contrária à que é relatada sobre tiranos antigos; ele deve melhorar e embelezar sua cidade, de modo a parecer um guardião, e não um tirano; e, além disso, deve parecer sempre particularmente atento ao culto dos deuses, já que, de pessoas com tal caráter, os homens têm menos medo de sofrer algo ilegal, supondo que quem os governa seja religioso e respeite os deuses. E estarão menos inclinados a levantar insinuações contra alguém assim, por acreditarem que ele está sob a proteção divina; mas isso deve ser feito de forma que não dê margem a suspeitas de hipocrisia.

Ainda deve tomar cuidado para demonstrar respeito aos homens de mérito em todos os aspectos, de modo que não pensem que poderiam ser tratados com maior distinção por seus concidadãos em um Estado livre. Ele deve fazer com que todas as honras venham diretamente de si, mas toda censura, de seus subordinados e juízes. É também uma proteção comum a todas as monarquias não fazer com que uma pessoa se torne grande demais ou, certamente, não permitir que muitos o façam, pois eles se apoiariam mutuamente. Mas, se for necessário confiar grandes poderes a uma pessoa, deve-se cuidar para que não seja alguém de espírito ardente, pois essa disposição é sempre a mais propensa a uma revolução. E, se parecer necessário privar alguém de seu poder, que isso seja feito gradualmente, e não de uma só vez. Também é necessário abster-se de todo tipo de insolência; em particular, de punições corporais, sendo extremamente cauteloso para nunca aplicá-las àqueles que têm um senso apurado de honra, uma vez que, assim como aqueles que amam o dinheiro são profundamente afetados quando algo toca suas propriedades, os homens de honra e princípios recebem alguma desonra. Portanto, ou nunca aplique punição pessoal ou, se o fizer, que seja apenas da maneira como um pai corrigiria seu filho, sem desprezo; e, no geral, compense qualquer aparente desonra concedendo maiores honrarias.

Mas, de todas as pessoas que provavelmente nutrem planos contra a vida de um tirano, deve-se temer e vigiar principalmente aquelas que não se importam em perder a própria vida, contanto que possam alcançar seu objetivo; tenha muito cuidado, portanto, com aqueles que se consideram ofendidos ou com os que lhes são queridos, pois quem é movido pela raiva à vingança não se importa com sua própria segurança. Como diz Heráclito, é perigoso lutar com um homem irado que está disposto a pagar com sua vida para obter o que deseja. Como todas as cidades são compostas por dois tipos de pessoas, os ricos e os pobres, é necessário que ambos encontrem proteção igual em quem os governa, e que uma parte não tenha poder para prejudicar a outra. O tirano deve, então, se aliar à parte mais poderosa, pois, se fizer isso, não precisará nem libertar seus escravos nem desarmar os cidadãos; a força de qualquer uma das partes, somada às suas próprias forças, torná-lo-á superior a qualquer conspiração.

Seria desnecessário abordar todos os detalhes, pois a regra de conduta que o tirano deve seguir é bastante evidente: ele deve se esforçar para parecer não um tirano, mas um rei; o guardião daqueles que governa, e não seu saqueador, seu protetor; e adotar uma posição intermediária na vida, não uma superior a todas as outras. Ele deve, portanto, associar seus nobres a si e apaziguar seu povo, porque seu governo será necessariamente mais honrado e digno de imitação, governando homens de valor, e não miseráveis que o odeiam e temem continuamente; além disso, será mais durável. Que ele molde sua vida de tal forma que seus costumes sejam coerentes com a virtude, ou ao menos que metade deles seja, para que ele não seja completamente perverso, senão apenas em parte.

XII

Decerto, uma oligarquia e uma tirania são, de todos os governos, os de menor duração. A tirania de Ortágoras e sua família em Sicião, é verdade, durou mais do que qualquer outra: a razão para isso foi que eles usaram seu poder com moderação e, em muitos aspectos, foram obedientes às leis; e, como Clístenes era um general habilidoso, ele nunca caiu em desgraça e se preocupou para que, em muitos aspectos, seu governo fosse popular. Há relatos de que ele teria presenteado com uma coroa uma pessoa que concedeu a vitória a outra; e alguns dizem que é a estátua desse juiz que está colocada no fórum. Dizem também que Pisístrato se submeteu a ser convocado para o tribunal dos Areopagitas.

O segundo exemplo que mencionaremos é a tirania dos cipsélidas, em Corinto, que durou 77 anos e seis meses, pois Cípselo foi tirano por trinta anos, Periandro por 44, e Psamético, filho de Górgias, por três anos; a razão para isso foi que Cípselo era um homem popular e governava sem guardas. Periandro, de fato, governou como um tirano, mas era um general habilidoso. O terceiro exemplo é a tirania dos pisistrátidas em Atenas; mas não foi contínua, pois Pisístrato foi expulso duas vezes, de modo que, dos 33 anos, ele esteve no poder apenas quinze, e seu filho, dezoito; portanto, o tempo total foi de 33 anos. Dos demais, mencionaremos a de Hierão e Gelo em Siracusa, que também não durou muito, pois ambos os reinados somaram apenas dezoito anos; Gelo morreu no oitavo ano de sua tirania e Hierão, no décimo. Trasíbulo caiu em seu 11º mês, e muitas outras tiranias duraram bem pouco tempo. Agora, percorremos os casos gerais de corrupção e os meios de preservação tanto em Estados livres quanto em monarquias.

Em *A República*, de Platão, Sócrates é introduzido tratando das mudanças a que diferentes governos estão sujeitos; mas seu discurso é falho, pois ele menciona particularmente a quais mudanças os melhores e primeiros governos estão sujeitos; ele apenas atribui a causa geral de que nada é imutável e que, com o tempo, tudo mudará. Concebe que a natureza então produzirá homens maus, que não se submeterão à educação, e nisso, provavelmente, ele não está errado, pois é certo que é impossível tornar algumas pessoas boas por meio de qualquer educação. Mas por que essa mudança seria mais peculiar ao que ele chama de governo melhor estruturado do que a todas as outras formas e, de fato, a todas as outras coisas que existem? Em relação ao tempo que ele atribui como causa da alteração de tudo, observamos que as coisas que não começaram a existir ao mesmo tempo não deixam de existir em tempo igual; assim, se algo começou a existir no dia anterior ao solstício, deve alterar-se ao mesmo tempo. Além disso, por que tal forma de governo deveria ser alterada para o modelo espartano? Pois, em geral, quando os governos mudam, eles mudam para a espécie contrária ao que eram antes, e não para uma semelhante à sua anterior. E esse raciocínio é válido para outras mudanças, pois ele diz que, do modelo espartano, o governo muda para uma oligarquia; e desta, para uma democracia; e de uma democracia, para uma tirania; e às vezes ocorre uma mudança contrária, como de uma democracia para uma oligarquia, em vez de para uma monarquia.

Com relação a uma tirania, ele não diz se haverá alguma mudança; ou, senão, a que causa isso se deve; ou, se houver, para que outro Estado ela se alterará; mas a razão disso é que uma tirania é um governo indeterminado; e, segundo ele, todo Estado deveria alterar-se para o primeiro e mais perfeito, assim a continuidade e o ciclo seriam preservados. Mas uma tirania muitas vezes muda para outra; como na Síria, de Mirón para a de Clístenes; ou para uma oligarquia, como a de Antileu em Calcas; ou para uma democracia, como a de Gelo em Siracusa; ou para uma aristocracia, como a de Carilau em Esparta e em Cartago. Uma oligarquia também é transformada em tirania; foi assim que surgiram a maioria das antigas tiranias na Sicília; em Leôncio, na tirania de Panécio; em Gela, na de Cleandro; em Régio, na de Anaxilau; e o equivalente em muitas outras cidades.

É também absurdo supor que um Estado se transforma em uma oligarquia porque aqueles que estão no poder são avarentos e gananciosos por dinheiro, e não porque aqueles que são muito mais ricos do que seus concidadãos acham injusto que aqueles que não possuem nada tenham a mesma participação no governo do Estado que eles, que possuem tanto. Em muitas oligarquias, não é permitido se envolver com obtenção de dinheiro, e existem muitas leis para impedir isso. Mas em Cartago, que é uma democracia, a obtenção de dinheiro é considerada honrosa, e ainda assim a forma de governo permanece inalterada. É também absurdo dizer que, em uma oligarquia, existem duas cidades – uma dos pobres, e outra dos ricos, pois por que isso deveria acontecer mais a eles do que aos espartanos, ou a qualquer outro Estado onde todos não possuem propriedades iguais, ou onde todos não são igualmente bons? Embora nenhum membro da comunidade deva ser mais pobre do que era antes, uma democracia pode, no entanto, mudar para uma oligarquia se os ricos se tornarem mais poderosos do que os pobres, e uns forem negligentes, e os outros atentos. E, embora essas mudanças ocorram por muitas causas, ele menciona apenas uma, que os cidadãos se tornam pobres por causa do luxo e do pagamento de juros, como se no início todos fossem ricos, ou a maior parte deles. Todavia, não é assim: quando alguns dos que têm a principal gestão dos assuntos públicos perdem suas fortunas, tentam provocar uma revolução; mas quando outros o fazem, nada de importante acontecerá; nem quando tais Estados mudam há mais razão para que mudem para uma democracia do que para qualquer outra. Além disso, embora alguns membros da comunidade possam não ter esgotado suas fortunas, se não participarem das honrarias do Estado ou se forem maltratados e insultados, tentarão incitar sedições e provocar uma revolução para que possam fazer o que quiserem; o que, segundo Platão, decorre de muita liberdade. Embora existam muitas oligarquias e democracias, Sócrates, ao tratar das mudanças que podem sofrer, fala delas como se houvesse apenas uma de cada tipo.

LIVE

O VI

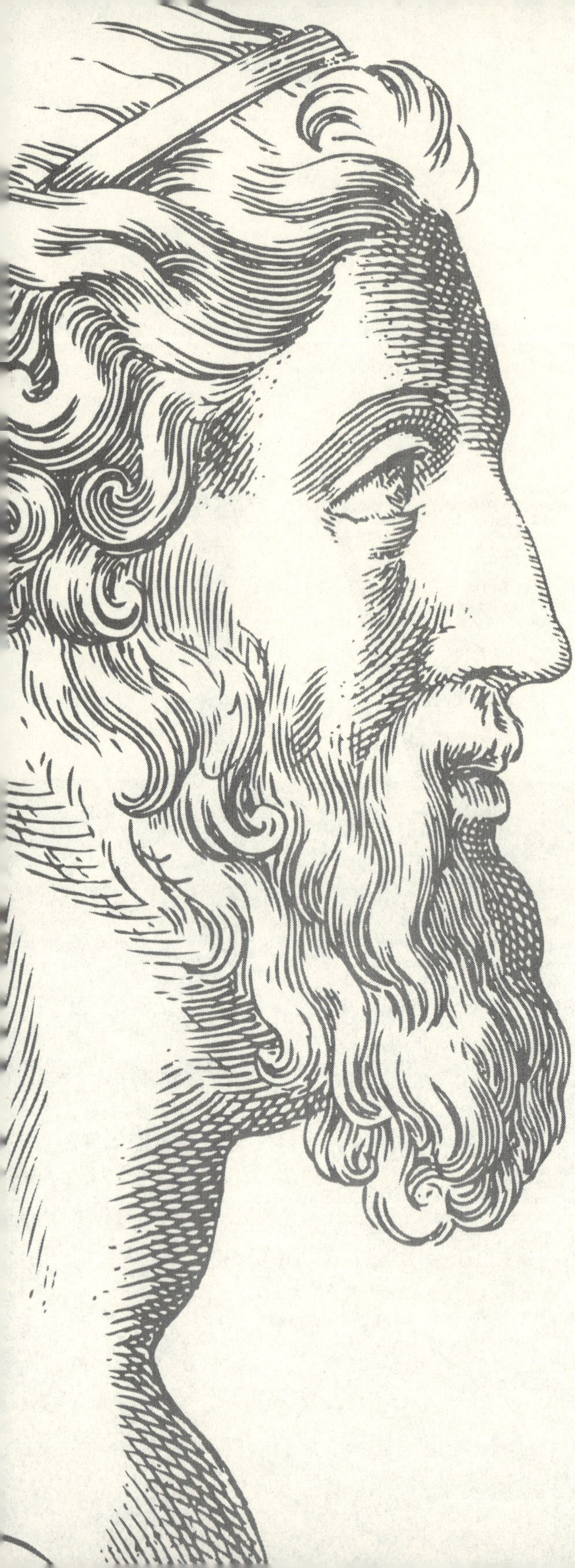

I

Já mostramos a natureza do Conselho supremo no Estado, em que um pode diferir de outro e como os diferentes magistrados devem ser organizados; também discutimos o departamento judicial e o que é mais adequado para cada tipo de Estado, assim como as causas da destruição e preservação dos governos.

Como existem muitas espécies de democracias, assim como de outros Estados, não será inútil considerar ao mesmo tempo algo que possamos ter deixado de mencionar sobre qualquer um deles e atribuir a cada um a conduta que lhes é peculiar e vantajosa; além de investigar as combinações de todas essas diferentes formas de governo que mencionamos. Isso porque, à medida que essas formas se misturam, o governo é alterado, como de uma aristocracia para uma oligarquia e de um Estado livre para uma democracia. Agora, refiro-me às combinações de governo (que devo examinar, mas ainda não o fiz), ou seja, se o departamento deliberativo e a eleição dos magistrados estão regulados de maneira correspondente a uma oligarquia, ou o judicial a uma aristocracia, ou apenas a parte deliberativa a uma oligarquia, e a eleição dos magistrados a uma aristocracia, ou se, de outra forma, tudo não é regulado de acordo com a natureza do governo. Mas primeiro consideraremos qual tipo específico de democracia é adequado a uma cidade em particular, e também qual tipo específico de oligarquia é adequado a um povo específico; e para outros Estados o que é vantajoso. É também necessário mostrar claramente não apenas qual desses governos é o melhor para um Estado, mas como deve ser estabelecido, e outros aspectos que trataremos brevemente.

Primeiro, falaremos sobre a democracia; e isso, ao mesmo tempo, mostrará claramente a natureza de seu oposto, que algumas pessoas chamam de oligarquia; e, ao fazer isso, devemos examinar todas as partes de uma democracia e tudo o que está relacionado a ela, pois da maneira como essas partes são combinadas surgem diferentes espécies de democracias: e, por isso, existem mais de uma, e de naturezas variadas. Agora, existem duas causas que fazem com que existam tantas democracias; uma delas é a que já mencionamos, ou seja, a existência de diferentes tipos de pessoas. Em um país a maioria são agricultores, em outro, artesãos e trabalhadores assalariados; se o primeiro desses grupos for adicionado ao segundo, e o terceiro a ambos, a democracia não só diferirá no aspecto de ser melhor ou pior, mas também em que não será mais o mesmo governo. A outra é sobre a que falaremos agora. As diferentes coisas que estão conectadas às democracias e parecem fazer parte desses Estados, ao serem unidas a eles, tornam-nos diferentes dos outros: esta, afetando alguns poucos; aquela, mais pessoas; e outra, a todos. É necessário que aquele que pretende fundar qualquer Estado que aprove ou corrigir um conheça todos esses detalhes. Todos os fundadores de Estados procuram incluir em seu plano tudo o que é quase do mesmo tipo, porém, ao fazer isso, eles erram da maneira que já descrevi ao tratar da preservação e destruição dos governos. Agora, falarei dos primeiros princípios e maneiras, e de tudo o mais que um Estado democrático requer.

II

A base de um Estado democrático é a liberdade, e as pessoas costumam dizer isso como se a liberdade fosse a única coisa encontrada ali; afirmam que esse é o objetivo proposto por toda democracia. Mas uma parte da liberdade é governar e ser governado alternadamente, pois, segundo a justiça democrática, a igualdade é medida pelos números, e não pelo mérito. E, sendo justo, é imprescindível que o poder supremo esteja nas mãos do povo em geral; e que o que a maioria decidir seja definitivo. Assim, em uma democracia, os pobres devem ter mais poder que os ricos por estarem em maior número; essa é uma das marcas da liberdade que todos os criadores de democracias estabelecem como critério de tal tipo de Estado. Outra marca é viver como cada um desejar, pois, dizem, esse é um direito que a liberdade concede, já que é escravo quem deve viver como não deseja. Isso, então, é outro critério de uma democracia. Daí surge a reivindicação de não estar sob comando de ninguém, exceto por rotação, e somente na medida em que essa pessoa também esteja sob comando de outro. Isso também contribui para a igualdade que a liberdade exige.

Com esses pressupostos, e sendo esse o governo, segue-se que devem ser observadas as seguintes regras: todos os magistrados devem ser escolhidos entre todo o povo, e todos devem comandar uns aos outros, e cada um, por sua vez, todos; que todos os magistrados sejam escolhidos por sorteio, exceto para aqueles cargos que exigem algum conhecimento ou habilidade particular; que nenhum pleito, ou apenas um muito pequeno, seja necessário para qualificar alguém para qualquer cargo; que ninguém deve ocupar o mesmo cargo duas vezes, ou muito raramente, exceto no Exército; que todos os seus mandatos devem ser limitados a um período muito curto, ou pelo menos o máximo possível; que toda a comunidade deve estar qualificada para julgar todos os casos, não importa quão extensos, interessantes ou de alta importância sejam. Como em Atenas, onde o povo julga os magistrados quando deixam o cargo e decide sobre assuntos públicos e contratos privados, que o poder supremo esteja na assembleia pública e que nenhum magistrado tenha poder discricionário, exceto em poucos casos e de pouca importância para os negócios públicos. Entre todos os magistrados, um senado é o mais adequado para uma democracia, no qual toda a comunidade não é paga para comparecer (nesse caso, perde seu poder, pois então o povo levará todos os casos diante deles, por apelação, como já mencionamos em um livro anterior). Além disso, se possível, deve haver um fundo para pagar todos os cidadãos que participam da administração pública, seja como membros da assembleia, juízes, magistrados; mas, se isso não for viável, pelo menos os magistrados, os juízes, os senadores e os membros da assembleia suprema, bem como aqueles oficiais obrigados a comer em uma mesa comum, devem ser pagos. Além disso, assim como se diz que uma oligarquia é um governo de homens de família, fortuna e educação, uma democracia é um governo nas mãos de homens sem origem, em circunstâncias indigentes e ocupações mecânicas. Nesse Estado, nenhum cargo deve ser vitalício; e, se algum desses cargos permanecer após a mudança do governo para uma democracia, deve-se fazer esforços, gradualmente, para diminuir o poder e também eleger por sorteio em vez de voto. Essas coisas, então, pertencem a todas as democracias; ou seja, o estabelecimento sobre o princípio de justiça que é homogêneo a esses governos; isto é, que todos os membros do Estado, por número, devem desfrutar de uma igualdade, que parece constituir principalmente uma democracia, ou governo do povo. Assim, parece perfeitamente justo que os ricos não tenham mais participação no governo do que os pobres nem sejam os únicos no poder, mas que todos sejam iguais, de acordo com o número, pois assim, pensam eles, a igualdade e a liberdade do Estado são mais bem preservadas.

III

Agora, devemos investigar como obter tal igualdade. Devemos dividir as qualificações de modo que quinhentos ricos sejam iguais a mil pobres, ou os mil devem ter o mesmo poder que os quinhentos? Ou não devemos estabelecer nossa igualdade dessa maneira? Em vez disso, dividimos assim e, depois, selecionamos um número igual tanto dos quinhentos quanto dos mil, conferindo-lhes o poder de criar magistrados e juízes. Está, então, esse Estado estabelecido conforme a justiça democrática perfeita ou apenas segundo a orientação numérica? Pois os defensores da democracia dizem que o que é justo é o que a maioria aprova; mas os favoráveis à oligarquia afirmam que é justo o que é aprovado pelos mais ricos e que devemos nos guiar pelo valor da propriedade. Ambas as proposições são injustas; se concordarmos com o que poucos propõem, erigiremos uma tirania. Se acontecer de um indivíduo ter mais que os outros ricos, segundo a justiça oligárquica, esse homem terá o direito ao poder supremo; mas, se a superioridade numérica prevalecer, a injustiça será feita ao confiscar a propriedade dos ricos, que são poucos, como já dissemos. Então, essa tal igualdade que ambas as partes admitirão deve ser extraída da definição de direito que é comum entre elas, pois dizem que o que a maioria do Estado aprova deve ser estabelecido. Seja assim, mas não totalmente: uma vez que uma cidade é composta por duas classes distintas de pessoas, os ricos e os pobres, deve-se estabelecer o que é aprovado por ambas, ou pela maior parte delas; mas, caso haja sentimentos opostos, deve-se estabelecer o que for aprovado pela maior parte, de acordo com o censo. Por exemplo, se houver dez ricos e vinte pobres, e seis dos primeiros e quinze dos últimos concordarem com uma medida, e os quatro restantes dos ricos se unirem aos cinco restantes dos pobres para opor-se a ela, a decisão deve ser tomada pela soma dos quóruns que determinará qual opinião deve prevalecer como lei. E, se esses números forem iguais, deve-se considerar o caso semelhante ao de uma assembleia ou um tribunal de justiça que divide igualmente qualquer questão que lhes é apresentada, decidindo por sorteio ou algum método similar. Todavia, embora em relação ao que é igual e justo possa ser muito difícil estabelecer a verdade, é muito mais fácil do que persuadir aqueles que têm o poder de invadir os direitos dos outros a se guiarem por isso, uma vez que os fracos sempre desejam o que é igual e justo, mas os poderosos não prestam atenção a isso.

IV

Existem quatro tipos de democracias. A melhor é aquela composta pelos primeiros em ordem, como já dissemos, e também é a mais antiga de todas. Chamo de primeiro aquele que qualquer um classificaria dessa forma se fosse dividir o povo, pois sua melhor parte são os lavradores. Vemos, então, que uma democracia pode ser formada onde a maioria vive da agricultura ou da pastagem, pois, como sua propriedade é pequena, eles não terão tempo ocioso para participar perpetuamente de assembleias públicas, mas estarão continuamente ocupados com seus próprios negócios, não tendo outra forma de sustento; nem terão desejo sobre o que os outros desfrutam, preferindo seguir seus próprios afazeres em vez de se envolver em assuntos estatais e aceitar cargos de governo, que não trarão grande lucro. A maior parte da Humanidade deseja mais riquezas do que honra (uma prova disso é que eles se submeteram às tiranias na Antiguidade e se submetem atualmente às oligarquias, se ninguém os impedir de seguir suas ocupações habituais ou os privar de suas propriedades; alguns deles logo ficam ricos, outros são afastados da pobreza). Além disso, o direito de eleger e responsabilizar seus magistrados quando estes saem do cargo satisfaz seu desejo de honras, se algum deles tiver tal paixão, pois, em alguns Estados, embora a plebe não tenha o direito de eleger os magistrados, concede-se isso a uma parte escolhida para representá-los. E é suficiente para o povo em geral possuir o poder deliberativo: isso deve ser considerado uma espécie de democracia; assim foi a de Mantineia no passado. Por isso, é adequado que a democracia de que estamos falando tenha o poder (e tem sido comum que o tenha) de censurar seus magistrados quando saem do cargo e julgar todas as causas; mas que os magistrados principais sejam eleitos, e de acordo com um certo quórum, que deve variar conforme o grau de seu cargo, ou então não por um quórum, mas conforme suas habilidades para os respectivos cargos.

Um Estado assim composto deve estar bem constituído, uma vez que os cargos de magistrado serão sempre ocupados pelos melhores homens com a aprovação do povo, que não invejará seus superiores e, junto com os nobres, deve estar satisfeito com essa parte da administração. Isso proque não serão governados por seus inferiores. Eles também devem cuidar para usar seu poder com moderação, já que há outros a quem é delegado o poder de censurar sua conduta, pois é muito útil ao Estado que eles dependam de outros e não sejam autorizados a fazer o que quiserem, considerando que, com tal liberdade, não haveria controle sobre o mal inerente a cada um. Portanto, é necessário e mais benéfico para o Estado que os cargos sejam preenchidos pelas principais pessoas, cujos caracteres sejam imaculados, e que o povo não seja oprimido. Está agora evidente que essa é a melhor espécie de democracia e o porquê: o povo é como deve ser e tem os poderes que deveria ter.

Para estabelecer uma democracia de lavradores, algumas das leis observadas em muitos Estados antigos são universalmente úteis, como não permitir que ninguém possua mais do que uma certa quantidade de terras ou a uma certa distância da cidade. Antigamente, também, em alguns Estados, a ninguém era permitido vender seu lote original de terra. Mencionam ainda uma lei de Oxílus que proibia qualquer um de aumentar seu patrimônio por meio de usura. Devemos seguir a lei dos afitianos, que é útil para nos orientar neste aspecto específico de que estamos falando, pois, tendo eles muito pouco terreno, mesmo sendo um povo numeroso, e ao mesmo tempo todos eram lavradores, não incluíam todas as suas terras no censo, mas as dividiam de maneira que, conforme o censo, os pobres tivessem mais poder do que os ricos.

A seguir ao grupo de lavradores está o dos pastores e criadores de gado, pois têm muitas semelhanças com eles e, pelo seu modo de vida, estão bem qualificados para serem bons soldados, robustos e capazes de passar a noite ao relento. A maioria das pessoas das outras democracias é muito pior do que eles, já que suas vidas são miseráveis e não têm relação com a virtude em nada do que fazem; esses são os mecânicos, os cambistas e os empregados contratados. Como tais tipos de pessoas frequentam o mercado e a cidadela, podem facilmente comparecer à assembleia pública; enquanto os lavradores, sendo mais dispersos no campo, não podem se reunir tão facilmente; nem têm o mesmo desejo de fazê-lo como os outros! Quando um país está situado de tal forma que uma grande parte da terra está distante da cidade, é fácil estabelecer uma boa democracia ou um Estado livre, pois o povo em geral será obrigado a viver no campo; então, será necessário, mesmo que haja uma multidão no mercado, nunca permitir uma assembleia legal sem a presença dos habitantes do campo.

Mostramos de que maneira a primeira e melhor democracia deve ser estabelecida, e será igualmente evidente para as outras, pois, a partir dessas, devemos proceder como guia e sempre separar os mais humildes do restante. Mas a última e pior, que concede a cada cidadão, sem distinção, uma parte de cada parte da administração, é algo que poucos cidadãos podem suportar, nem é fácil de preservar por muito tempo, a menos que seja bem sustentada por leis e costumes. Já notamos quase todas as causas que podem destruir este ou qualquer outro Estado. Aqueles que lideraram tal democracia tentaram sustentá-la e tornar o povo poderoso, reunindo o maior número de pessoas possível e concedendo-lhes sua liberdade, não apenas legitimamente, mas também por nascimento natural se um dos pais fosse cidadão, ou seja, se o pai ou a mãe; e esse método é mais adequado para tal Estado do que qualquer outro: e assim os demagogos geralmente gerenciavam. No entanto, devem cuidar para não fazer isso enquanto o povo comum estiver superior aos nobres e aos de classe média, e então parar, pois, se continuarem ainda mais, tornarão o Estado desordenado, e os nobres não suportarão o poder do povo comum e ficarão ressentidos; o que foi a causa de uma insurreição em Cirene. Um pequeno mal pode ser ignorado, mas, quando se torna grande, chama a atenção. Além disso, é muito útil em tal Estado fazer como Clístenes fez em Atenas, quando desejava aumentar o poder do povo, e como aqueles que estabeleceram a democracia em Cirene; isto é, instituir muitas tribos e confrarias e tornar os ritos religiosos pessoais poucos e comuns. E todos os meios devem ser concebidos para associar e misturar o povo o máximo possível; e todos os costumes antigos ser quebrados. Ademais, o que é praticado em uma tirania parece adaptado a uma democracia de tal tipo; por exemplo, a licenciosidade dos escravos, das mulheres e das crianças, pois isso, até certo ponto, é útil; e também ignorar o modo de viver de cada um, já que muitos apoiarão tal governo. Assim, é mais agradável para muitos viver sem controle do que conforme a prudência orientaria.

V

É também tarefa do legislador e de todos que apoiam um governo desse tipo não tornar o trabalho demasiado grande ou perfeito, senão buscar garantir sua estabilidade, pois, por mais mal constituído que seja um Estado, não é difícil que ele continue funcionando por alguns dias. Portanto, devem esforçar-se para garantir sua segurança pelos meios que descrevemos ao indicar as causas da preservação e destruição dos governos, evitando o que é prejudicial e criando leis, escritas e não escritas, que contenham aquilo que mais contribui para a preservação do Estado, sem supor que aquilo que é útil para uma forma democrática ou oligárquica de governo é o que contribui para torná-las mais puras, mas o que contribuirá para sua duração. No entanto, os demagogos atuais, para agradar ao povo, ocasionam frequentes confiscações nos tribunais; por isso, aqueles que realmente se preocupam com o bem-estar do Estado deveriam agir exatamente ao contrário do que fazem e promulgar uma lei para evitar que as confiscações sejam divididas entre o povo ou pagas ao tesouro, mas sim destinadas a usos sagrados. Isso porque aqueles que têm uma disposição ruim não seriam menos cautelosos, já que sua punição seria equivalente; e a comunidade não estaria tão disposta a condenar aqueles que julgam quando não obtiverem nada com isso. Também devem tomar cuidado para que as causas apresentadas ao público sejam o menor número possível e punir com a máxima severidade aqueles que ajuízem ações contra alguém de forma precipitada, pois não são os comuns, mas os nobres que geralmente são processados. Em todos os aspectos, os cidadãos do mesmo Estado devem ser afetuosos uns com os outros, ao menos não tratar aqueles que detêm o poder principal como inimigos.

Agora, como as democracias recentemente estabelecidas são muito numerosas e é difícil fazer com que o povo comum compareça às assembleias públicas sem pagamento, ou seja, quando não há receita pública suficiente, tem-se algo fatal para os nobres, pois as deficiências devem ser necessariamente compensadas por impostos, confiscações e multas impostas por tribunais corruptos, o que já destruiu muitas democracias. Portanto, quando as receitas do Estado são pequenas, deve haver poucas assembleias públicas e poucos tribunais de justiça; estes, no entanto, devem ter jurisdições muito extensas, mas devem funcionar apenas por alguns dias, pois assim os ricos não temerão os custos, mesmo que não recebam nada por sua participação, embora os pobres o recebam; e o julgamento também seria melhor, pois os ricos não preferem se ausentar por muito tempo de seus próprios assuntos, mas o farão voluntariamente por um curto período. Quando houver receitas suficientes, deve-se adotar uma conduta diferente da que os demagogos seguem atualmente, já que eles dividem o excedente do dinheiro público entre os pobres; estes o recebem e novamente desejam o mesmo suprimento, enquanto dar-lhes isso é como despejar água em um peneira. Todavia, o verdadeiro patriota em uma democracia deve cuidar para que a maioria da comunidade não esteja muito pobre, pois isso é a causa da rapacidade nesse governo. Deve, portanto, esforçar-se para garantir que desfrutem de abundância perpétua; e como isso também é vantajoso para os ricos, o que pode ser economizado do dinheiro público deve ser reservado e, se possível, dividido de uma vez entre os pobres, em uma quantidade que permita a cada um comprar um pequeno terreno; e, se isso não for possível, pelo menos fornecer a cada um o suficiente para adquirir os instrumentos de trabalho e agricultura. E, se não houver o suficiente para todos receberem tanto de uma vez, então dividi-lo de acordo com tribos ou qualquer outra forma de alocação. Enquanto isso, que os ricos paguem por serviços necessários, mas não sejam obrigados a prover entretenimento inútil. Algo semelhante foi a forma como gerenciaram em Cartago e preservaram a afeição do povo, pois, ao enviar continuamente alguns de sua comunidade para colônias, conseguiram abundância. Também é digno de uma nobreza sensata e generosa dividir os pobres entre eles e, fornecendo o necessário, incentivá-los a trabalhar; ou imitar a conduta do povo de Tarento, sabendo-se que, ao permitir que os pobres participem em comum de tudo o que é lhes é necessitado, ganham a afeição da plebe. Eles também têm duas formas diferentes de eleger seus magistrados: alguns são escolhidos por voto e outros, por sorteio; pelo sorteio, para que o povo em geral tenha alguma participação na administração; pelo voto, para que o Estado seja bem governado. O equivalente pode ser realizado se, de alguns magistrados, você escolher alguns por voto e outros por sorteio. E assim termina a maneira como as democracias devem ser estabelecidas.

VI

O que já foi dito quase por si só mostra como uma oligarquia deve ser fundada, pois quem deseja criar tal Estado deve ter em mente uma democracia para se opor. Cada tipo de oligarquia deve ser baseado em princípios diametralmente opostos a alguns tipos de democracia.

A primeira e melhor oligarquia é aquela que se aproxima do que chamamos de Estado livre; nela, deve haver dois censos diferentes, um alto e outro baixo: dos que estão no censo baixo, devem ser escolhidos os funcionários ordinários do Estado, e dos que estão no censo alto, os magistrados supremos. Nenhum indivíduo deve ser excluído de parte da administração se estiver dentro do censo, o qual deve ser regulado de forma que a plebe incluída seja superior àqueles que não participam do governo, pois os que devem gerir os assuntos públicos devem sempre ser escolhidos entre a melhor parte da população. Da mesma forma, deve ser estabelecida a oligarquia seguinte em ordem; mas, quanto àquela que é mais oposta a uma democracia pura e se aproxima mais de uma dinastia e uma tirania, como é a pior de todas, requer o maior cuidado e cautela para ser preservada. Isso porque, assim como corpos com constituições saudáveis e navios bem equipados podem suportar muitos danos sem perecer, enquanto um corpo doente ou um navio com uma tripulação medíocre não consegue suportar o menor choque, os governos mal estabelecidos necessitam de mais vigilância.

Um número adequado de cidadãos é a preservação de uma democracia, pois eles são opostos aos direitos fundados em hierarquia; do contrário, a preservação de uma oligarquia depende da adequada regulação dos diferentes grupos na sociedade.

VII

Como a maior parte da comunidade está dividida em quatro tipos de pessoas – agricultores, trabalhadores, comerciantes e empregados – e aqueles que estão envolvidos na guerra também podem ser divididos em quatro categorias – cavaleiros, soldados pesados, soldados leves e marinheiros –, onde o tipo de terreno permite um grande número de cavaleiros, uma oligarquia poderosa pode ser facilmente estabelecida. A segurança dos habitantes depende desse tipo de força; mas aqueles que podem arcar com as despesas dos cavaleiros devem ter uma fortuna considerável. Onde as tropas são principalmente compostas por soldados pesados, pode-se estabelecer uma oligarquia, inferior em poder à outra, pois os soldados pesados são mais frequentemente compostos por pessoas de posses do que pelos pobres. Já os soldados leves e os marinheiros sempre ajudam a sustentar uma democracia. No entanto, onde o número desses é muito grande e surge uma insurreição, as outras partes da comunidade enfrentam desvantagens. Um remédio para esse problema pode ser aprendido com generais habilidosos, que sempre misturam um número adequado de soldados leves com seus cavaleiros e soldados pesados. Isso porque é com esses que o povo consegue superar os homens de fortuna em uma insurreição; sendo mais leves, conseguem se igualar aos cavaleiros e soldados pesados. Assim, formar um corpo de tropas a partir desses é formar um corpo contra si mesmo. Além disso, como uma cidade é composta por pessoas de diferentes idades, algumas jovens e outras mais velhas, os pais devem ensinar aos filhos, quando ainda são muito jovens, um exercício leve e fácil; mas, quando crescerem, devem se tornar peritos em todas as atividades militares.

A admissão das pessoas a qualquer parte do governo deve ser regulada por um censo, como eu disse antes; ou como em Tebas, que foi concedida àqueles que, por um certo período, afastaram-se de qualquer trabalho mecânico; ou ainda como em Massália, onde são escolhidos de acordo com seu mérito, sejam cidadãos ou estrangeiros. No que diz respeito aos magistrados de mais alto escalão que possam ser necessários a um Estado, os serviços a serem prestados ao público devem ser claramente definidos para evitar que o povo comum deseje aceitar tais cargos e para incentivá-los a ver seus magistrados com favor, sabendo o custo que pagam por suas honras. Também é imprescindível que os magistrados, ao assumirem seus cargos, realizem sacrifícios grandiosos e ergam alguma estrutura pública para que o povo, participando das festividades e vendo a cidade enfeitada com ofertas votivas em seus templos e estruturas públicas, possa apreciar a estabilidade do governo. Além disso, os nobres terão sua generosidade registrada. No entanto, essa não é a conduta que os que atualmente estão à frente de uma oligarquia seguem, mas o oposto, pois eles estão mais interessados em ganho do que em honra; razão pela qual essas oligarquias podem ser mais apropriadamente chamadas de pequenas democracias. Assim, explicamos sobre quais princípios uma democracia e uma oligarquia deveriam ser estabelecidas.

VIII

Após o que já foi dito, passo a tratar especificamente dos magistrados: qual deve ser a sua natureza, quantos devem ser e para qual finalidade, como já mencionei. Sem magistrados, nenhum Estado pode existir, nem pode existir felizmente sem aqueles que contribuem para sua dignidade e boa ordem. É necessário que, em Estados pequenos, os magistrados sejam poucos; em grandes, muitos. Também é importante saber quais cargos podem ser combinados e quais devem ser separados.

A primeira necessidade é estabelecer reguladores adequados para os mercados; nesse sentido, deve-se nomear um magistrado responsável por inspecionar os contratos e manter a ordem. Em quase todas as cidades, deve haver compradores e vendedores para atender às requisições mútuas, e isso é o que mais contribui para o conforto da vida, pelo qual os homens parecem ter se unido em uma comunidade.

A segunda preocupação, relacionada à primeira, é cuidar dos edifícios públicos e privados na cidade para que sejam ornamentais; e também cuidar dos edifícios que possam desabar, manter as estradas em bom estado e garantir que os marcos entre diferentes propriedades sejam preservados para evitar disputas. Esse trabalho pode ser dividido em várias áreas, com uma pessoa responsável para cada área em cidades populosas: uma para inspecionar os edifícios, outra para as fontes, outra para os portos; essas pessoas são chamadas de inspetores da cidade. Um terceiro grupo, que é bastante semelhante ao último e lida com objetos semelhantes, mas no campo, cuida do que é feito fora da cidade. Os oficiais responsáveis por isso são chamados de inspetores de terras ou inspetores de florestas; mas o trabalho de todos eles é semelhante.

Deve haver também outros oficiais responsáveis por receber a receita pública e distribuí-la para os diferentes departamentos do Estado; esses são chamados de tesoureiros ou questores. Deve haver ainda um outro, perante o qual todos os contratos privados e as sentenças de tribunais devem ser registrados, assim como os procedimentos e as declarações. Às vezes, esse trabalho é dividido entre vários, mas há um superior aos demais; esses são chamados de procuradores, notários e similares. Em seguida, há um oficial cuja função é a mais necessária e, ao mesmo tempo, a mais difícil: garantir que as sentenças sejam executadas, que todos paguem as multas impostas e ainda o cuidado dos prisioneiros. Esse cargo é bastante desagradável devido ao ódio associado a ele, de modo que ninguém o aceitará sem que seja muito lucrativo; e, mesmo assim, talvez não estejam dispostos a executá-lo de acordo com a lei. Mas é essencial, pois não adianta julgar um caso se a sentença não for cumprida; sem isso, a sociedade humana não poderia subsistir. Portanto, é melhor que esse cargo não seja executado por uma única pessoa, mas por alguns dos magistrados dos outros tribunais.

Da mesma forma, a responsabilidade de arrecadar as multas ordenadas pelos juízes deve ser dividida entre diferentes indivíduos. E, como distintos magistrados julgam diferentes causas, que os casos dos jovens sejam ouvidos pelos jovens; e quanto aos já ouvidos, que uma pessoa dê a sentença e outra a execute. Por exemplo, os magistrados responsáveis pelos edifícios públicos devem executar a sentença que os inspetores dos mercados determinaram, e o equivalente em outros casos. Assim, ao separar as funções de julgar e executar, o ódio contra aqueles que aplicam as leis é reduzido, tornando mais fácil a aplicação adequada. Logo, se o mesmo indivíduo passar a sentença e executá-la, será sujeito ao ódio geral e, se passar a sentença contra todos, será visto como inimigo de todos. Por isso, é prudente separar esses cargos, como foi feito em Atenas pelos onze; e dar grande atenção a isso é igualmente imperativo como qualquer outra coisa mencionada, pois certamente pessoas de caráter evitarão aceitar esse cargo e pessoas sem valor não podem ser confiadas a ele, já que têm mais necessidade de uma guarda do que qualificação para guardar outros. Portanto, o cargo não deve ser separado dos outros nem deve ser continuamente atribuído a indivíduos específicos, mas aos jovens. Nos cargos em que há uma guarda da cidade, os jovens devem revezar-se.

Assim, esses são os magistrados mais necessários a ser mencionados em primeiro lugar. Em seguida, há outros imprescindíveis, mas de posição muito mais elevada, que devem ser pessoas de grande habilidade e fidelidade. Esses são os responsáveis pela guarda da cidade e pela provisão do necessário para a guerra, cuja função é, tanto em tempos de guerra quanto de paz, defender as muralhas e os portões, além de cuidar do recrutamento e da organização dos cidadãos. Acima de todos eles, há às vezes mais oficiais; às vezes, menos. Assim, em cidades pequenas, há apenas um, chamado general ou polemarco; mas onde há cavaleiros, soldados leves, arqueiros e marinheiros, às vezes colocam comandantes distintos para cada um desses grupos, que por sua vez têm outros sob sua responsabilidade, formando um único corpo militar. E assim se encerra esse departamento. Como alguns, se não todos, os magistrados lidam com o dinheiro público, é capital que haja outros oficiais encarregados apenas de contabilizar o que possuem e corrigir qualquer má administração.

Além deles, há um que é supremo sobre todos e que muitas vezes tem o poder de dispor da receita pública e dos impostos; preside o povo quando o poder supremo está com ele, pois deve haver algum magistrado com a autoridade de convocar o povo e presidir como chefe de Estado. A esse tipo de indivíduos, por vezes, dá-se a denominação de conselheiro, mas onde há muitos da espécie, mais propriamente de Conselho. Esses são quase todos os magistrados civis necessários a um governo; mas há outras pessoas cuja função se restringe à religião, como os sacerdotes e aqueles encarregados dos templos para que sejam mantidos em bom estado ou, se caírem, reconstruídos; e tudo o mais relacionado ao culto público. Esse encargo, às vezes, é confiado a uma pessoa, como em cidades muito pequenas; em outras, é delegado a muitos, distintos do sacerdócio, como construtores ou guardiões de lugares sagrados e oficiais da receita sagrada. A seguir, estão aqueles responsáveis pelos sacrifícios públicos ao deus tutelar do Estado, que as leis não confiam aos sacerdotes; e esses têm diferentes denominações em diferentes Estados.

Para enumerar em poucas palavras os diferentes departamentos de todos os magistrados, tem-se: religião, guerra, impostos, despesas, mercados, edifícios públicos, portos e estradas. Pertencem aos tribunais de justiça os escribas para registrar contratos privados; e também deve haver guardas para os prisioneiros, outros para garantir que a lei seja executada, Conselhos de ambos os lados e outros para supervisionar a conduta dos que decidem os casos. Entre os magistrados, também podem ser contados aqueles que devem dar conselhos em assuntos públicos. Mas Estados separados, que são particularmente felizes, têm tempo para se dedicar a detalhes mais minuciosos e são muito atentos à boa ordem, requerem magistrados específicos, como aqueles responsáveis pelo governo das mulheres, que devem garantir a execução das leis, cuidar dos meninos e presidir sua educação. A isso podem ser acrescentados os responsáveis pelos exercícios ginásticos, teatros e outros espetáculos públicos. Alguns desses cargos, no entanto, não têm uso geral, como os governadores das mulheres, pois os pobres são obrigados a empregar suas esposas e seus filhos em tarefas servil devido à falta de escravos. Como há três magistrados a quem alguns Estados confiam o poder supremo – guardiões das leis, conselheiros e senadores –, os primeiros são mais adequados a uma aristocracia; os conselheiros, a uma oligarquia; e o senado, a uma democracia. E assim terminamos brevemente sobre todos os magistrados.

LIVR

VII

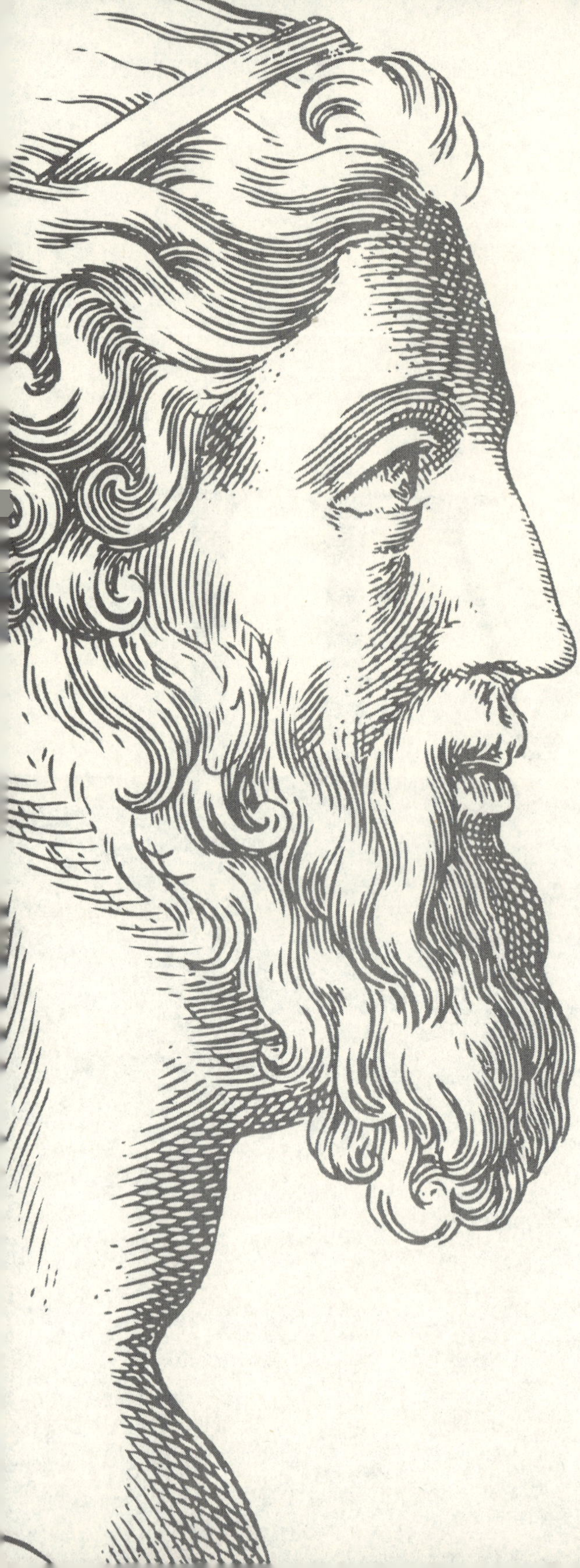

I

Aquele que se propõe a investigar qual governo é o melhor deve, primeiramente, determinar o modo de vida mais desejável, pois, enquanto isso permanecer incerto, também será incerto o melhor governo. Supondo que nenhum imprevisto interfira, é altamente provável que aqueles que vivem sob o melhor governo sejam também os mais felizes, conforme suas circunstâncias. Portanto, é necessário primeiro saber o modo de vida mais desejável para todos e, depois, se essa vida é a mesma para o homem e para o cidadão, ou se são diferentes. Como imagino já ter mostrado adequadamente o melhor tipo de vida em meus discursos populares sobre o assunto, penso que posso repeti-lo, já que, certamente, ninguém jamais questionou a validade de uma das divisões; ou seja, que o que é bom, em relação ao homem, pode ser dividido em três categorias: o externo, o referente ao corpo e o referente à alma. É notório que todos esses aspectos devem conspirar para fazer um homem feliz, pois ninguém diria que um homem é feliz sem coragem, temperança, justiça ou prudência; nem se tivesse medo das moscas que voam ao seu redor; se deixasse de cometer o mais humilde roubo em caso de fome ou sede; se matasse seu amigo mais querido por um tostão; e também se fosse em todos os aspectos tão carente de entendimento quanto um bebê ou um idiota. Essas verdades são tão evidentes que todos devem concordar com elas, embora alguns possam discutir sobre a quantidade e o grau. Pode-se pensar que uma pequena quantidade de virtude é suficiente para a felicidade; mas, quanto a riquezas, propriedades, poder, honra e coisas semelhantes, esforçam-se para aumentá-las sem limites. No entanto, respondemos a tais pessoas que é fácil provar, com base na experiência, que os bens externos não produzem virtude; são as virtudes que produzem tais bens.

Quanto a uma vida feliz, se ela se encontra no prazer, na virtude ou em ambos, é certo que aqueles cujas virtudes são mais puras e cujos entendimentos são melhor cultivados desfrutarão mais disso, embora sua fortuna seja apenas moderada, do que aqueles que possuem uma abundância de riqueza e são falhos nessas qualidades. Qualquer um que reflita pode facilmente se convencer disso, pois o que é externo tem seu limite, como uma máquina, e o que é útil em excesso é necessariamente prejudicial ou, no melhor dos casos, inútil para o possuidor. Mas toda qualidade boa da alma, quanto maior seu grau, tanto mais útil é, se é permitido usar a palavra útil além de nobre. É também muito notório que os acidentes de cada assunto se substituem uns aos outros, assim como os próprios assuntos, dos quais permitimos que sejam acidentes, diferem entre si em valor; de modo que, se a alma é mais nobre do que qualquer posse externa, como o corpo, tanto em si mesma quanto em relação a nós, deve-se admitir que os melhores acidentes de cada um seguem idêntica analogia. Além disso, é por causa da alma que essas coisas são desejáveis; e é por isso que os sábios devem desejar tais coisas, e não a alma por elas. Portanto, devemos estar bem assegurados de que cada um desfruta de tanta felicidade quanto possui virtude e sabedoria e age de acordo com suas diretrizes, pois temos o exemplo de Deus, que é completamente feliz não por algum bem externo, mas em si mesmo, e porque essa é a Sua natureza. A boa sorte é algo diferente da felicidade, já que todo bem que não depende da mente é devido ao acaso ou à sorte; mas não é pela sorte que alguém se torna sábio e justo. Portanto, segue-se que a cidade mais feliz é aquela que é a melhor e age da melhor maneira, pois ninguém pode fazer o bem se não age bem; nem podem os feitos de um homem ou de uma cidade ser louváveis sem virtude e sabedoria. O que é justo, sábio ou prudente em um homem também é justo, sábio e prudente em uma cidade.

Assim, essa é uma breve introdução, uma vez que não pude deixar de tocar neste assunto, embora não tenha podido investigá-lo completamente, já que pertence a outra questão. Suponhamos por ora que a vida mais feliz de um homem, tanto como indivíduo quanto como cidadão, é uma vida de virtude, acompanhada dos prazeres que a ela geralmente proporciona. Se há alguém que não esteja convencido pelo que disse, suas dúvidas serão respondidas mais adiante; por enquanto, prosseguiremos de acordo com o método que planejamos.

II

Agora, resta saber se a felicidade de um homem individual e a da cidade são iguais ou diferentes: mas isso também é evidente, pois quem supõe que as riquezas farão uma pessoa feliz deve considerar que a felicidade da cidade reside nas riquezas, se ela as possui. Aqueles que preferem uma vida de desfrute de poder tirânico sobre os outros pensarão que a cidade que comanda muitos outros é a mais feliz. Da mesma forma, se alguém valoriza um homem por sua virtude, achará que a cidade mais digna é a mais feliz. Aqui, há dois pontos que requerem consideração: o primeiro é se a vida mais desejável é a de ser membro da comunidade e desfrutar dos direitos de um cidadão ou viver como um estranho, sem se envolver nos assuntos públicos; e também qual forma de governo é preferível e qual disposição do Estado é a melhor; se toda a comunidade deve ter a possibilidade de participar da administração ou somente a maior parte, e alguns apenas. Como isso é um assunto de exame e especulação política, e não algo que diz respeito ao indivíduo, o primeiro desses pontos não é de minha obrigação tratar; o outro é o objetivo do que estamos tratando atualmente.

É evidente que o melhor governo é aquele estabelecido de maneira que cada um possa agir virtuosa e felizmente, mas alguns, que admitem que uma vida de virtude é a mais desejável, ainda duvidam se é preferível uma vida pública de virtude ativa ou uma vida completamente voltada para a contemplação, que alguns dizem ser a única digna de um filósofo. Ambos os modos de vida, público ou filosófico, parecem ter sido escolhidos por todos os homens mais virtuosos tanto no presente quanto no passado. E ainda é de grande importância saber de que lado está a verdade, pois um homem sensato deve naturalmente inclinar-se para a melhor escolha, tanto como indivíduo quanto como cidadão. Alguns acreditam que um governo tirânico sobre aqueles próximos a nós é a maior injustiça, mas que um governo político não é injusto. Contudo, isso ainda é uma restrição aos prazeres e à tranquilidade da vida. Outros têm uma opinião totalmente contrária e acreditam que uma vida pública e ativa é a única para o homem, pois pessoas privadas não têm oportunidade de praticar uma virtude mais do que aquelas envolvidas na administração do Estado. Esses são seus sentimentos. Há quem diga que um governo tirânico e despótico é o único feliz, pois até entre alguns Estados livres o objetivo de suas leis parece ser dominar seus vizinhos. Assim, a maioria das instituições políticas, onde quer que estejam dispersas, se têm algum objetivo comum, é conquistar e governar. É indubitável, tanto pelas leis dos lacedemônios e cretenses quanto pelo modo como educavam seus filhos, que tudo o que tinham em vista era torná-los soldados. Além disso, entre todas as nações, aquelas que possuem poder suficiente e reduzem os outros à servidão são honradas por isso; como os citas, persas, trácios e gauleses. Com alguns, há leis para aumentar a virtude da coragem; assim, nos contam que em Cartago era permitido a cada pessoa usar quantos anéis quisesse para distinção, de acordo com as campanhas que havia servido. Havia também uma lei na Macedônia que obrigava um homem que não tivesse matado um inimigo a usar um garrote; entre os citas, em um festival, ninguém podia beber do cálice que era passado se não tivesse praticado tal feito. Entre os ibéricos, uma nação guerreira, fixavam tantas colunas no túmulo de um homem quantos inimigos ele havia matado. E entre diferentes nações prevalecem diferentes aspectos desse tipo, alguns estabelecidos por lei; outros, por costume.

Provavelmente, pode parecer absurdo para aqueles que querem considerar esse assunto questionar se é tarefa de um legislador apontar os meios pelos quais um Estado pode governar e oprimir seus vizinhos, queira ele ou não, pois como pode isso pertencer ao político ou ao legislador se é ilegal? Não pode ser legal o que é feito não apenas injustamente, mas também injustamente, considerando que uma conquista pode ser injusta. Mas não vemos nada disso nas artes, pois não é tarefa do médico nem do piloto usar persuasão ou força, o primeiro com seus pacientes, o segundo com seus passageiros. E, ainda assim, muitos parecem pensar que um governo despótico é um governo político, e o que não aceitariam como justo ou apropriado se fosse exercido sobre eles, não hesitam em exercer sobre os outros, uma vez que se esforçam para serem bem governados, mas acham irrelevante se os outros são ou não. Um poder despótico é absurdo, exceto quando a natureza moldou uma parte para o domínio e a outra para a subordinação; e, portanto, ninguém deve assumir esse poder sobre todos em geral, mas apenas sobre aqueles que são os objetos adequados a ele. Assim, ninguém deve caçar homens para alimentação ou sacrifício, senão apenas o que é adequado para esses propósitos, e estes são os animais selvagens comestíveis.

Ainda, uma cidade bem governada pode ser muito feliz em si mesma enquanto desfruta de um bom sistema de leis, mesmo que esteja situada de forma a não ter conexão com nenhum outro Estado, e mesmo que sua constituição não esteja voltada para a guerra ou a conquista, pois não teria necessidade de tais atos. Portanto, é evidente que o objetivo da guerra deve ser considerado como louvável, não como um fim, senão como um meio de obtê-lo. É dever de um bom legislador examinar cuidadosamente seu Estado e a natureza do povo, e como é possível participar de cada interação, de uma boa vida e da felicidade que resulta dela. A esse respeito, algumas leis e costumes diferem. Também é dever de um legislador, se ele tem Estados vizinhos, considerar de que maneira deve opor-se a cada um deles ou que boas ações deverá mostrar a eles. Mas qual deve ser o objetivo final dos melhores governos será considerado mais adiante.

III

Vamos agora nos dirigir àqueles que, embora concordem que uma vida de virtude é a mais desejável, divergem quanto à sua aplicação, abordando ambos os grupos. Há alguns que desaprovam todos os governos políticos e acreditam que a vida de alguém que é verdadeiramente livre é diferente da vida de um cidadão, sendo a melhor de todas. Há quem, por outro lado, considere que a vida de cidadão é a melhor e que é impossível para alguém que não faz nada estar bem empregado; acredita-se, assim, que a atividade virtuosa e felicidade são a mesma coisa. Ambos os grupos, em alguns aspectos, têm razão e em outros não; assim, é verdade que a vida de um homem livre é melhor que a de um escravo, pois este, como escravo, não realiza nada de honroso; as tarefas servilmente impostas a ele não têm nada de virtuoso. Por outro lado, não é verdade que a submissão a todos os tipos de governos seja escravidão, pois o governo de homens livres não difere mais do governo de escravos do que a escravidão e a liberdade diferem em sua natureza; e como elas diferem já foi mencionado. Preferir não fazer nada a uma atividade virtuosa também é errado, pois a felicidade consiste na ação, e muitos fins nobres são alcançados pelas ações dos justos e sábios. Com base no que já determinamos sobre o assunto, alguém pode pensar que o poder supremo é o melhor de todos, pois permite a um homem comandar muitos serviços úteis de outros; então, quem pode obter isso não deve entregá-lo a outro, mas tomá-lo para si. E, para esse propósito, o pai não deve prestar atenção ao filho, nem o filho ao pai, nem o amigo ao amigo; o que é melhor é mais desejável. O que essas pessoas afirmam pode até ser verdadeiro, se o bem supremo fosse realmente daqueles que saqueiam e usam a violência contra os outros. Mas é muito improvável que seja assim, pois é uma mera suposição. Não segue que suas ações sejam honrosas aqueles que assumem o poder supremo sobre os outros, a menos que sejam, por natureza, tão superiores a eles quanto um homem a uma mulher, um pai a um filho, um mestre a um escravo; assim, quem abandona os caminhos da virtude nunca pode voltar de onde se desviou. Entre iguais, o que é justo e honesto deve ser recíproco; isso é igual e correto; mas que os iguais não participem do que é igual, ou semelhantes com semelhantes, é contrário à natureza. O que é contrário à natureza não é correto; portanto, se houver alguém superior ao resto da comunidade em virtude e habilidades para a vida ativa, é apropriado seguir e obedecer a essa pessoa, mas ela não deve agir sozinha, deve estar acompanhada de outros também. Se estamos certos no que dissemos, segue-se que a felicidade consiste na atividade virtuosa, tanto para a comunidade quanto para o indivíduo, e que uma vida ativa é a mais feliz. Não que uma vida ativa deva necessariamente se referir a outras pessoas, como alguns pensam, ou que apenas os estudos voltados para ensinar aos outros o que fazer sejam práticos, pois são muito mais práticos aqueles cujo objetivo final está em si mesmos, melhorando o julgamento e o entendimento do homem. A atividade virtuosa tem um fim e, portanto, é algo prático; de fato, aqueles que elaboram o plano que outros seguem são mais especificamente considerados como agindo e são superiores aos trabalhadores que executam seus projetos. Mas não é necessário que Estados que optem por não ter intercâmbio com outros permaneçam inativos, pois os diversos membros podem ter intercâmbio mútuo entre si. Há muitas oportunidades para isso entre os diferentes cidadãos; e o equivalente é verdadeiro para cada indivíduo. Se fosse de outra maneira, nem a Divindade nem o universo seriam perfeitos; nenhum dos dois pode existir separadamente de algo externo. Portanto, é evidente que a mesma vida que é feliz para cada indivíduo também é feliz para o Estado e para cada um de seus membros.

IV

Agora que concluímos a parte introdutória do assunto e consideramos amplamente a natureza de outros Estados, resta-nos discutir como deveria ser o estabelecimento de uma cidade ideal, conforme os desejos de quem a forma. Nenhum Estado pode ser bom sem uma proporção moderada do que é necessário. Portanto, muito deve ser previsto como desejável, porém pouco deve ser impossível, considerando o número de cidadãos e a extensão do território. Assim como outros artesãos, como o tecelão e o construtor de navios, precisam de materiais adequados para seu trabalho, para que este seja melhor, o legislador e o político devem buscar os materiais apropriados para o trabalho que têm em mãos. O principal instrumento do político é o número de pessoas; ele deve, portanto, saber quantas e quais elas devem ser por natureza. Da mesma forma, é necessário saber o tamanho e as características do território. Muitos acreditam que uma cidade deve ser grande para ser feliz. Mas, se isso fosse verdade, não saberiam definir o que é uma grande cidade e o que é uma pequena, pois avaliam a grandeza pela quantidade de habitantes. No entanto, deveriam considerar mais a força do que o número, já que um Estado tem um objetivo específico, e sua grandeza deve ser estimada pelo poder que tem para alcançá-lo. Assim como se poderia dizer que Hipócrates foi um médico maior, embora não um homem maior, do que alguém que o superava em tamanho, se fosse apropriado medir a força da cidade pelo número de habitantes, isso não deveria ser feito pela multidão geral presente na cidade. Uma cidade deve ter muitos escravos, residentes temporários e estrangeiros, mas deve ser medida pelos que realmente fazem parte dela e a constituem propriamente. Uma grande quantidade desses membros é, de fato, um indicativo de uma grande cidade, mas um Estado com muitos mecânicos e poucos soldados não pode ser grande, pois a grandeza da cidade e o número de homens nela não são a mesma coisa. Isso também é evidente pelo fato de que é muito difícil, senão impossível, governar um corpo muito numeroso de pessoas, uma vez que em todos os Estados bem governados não encontramos algum em que os direitos de cidadania estejam abertos a uma multidão indiscriminada. E isso é evidente pela própria natureza das coisas, pois a lei é uma certa ordem, e uma boa lei é uma ordem boa; mas uma multidão muito grande é incapaz disso, a menos que esteja sob o governo de um PODER DIVINO que abarca o universo. Embora a quantidade e a variedade sejam geralmente essenciais para a beleza, a perfeição de uma cidade reside em seu tamanho, desde que essa grandeza esteja em conformidade com a ordem mencionada anteriormente. Há um tamanho determinado para todas as cidades, assim como para todos os outros seres, sejam animais, plantas ou máquinas; cada um desses, se não for muito pequeno nem muito grande, tem suas próprias capacidades. Quando não atingem seu crescimento adequado ou são mal construídos, como um navio com um braço de comprimento não é propriamente um navio, nem um de dois estádios de comprimento, mas sim um de tamanho adequado; tanto pode ser inútil por causa de seu tamanho pequeno quanto por causa do tamanho grande. Assim é com uma cidade: uma muito pequena não tem o poder de autodefesa, o que é essencial; uma muito grande pode ter autodefesa no que é necessário, mas então se torna uma nação, e não uma cidade. Será muito difícil adaptar um sistema de governo a ela; afinal, quem aceitaria ser o comandante de uma multidão tão desorganizada, ou quem poderia ser seu arauto, senão alguém com uma voz tão poderosa quanto a de um estentor? Portanto, necessita-se primeiro que uma cidade tenha um número de habitantes suficiente para permitir que vivam felizes em sua comunidade política. E conclui-se que, quanto mais os habitantes excederem o número necessário, maior será a cidade. Mas isso não deve ser feito sem limites; qual é o limite apropriado, a experiência mostrará facilmente, e essa experiência deve ser coletada das ações tanto dos governantes quanto dos governados. Agora, como compete aos primeiros dirigir os magistrados inferiores e agir como juízes, segue-se que eles não podem determinar causas com justiça nem emitir suas ordens de forma adequada sem conhecer os caracteres de seus concidadãos. Sempre que isso não for feito em ambos os aspectos, o Estado necessariamente será mal administrado, pois em ambos é incorreto determinar apressadamente e sem o conhecimento adequado o que evidentemente ocorrerá quando o número de cidadãos for muito grande. Além disso, é mais fácil para estranhos e residentes temporários assumirem os direitos de cidadania, uma vez que escaparão facilmente da detecção em uma multidão tão grande. Logo, é notório que o melhor limite para uma cidade é aquele em que o número de habitantes é o maior possível para que possam ser mais autossuficientes, enquanto ao mesmo tempo não sejam tão grandes a ponto de estarem sob o controle e a supervisão dos magistrados. Assim, devemos determinar a extensão de uma cidade.

V

O que dissemos sobre uma cidade pode ser aplicado de forma semelhante a um país. Em relação ao tipo de solo, todos concordam que ele deve ser suficiente para fornecer o que for necessário para a felicidade dos habitantes; ou seja, deve ser capaz de fornecer os bens essenciais para a vida, pois é a abundância desses bens, sem falta, que traz contentamento. Quanto à sua extensão, deve ser suficiente para que os habitantes vivam com liberdade e equilíbrio. Se fizemos bem ou mal ao estabelecer esse limite para o território, será discutido mais detalhadamente depois quando formos investigar propriedades, o tipo de fortuna necessário para viver e como e de que forma deve ser usado. Há muitas dúvidas sobre essa questão, já que cada grupo defende sua própria forma de vida, seja de rigor ou de indulgência.

Quanto à localização do país, não é difícil determinar o que deve ser feito, especialmente em aspectos militares. O país deve ser de difícil acesso para os inimigos, mas fácil para os habitantes. Da mesma forma que o número de habitantes deve ser tal para que possa ser monitorado pelos magistrados. O país também deve ser de fácil defesa; sobre a posição da cidade, se pudesse ser escolhida conforme o desejo, seria conveniente situá-la à beira-mar. Ainda em relação ao país, uma das características que deve ter é a de ser facilmente acessível para receber suprimentos de todas as partes, além de madeira e outros materiais que possam existir na região.

VI

Sobre a localização de uma cidade próxima ao mar, há dúvidas quanto a isso ser benéfico ou prejudicial para um Estado bem- regulado. Alguns argumentam que a presença de pessoas de diferentes sistemas de governo pode prejudicar o Estado, tanto por dificultar a aplicação das leis quanto pelo aumento do número de habitantes. Uma grande quantidade de mercadores, por exemplo, pode surgir devido ao comércio marítimo, o que pode atrapalhar a boa administração da cidade. No entanto, se esses problemas não ocorrerem, é evidente que estar próximo ao mar é vantajoso tanto pela segurança quanto pela facilidade de obter os bens necessários. A cidade e o campo devem estar próximos ao mar para que possam se defender de ataques por terra e por mar, e para enfrentar qualquer invasão, tanto em terra quanto no mar, se possível; ou, pelo menos, onde forem mais fortes.

Uma localização costeira também é útil para receber produtos que o próprio país não produz e para exportar o que é excedente. No entanto, uma cidade deve se concentrar em suprir suas próprias necessidades, e não as de outros; quem mantém um mercado aberto para todos o faz visando ao lucro, algo que um Estado bem estabelecido deve evitar e não incentivar.

Observa-se que muitos lugares e muitas cidades têm docas e portos bem localizados. E, embora quem frequente tais locais não tenha contato direto com a cidadela, e estejam rodeados por muros e fortificações, se algum benefício advier desse comércio, a cidade poderá aproveitá-lo; caso contrário, será fácil limitar os danos por meio de leis que definam quem pode e quem não pode ter acesso.

Quanto ao poder naval, não há dúvida de que é necessário até certo ponto não apenas para a cidade, mas também para se mostrar formidável perante Estados vizinhos ou para prestar assistência por terra e por mar. A extensão desse poder deve ser proporcional à saúde do Estado; se este for vigoroso e capaz de liderar outras comunidades, seu poder deve corresponder às suas ações. A grande quantidade de pessoas que um poder naval cria não é essencial para o Estado nem deve fazer parte dos cidadãos; os marinheiros e soldados, que comandam, são livres e participam dos combates navais. No entanto, se houver muitos servos e agricultores, haverá uma quantidade suficiente de marinheiros, como ocorre em alguns Estados, como Heracleia, que possui muitos trirremes, apesar de sua cidade ser menor em comparação a outras.

Assim, determinamos sobre o país, o porto, a cidade, o mar e o poder naval; quanto ao número de cidadãos, já discutimos o que deveria ser.

VII

Vamos agora abordar a disposição natural que os membros da comunidade devem ter. Isso é fácil de perceber ao observar os Estados da Grécia, que são os mais renomados, e também outras nações do mundo habitável. Aqueles que vivem em países frios, como o norte da Europa, são corajosos, mas carecem de entendimento e das artes. Por isso, são muito defensores de sua liberdade, mas, não sendo políticos, não conseguem subjugar seus vizinhos. Por outro lado, aos asiáticos, que têm entendimento rápido e são versados nas artes, faltam-lhes coragem; por isso, são frequentemente conquistados e se tornam escravos de outros. Já os gregos, situados entre esses dois extremos, possuem uma combinação de qualidades, sendo ao mesmo tempo corajosos e sensíveis. Por essa razão, a Grécia permanece livre, bem governada e capaz de dominar o mundo, se conseguissem concordar com um sistema político único.

Assim, a diferença entre os gregos e outras nações é que estas possuem apenas uma das qualidades, enquanto os gregos têm ambas harmoniosamente combinadas. Portanto, é evidente que aqueles que devem obedecer prontamente a um legislador, cujo objetivo das leis é a virtude, devem ser tanto sensíveis quanto corajosos.

No que diz respeito ao que alguns afirmam, de que os militares devem ser brandos e compreensivos com aqueles que conhecem, mas severos e cruéis com os que não conhecem, é a coragem que torna alguém admirável; é essa a qualidade da alma que mais admiramos. Como prova disso, nossa indignação é maior com nossos amigos e conhecidos do que com os estranhos. Assim, Arquelau, ao acusar seus amigos, diz muito apropriadamente para si mesmo: "Será que meus próprios amigos vão me insultar?"[1]. O espírito de liberdade e

---

1 Arquelau de Pafos, *Poetarum Lyricorum Graecorum*, fragmento 67 (editado por Theodor Bergk).

comando também é algo que todos que têm essa disposição herdam, pois a coragem é dominante e invencível.

Ainda não é correto dizer que se deve ser severo com os desconhecidos; esse comportamento não é apropriado para ninguém. Aqueles que têm uma disposição nobre não são ríspidos, exceto com os ímpios; e, quando são particularmente severos, é, como já foi dito, com seus amigos, ao achar que foram prejudicados. Isso é razoável, pois, quando aqueles que esperam um favor de alguém não o recebem, além do dano sofrido, consideram o que lhes foi negado. Daí vem o dito "Cruéis são as guerras entre irmãos"[2]; e também "Aqueles que amaram intensamente odeiam intensamente"[3].

Assim, concluímos quase que totalmente quantos habitantes uma cidade deve ter, qual deve ser sua disposição natural, além de como deve ser o país, seu tamanho e tipo necessários. Digo quase totalmente porque não é necessário buscar a mesma precisão em coisas que são perceptíveis pelos sentidos como naquelas que são compreendidas apenas pela razão.

VIII

Assim como em corpos naturais os elementos que não podem faltar para que o todo exista não são considerados partes deles, também é evidente que, em um Estado político, nem tudo o que é necessário deve ser visto como uma parte, nem qualquer outra comunidade que forma um todo. Algo deve ser comum e igual para a comunidade, seja usufruído de forma igualitária ou desigual, como alimentos, terras etc.

---

2 Eurípides, *Tragicorum Graecorum Fragmenta*, fragmento 975 (editado por Augustus Nauck).
3 Platão, *A República*, VIII, 563e.

Mas quando uma coisa beneficia uma pessoa e outra beneficia um indivíduo distinto, não há verdadeira comunidade, exceto que uma faz e a outra usa, como no caso de um instrumento de trabalho e os trabalhadores; não há algo em comum entre a casa e o construtor, mas a arte do construtor é aplicada à casa.

Logo, a propriedade é necessária para os estados, mas não faz parte do Estado, embora muitas formas de propriedade tenham vida. Uma cidade é uma comunidade de iguais, com o objetivo de desfrutar da melhor vida possível. A vida mais feliz é a que resulta da prática perfeita das energias virtuosas. Como alguns têm grandes oportunidades, enquanto outros têm poucas ou nenhuma, isso explica as diferenças entre as cidades e comunidades existentes. Cada uma delas busca o melhor por meios diversos e variados, resultando em diferentes modos de vida e formas de governo.

Agora, devemos considerar o que é absolutamente necessário para a existência de uma cidade. As chamadas "partes da cidade" devem estar presentes nela. Entenderemos isso claramente se soubermos o número de elementos essenciais para uma cidade: primeiro, os habitantes devem ter alimento; segundo, artes, pois muitos instrumentos são necessários na vida; terceiro, armas, pois é necessário que a comunidade tenha uma força armada interna para manter o governo contra aqueles que possam se recusar a obedecer e para defender-se de ataques externos; quarto, uma receita certa, tanto para as necessidades internas do Estado quanto para os assuntos de guerra; quinto, e realmente o principal, um estabelecimento religioso; e sexto, mas não menos importante, um tribunal para julgar causas criminais e civis. Esses elementos são absolutamente necessários em qualquer Estado, pois uma cidade é um grupo de pessoas não reunidas acidentalmente, mas com o propósito de garantir independência e autodefesa. Se algo essencial para esses propósitos estiver faltando, é impossível alcançar seus objetivos. Portanto, é necessário que uma cidade seja capaz de adquirir todas essas coisas. Para tal, precisa-se de um número adequado de agricultores para fornecer alimento, além de artífices, soldados, ricos, sacerdotes e juízes para determinar o que é justo e apropriado.

IX

Após determinar o que discutimos até agora, resta considerar se todos esses diferentes empregos devem estar abertos a todos; se é possível manter sempre as mesmas pessoas como agricultores, artífices, juízes ou conselheiros; se devemos designar pessoas diferentes para cada uma das funções que já mencionamos; ou se algumas devem ser atribuídas a indivíduos específicos e outras, de fato, comuns a todos. Isso não ocorre em todos os Estados, pois, como já dissemos, pode ser que tudo seja comum a todos ou apenas a alguns; e essa é a diferença entre um governo e outro. Nas democracias, toda a comunidade participa de tudo, enquanto nas oligarquias é diferente.

Como estamos investigando qual é o melhor governo possível, e o melhor governo é aquele no qual os cidadãos são felizes, e sabemos que é impossível alcançar a felicidade sem virtude, segue-se que, nos Estados bem governados, onde os cidadãos são realmente pessoas de bondade intrínseca, e não apenas relativa, a nenhum deles deve ser permitido exercer qualquer emprego mecânico ou seguir o comércio, por serem considerados indignos e prejudiciais à virtude. Eles também não devem ser agricultores, para que possam se dedicar à virtude e cumprir os deveres que devem ao Estado.

Quanto aos empregos de soldado, senador e juiz, evidentemente necessários à comunidade, devem ser atribuídos a pessoas diferentes ou o mesmo indivíduo deve ocupá-los todos? Essa questão também é facilmente respondida: em alguns casos, as mesmas pessoas podem desempenhar tais funções; em outros, devem ser distintas, quando os diferentes empregos exigem habilidades diferentes. Se um emprego exige coragem e outro, julgamento, eles devem ser atribuídos a pessoas diferentes. Contudo, quando é evidente que é impossível obrigar aqueles que têm armas em mãos e podem exigir seus próprios termos a estarem sempre sob comando, as funções devem ser confiadas a uma única pessoa, pois aqueles que estão armados têm a opção de assumir ou não o poder supremo. A administração deve ser confiada aqueles que possuem coragem e julgamento, mas de maneira diferente: o que exige coragem, para os jovens; e o que exige julgamento, para os mais velhos, pois, com os jovens, vem a coragem, e com os mais velhos, a sabedoria. Assim, cada um será alocado de acordo com suas habilidades e seus méritos.

Também é necessário que a propriedade fundiária pertença a esses homens, pois é essencial que os cidadãos sejam ricos, e esses são os homens adequados para serem cidadãos. Nenhum mecânico deve ter os direitos de um cidadão, nem qualquer outro tipo de pessoa cujo emprego não seja inteiramente nobre, honroso e virtuoso. Isso é evidente pelo princípio com o qual começamos: para ser feliz é necessário ser virtuoso, e ninguém deve considerar uma cidade feliz enquanto examina apenas uma parte de seus cidadãos; para isso, deve considerar todos eles. Portanto, é evidente que a propriedade fundiária deve pertencer a esses cidadãos, embora possa ser necessário ter agricultores, sejam eles escravos, estrangeiros ou servos.

Ficam, entre as diferentes classes de pessoas que enumeramos, os sacerdotes, que claramente formam uma classe à parte. Eles não devem ser contados entre os agricultores nem os mecânicos, pois a reverência aos deuses é altamente adequada para qualquer Estado. E já que os cidadãos foram divididos em ordens, como o militar e o Conselho, e é apropriado oferecer o devido culto aos deuses, é necessário que aqueles que trabalham em seu serviço não tenham outras ocupações e que o sacerdócio seja atribuído aos mais velhos. Assim, mostramos o que é preciso para a existência de uma cidade, quais são suas partes e que agricultores, mecânicos e servos mercenários são primordiais para a cidade. No entanto, as partes da cidade são os soldados e marinheiros, e estes são sempre distintos daqueles, mas entre si apenas ocasionalmente.

X

Até recentemente, parecia que os filósofos estudantes da política não sabiam que uma cidade deveria ser dividida em diferentes ordens de famílias, e que os agricultores e soldados deveriam ser mantidos separados. Esse costume é preservado até hoje no Egito e em Creta; Sesóstris o estabeleceu no Egito e Minos, em Creta. As refeições comuns parecem também ter sido uma regulamentação antiga, estabelecida em Creta durante o reinado de Minos e, em um período ainda mais remoto, na Itália por Ítalo, rei da Enótria, de acordo com seus melhores juízes – de quem o povo, ao mudar seu nome, passou a ser chamado de italianos em vez de enotrianos, e a parte da Europa chamada Itália, situada entre o Golfo Cílico e o Golfo Lamético, a uma distância de cerca de meio dia de viagem. Ítalo, segundo relatam, fez com que os enotrianos, que eram anteriormente pastores, se tornassem agricultores; e lhes deu novas leis, além de ter sido o primeiro a estabelecer refeições comuns, motivo pelo qual alguns de seus descendentes ainda as utilizam e observam algumas de suas leis. Os ópicos habitam a parte voltada para o Mar Tirreno e atualmente são conhecidos como Ausônios. Os cônios habitavam a região voltada para a Ípia e o Mar Jônico, chamada Sírtes. Esses cônios descendiam dos enotrianos. Assim surgiu o costume das refeições comuns, mas a separação dos cidadãos em diferentes famílias é do Egito, pois o reinado de Sesóstris é muito mais antigo que o de Minos. Assim como devemos supor que muitas outras coisas foram descobertas ao longo de um tempo longo e até ilimitado (a razão nos ensina que a necessidade nos faz inventar o que é essencial e, uma vez obtido, buscar o que é preciso para o conforto e o embelezamento da vida), devemos concluir igualmente em relação a um Estado político. Tudo no Egito carrega marcas de uma antiguidade muito remota, pois esses povos parecem ser os mais antigos de todos e adquiriram leis e uma ordem política. Portanto, devemos fazer uso apropriado do que sabemos sobre eles e buscar entender o que omitiram. Já dissemos que a propriedade fundiária deve pertencer aos militares e aos que participam do governo do Estado, e que os agricultores devem ser de uma ordem separada de pessoas. Vamos primeiro tratar da divisão da terra e dos agricultores, quantos e de que tipo eles devem ser. Não acreditamos que a propriedade deva ser comum, como alguns disseram; deve haver amizade suficiente para garantir que nenhum cidadão passe necessidade.

Quanto às refeições comuns, é geralmente aceito que elas são apropriadas em cidades bem reguladas; explicarei mais adiante por que as aprovo. Elas devem ser parte da vida de todos os cidadãos; no entanto, não será fácil para os pobres fornecer o que é necessário e ainda manter sua própria casa. O custo do culto religioso também deve ser arcado pelo Estado como um todo. Portanto, é necessário que a terra seja dividida em duas partes: uma deve pertencer à comunidade em geral e a outra, aos indivíduos separadamente; e cada uma dessas partes deve ser subdividida em duas – metade da parte pública deve ser destinada à manutenção do culto aos deuses e a outra metade, para sustentar as refeições comuns. Metade da parte pertencente aos indivíduos deve estar na extremidade do território e a outra, próxima à cidade, para que todos tenham terras em ambos os lugares, garantindo uma distribuição justa e adequada e incentivando a harmonia em qualquer guerra com vizinhos. Quando a terra não é dividida dessa forma, uma parte negligencia os ataques inimigos nas fronteiras, enquanto a outra os exagera, o que leva alguns lugares a terem leis que proíbem os habitantes das fronteiras de votarem no

Conselho quando se debate uma guerra contra eles, para evitar que seu interesse pessoal influencie seu voto.

Assim, a divisão da terra deve ser feita pelos motivos mencionados. Se pudéssemos escolher, os agricultores deveriam, em todos os casos, ser escravos, não da mesma nação, ou homens de espírito, para que fossem dedicados ao trabalho e livres de tentar inovações. A seguir, os servos bárbaros são preferíveis, desde que tenham uma disposição natural semelhante à dos mencionados anteriormente. Aqueles que cultivarão a propriedade privada devem pertencer a esse indivíduo, e os que cultivarão o território público devem pertencer à comunidade. A forma como esses escravos devem ser tratados e o motivo pelo qual é apropriado prometer-lhes a liberdade como recompensa pelos seus serviços serão abordados a seguir.

XI

Já mencionamos que tanto a cidade quanto o país devem estar o mais possivelmente conectados tanto com o mar quanto com o continente. Existem quatro aspectos que devemos considerar particularmente em relação à localização da cidade. A saúde é o fator mais importante: uma cidade que está voltada para o leste e recebe os ventos dessa direção é considerada mais saudável. Em segundo lugar, uma localização voltada para o norte é preferível, especialmente no inverno. Em terceiro, a cidade deve ter uma posição adequada para a administração e a defesa em tempo de guerra, permitindo que os cidadãos tenham fácil acesso, enquanto seja difícil para o inimigo invadi-la. Em quarto, é essencial ter abundância de água e rios próximos. Se esses recursos não estiverem disponíveis, é necessário preparar grandes cisternas para armazenar água da chuva, garantindo que não falte água em caso de cerco.

A saúde dos habitantes deve ser priorizada. O primeiro aspecto é a boa localização da cidade; o segundo é garantir água potável em quantidade suficiente, sem negligenciar tal necessidade. O que mais usamos para sustentar o corpo deve influenciar diretamente a saúde; e a água e o ar são fatores naturais nesse aspecto. Por isso, em governos sábios, a água deve ser destinada a diferentes usos e, se não houver água de boa qualidade suficiente, aquela para beber deve ser separada da de outros usos.

Sobre locais fortificados, o que é adequado para alguns governos não o é necessariamente para todos. Por exemplo, uma cidadela elevada é apropriada para uma monarquia ou oligarquia, enquanto uma cidade construída em uma planície é mais adequada para uma democracia; para uma aristocracia, seria melhor ter vários locais fortes. Quanto ao formato das casas privadas, aquelas que são distintas e separadas, construídas no estilo moderno segundo o plano de Hipódamo, são consideradas as melhores e mais úteis para seus diferentes propósitos. No entanto, para segurança em tempos de guerra, é preferível que as casas sejam construídas de maneira que os estrangeiros tenham dificuldade em sair delas e que um inimigo tenha dificuldade em encontrar o acesso se quiser fazer um cerco.

Portanto, a cidade deve ter esses dois tipos de construções. Isso pode ser feito facilmente se alguém planejar da mesma forma que os viticultores organizam suas fileiras de vinhedos; não que todos os edifícios na cidade devam ser isolados, mas devem estar em algumas áreas. Assim, a elegância e a segurança serão igualmente atendidas.

Quanto às muralhas, aqueles que afirmam que um povo corajoso não deveria precisar delas estão desconsiderando ideias ultrapassadas. Muitos que se orgulham de não usar muralhas são constantemente refutados pelos fatos. Decerto, é desonroso para aqueles que estão em pé de igualdade ou quase em pé de igualdade com o inimigo buscar refúgio dentro das muralhas; no entanto, como frequentemente ocorre que os atacantes são muito mais poderosos do que a bravura dos poucos que resistem, é papel de um bom soldado buscar segurança sob a proteção das muralhas, especialmente porque muitos equipamentos e armas foram inventados para cercar cidades.

Negligenciar a construção de muralhas seria como escolher um país que é fácil de acessar para o inimigo ou nivelar suas elevações; ou como se um indivíduo não tivesse uma muralha ao redor de sua casa para evitar que se pense que o proprietário é um covarde. Além disso, deve-se considerar que aqueles que têm uma cidade cercada por muralhas podem atuar de duas maneiras, como se ela estivesse ou não cercada. Todavia, onde não há muralhas, tal opção não é possível. Se isso é verdade, não é apenas necessário ter muralhas, senão também garantir que elas sejam uma ornamentação adequada para a cidade, além de uma defesa em tempos de guerra, utilizando os métodos antigos, além das inovações modernas. Assim como aqueles que fazem guerra ofensiva buscam todas as formas possíveis de obter vantagens sobre seus adversários, os defensores devem usar todos os meios conhecidos e novos, inventados pela filosofia, para se defender, pois os que estão bem preparados raramente são atacados primeiro.

XII

Como os cidadãos devem comer em mesas públicas em determinados grupos, e é necessário que as muralhas tenham bastiões e torres em locais e distâncias adequadas, é evidente que algumas dessas torres devem ser projetadas com esse objetivo. Os edifícios para tal fim devem ser parte da decoração das muralhas. Quanto aos templos para culto público e ao salão para as refeições dos principais magistrados, devem ser construídos em locais apropriados e próximos uns dos outros, exceto aqueles templos que a lei ou o oráculo ordenam que sejam separados de outros edifícios. Esses templos devem estar em locais de destaque, com a melhor localização possível e nas proximidades da parte da cidade mais fortificada.

Deve haver uma grande praça adjacente a essa área, semelhante à que se chama, na Tessália, Praça da Liberdade, onde não é permitido comprar ou vender nada. Nessa praça, nenhum mecânico, agricultor ou pessoa similar deve ter permissão para entrar, a menos que seja ordenado pelos magistrados. Seria também uma adição positiva se os exercícios ginásticos dos mais velhos fossem realizados ali. É adequado que, para realizar esses exercícios, os cidadãos sejam divididos em classes distintas de acordo com suas idades, com os jovens sob a supervisão de oficiais apropriados e os mais velhos com os magistrados, pois tê-los à vista inspiraria verdadeira modéstia e respeito genuíno.

Deve haver outra praça separada para compra e venda, convenientemente localizada para o recebimento de mercadorias tanto por mar quanto por terra. Como os cidadãos podem ser divididos entre magistrados e sacerdotes, é apropriado que as mesas públicas dos sacerdotes estejam em edifícios próximos aos templos. Já as dos magistrados que supervisionam contratos, acusações e outros assuntos, bem como os mercados e as ruas públicas próximas à praça, devem estar localizadas de forma a facilitar seus negócios. A mesma organização que eu descrevi deve ser aplicada também no campo; lá, os magistrados, como os responsáveis pela fiscalização das florestas e supervisão das terras, também devem ter suas mesas comuns e torres para proteção contra inimigos. Além disso, devem ser erguidos templos em locais apropriados tanto para os deuses quanto para os heróis.

Não é necessário detalhar mais esses pontos específicos, pois planejar tais coisas não é difícil; o desafio é executá-las. A teoria é fruto dos nossos desejos, mas a parte prática depende da sorte; por isso, vamos deixar de lado uma discussão mais aprofundada sobre esses assuntos.

XIII

Agora, vamos discutir qual deve ser a composição e a quantidade de pessoas em um governo para garantir que o Estado seja feliz e bem administrado. Existem dois aspectos fundamentais para a excelência e perfeição de qualquer coisa: primeiro, que o objetivo e o fim propostos sejam adequados; segundo, que os meios para alcançá-los estejam adequados a esse propósito. Pode acontecer que tais aspectos estejam em concordância ou em desacordo. O fim que buscamos pode ser bom, mas os meios para alcançá-lo podem ser inadequados; em outras situações, podemos ter os meios certos, mas o fim pode ser ruim, e às vezes erramos em ambos. Por exemplo, na arte da medicina, o médico pode não saber em que situação o corpo deve estar para ser saudável nem o que fazer para alcançar o objetivo desejado. Portanto, em toda arte e ciência, devemos dominar este conhecimento: o fim adequado e os meios para alcançá-lo.

É evidente que todos desejam viver bem e ser felizes, mas alguns têm os meios para isso em suas mãos, enquanto outros não, seja por natureza ou por sorte. Muitos ingredientes são necessários para uma vida feliz, mas menos para aqueles que possuem uma boa disposição do que para aqueles com uma disposição ruim. Há pessoas que têm continuamente os meios para a felicidade, mas não os aplicam corretamente. Para determinar qual é o melhor governo – aquele que administra o Estado da maneira mais eficiente e garante maior felicidade para as pessoas –, é fundamental compreendermos bem o conceito de felicidade.

Já mencionei em meu *Tratado sobre a Moral* (se puder fazer uso do que lá expus) que a felicidade consiste na prática plena e na energia da virtude; e isso não de maneira relativa, mas de forma absoluta. Por "relativa", entendo o que é necessário em determinadas circunstâncias; por "absoluta", o que é bom e justo em si mesmo.

Exemplos de virtudes absolutas são as punições justas e as restrições em uma causa justa, que surgem da virtude e são necessárias; e, por isso, são virtuosas. Embora seja mais desejável que nenhum Estado ou indivíduo precise delas, ações destinadas a procurar honra ou riqueza são simplesmente boas, enquanto as outras servem somente para remover um mal. Essas últimas são a base e o meio de um bem relativo. Um homem digno suportará pobreza, doença e outros acidentes infelizes com uma mente nobre; mas a felicidade consiste em contrariar esses estados (como já determinamos em nosso *Tratado sobre a Moral*, um homem digno considera o que é bom por ser virtuoso como simplesmente bom; é evidente que todas as suas ações devem ser dignas e absolutamente boas).

Isso levou alguns a concluir que a causa da felicidade está nos bens externos, o que seria como supor que tocar bem lira se deve ao instrumento, e não à arte. Segue-se necessariamente que algumas coisas devem estar prontamente disponíveis e outras devem ser providas pelo legislador. Por isso, ao fundar uma cidade, desejamos que haja abundância das coisas que estão sob o domínio da sorte (pois admitimos que algumas coisas estão sob seu controle); mas para que um Estado seja digno e grande, é necessário não apenas sorte, senão conhecimento e julgamento.

Para que um Estado seja digno, necessita-se que os cidadãos envolvidos na administração também o sejam. Como em nossa cidade todos os cidadãos devem ser assim, devemos considerar como isso pode ser alcançado. Se isso fosse possível para todos e não apenas para alguns indivíduos, seria mais desejável, pois então o que poderia ser feito por um poderia ser feito por todos. Os homens são dignos e bons de três maneiras: por natureza, por costume e por razão. Em primeiro lugar, um homem deve nascer homem, e não outro animal; ou seja, deve ter tanto corpo quanto alma. No entanto, não adianta apenas nascer com certas qualidades, pois o costume pode causar grandes alterações. Existem coisas na natureza que são passíveis de alteração, e o costume pode fixá-las para melhor ou para pior. Outros animais vivem principalmente de acordo com a natureza, e em poucas coisas segundo o costume; mas o homem vive também segundo a razão, que é exclusiva dele. Portanto, ele deve harmonizar todos esses aspectos. Se os homens seguissem a razão e estivessem convencidos de que obedecê-la é o melhor, agiriam muitas vezes de forma contrária à natureza e ao costume. Como os homens devem ser naturalmente para serem bons membros de uma comunidade já foi determinado; o restante deste discurso tratará da educação, pois algumas coisas são adquiridas pelo hábito e outras pela aprendizagem.

XIV

Como toda comunidade política é composta por aqueles que governam e pelos governados, devemos considerar se, durante a vida, essas pessoas devem ser as mesmas ou diferentes; pois é evidente que o modo de educação deve se adaptar a essa distinção. Agora, se um homem diferisse do outro tanto quanto acreditamos que os deuses e heróis diferem dos homens – primeiro, sendo muito superiores em corpo; e, segundo, em alma – de modo que a superioridade dos governantes sobre os governados fosse evidente sem dúvida, seria melhor que uns governassem sempre e os outros fossem sempre governados. No entanto, como isso não é fácil de se alcançar, e os reis não são tão superiores aos governados como Scílax nos informa que são na Índia, é evidente que, por muitas razões, é necessário que todos, por sua vez, tanto governem quanto sejam governados. É justo que aqueles que são iguais tenham tudo em igualdade, e é difícil que um Estado continue se for fundado na injustiça. Todos no país que desejam inovação se voltarão para aqueles que estão sob o governo dos outros, e tal será seu número no Estado que será impossível para os magistrados vencê-los. Mas é indiscutível que os governantes devem exceder os governados; portanto, o legislador deve considerar como isso será possível e como pode ser garantido que todos tenham uma participação justa na administração.

Com relação a isso, deve-se primeiro considerar que a própria natureza nos orientou em nossa escolha, estabelecendo o equivalente quando fez alguns jovens e outros velhos: os primeiros devem obedecer, e os últimos devem comandar. Ninguém, quando jovem, se ofende por estar sob governo nem se considera bom demais para isso, especialmente quando considera que ele mesmo receberá as mesmas honras que presta quando atingir a idade adequada. Em alguns aspectos, deve-se reconhecer que governantes e governados são os mesmos, e, em outros, são diferentes; portanto, é necessário que sua educação seja, em alguns aspectos, igual, e em outros, diferente. Como dizem, um bom governante será aquele que primeiro aprendeu a obedecer.

Agora, dos governos, alguns são instituídos para o bem do que comanda, e outros para o bem do que obedece. O primeiro tipo é o do mestre sobre o servo; o segundo é o dos homens livres entre si. Algumas coisas que são ordenadas diferem entre si não pelo trabalho em si, mas pelo fim proposto. Por isso, muitos trabalhos, mesmo de natureza servil, não são desonrosos para jovens homens livres, pois muito do que é ordenado não é honorável ou desonroso por sua natureza, mas pelo fim que se busca e pela razão pela qual é empreendido. Como já determinamos que a virtude de um bom cidadão e de um bom governante é a mesma de um bom homem, e que todo aquele que comanda deve primeiro ter obedecido, cabe ao legislador considerar como seus cidadãos podem ser bons homens, que tipo de educação é necessária para isso e qual é o objetivo final de uma vida boa.

A alma do homem pode ser dividida em duas partes: aquela que possui razão em si mesma e aquela que não possui, mas é capaz de obedecer a seus ditames. De acordo com as virtudes dessas duas partes, um homem é considerado bom. Mas, das virtudes que são os fins, não será difícil para aqueles que adotam a divisão que já forneci determinar, pois o inferior sempre é para o bem do superior. Isso é igualmente evidente tanto nas obras da arte quanto na natureza; mas o que tem razão é superior. A razão também é dividida em duas partes, da maneira como normalmente a dividimos: a teórica e a prática; essa divisão parece necessária também para esta parte. A mesma analogia se aplica às ações; aquelas de natureza superior devem sempre ser escolhidas por quem tem esse poder, pois o que é mais desejável para todos é o que proporcionará os melhores fins.

A vida é dividida em trabalho e descanso, guerra e paz; e, entre o que fazemos, os objetivos são parcialmente necessários e úteis, parcialmente nobres. Devemos dar a mesma preferência a esses objetivos que damos às diferentes partes da alma e suas ações, como a guerra para obter a paz; trabalho, descanso; e o útil, o nobre. Portanto, o político que compõe um corpo de leis deve expandir sua visão para tudo: as diferentes partes da alma e suas ações, e, mais particularmente, para aquelas coisas de natureza e fins superiores; e, da mesma forma, para as vidas dos homens e suas diferentes ações.

Devem estar preparados tanto para o trabalho quanto para a guerra, mas mais para o descanso e a paz; e também para realizar o que é necessário e útil, mas mais ainda o que é justo e nobre. É para esses objetivos que a educação das crianças e de todos os jovens que precisam de instrução deve se direcionar. Todos os Estados gregos que hoje parecem mais bem governados, e os legisladores que os fundaram, não parecem ter estruturado sua política com vista ao melhor fim ou a toda virtude, em suas leis e educação; mas parecem ter se concentrado no que é útil e produtivo. Alguns que escreveram recentemente, elogiando o Estado lacedemônio, mostram que aprovam a intenção do legislador em fazer da guerra e da vitória o fim de seu governo. Mas quão contrário à razão isso é pode-se facilmente provar por argumentos e já foi demonstrado por fatos. A generalidade dos homens deseja ter um comando extenso, para ter tudo desejável em maior abundância; assim, Tíbron e outros que escreveram sobre esse Estado parecem aprovar seu legislador por ter-lhes proporcionado um comando extenso, submetendo-os continuamente a todos os tipos de perigos e dificuldades. É explícito que os lacedemônios não têm mais esperança de que o poder supremo esteja em suas próprias mãos, que nem eles sejam felizes, nem seu legislador seja sábio. Além disso, é ridículo que, enquanto preservavam a obediência às suas leis e ninguém se opunha a ser governado por elas, perderam os meios de serem honrosos. Esses povos não compreendem corretamente que tipo de governo deve refletir honra sobre o legislador, pois um governo de homens livres é mais nobre do que o poder despótico e mais consonante com a virtude. Além disso, uma cidade não deve ser considerada feliz, nem um legislador elogiado, apenas porque treinou o povo para conquistar seus vizinhos, já que nisso há um grande inconveniente. É evidente que, com base nesse princípio, cada cidadão que puder se esforçará para obter o poder supremo em sua própria cidade; um crime pelo qual os lacedemônios acusam Pausânias, embora ele tenha desfrutado de grandes honras.

Tal raciocínio e tais leis não são políticos, úteis ou verdadeiros; mas um legislador deve inculcar nas mentes dos homens leis que sejam mais úteis para eles, tanto em sua capacidade pública quanto privada. Tornar um povo apto para a guerra, para que possa escravizar seus inferiores, não deve ser a preocupação do legislador, mas para que não seja reduzido à escravidão por outros. Em seguida, ele deve assegurar que o objetivo de seu governo seja a segurança daqueles que estão sob ele, e não um despotismo sobre todos; em terceiro lugar, que somente aqueles sejam escravos que realmente mereçam ser apenas isso. A razão, de fato, concorda com a experiência em mostrar que toda a atenção que o legislador dedica ao negócio da guerra e todas as outras regras que estabelece devem ter como objetivo o descanso e a paz; visto que a maioria dos Estados (que normalmente vemos) são preservados pela guerra. Contudo, depois de adquirir poder supremo sobre os arredores, são arruinados, pois, durante a paz, como uma espada, perdem seu brilho e a culpa disso recai sobre o legislador, que nunca lhes ensinou como estar em repouso.

XV

Como há um objetivo comum para o homem, tanto como indivíduo quanto como cidadão, é evidente que um bom homem e um bom cidadão devem ter o mesmo objetivo em vista. Todas as virtudes que conduzem ao descanso são necessárias, pois, como já dissemos várias vezes, o objetivo da guerra é a paz e o do trabalho é o descanso. Mas as virtudes cujo objetivo é o descanso e aquelas cujo objetivo é o trabalho são necessárias para uma vida liberal e tranquila, pois precisamos de muitos recursos para estarmos em repouso. Portanto, uma cidade deve ser temperante, corajosa e paciente, já que, como diz o provérbio, "Descanso não é para escravos". Aqueles que não conseguem enfrentar bravamente o perigo são escravos daqueles que os atacam. Portanto, coragem e paciência são necessárias para o trabalho, filosofia para o descanso, e temperança e justiça em ambos; mas essas virtudes são principalmente necessárias em tempos de paz e descanso, pois a guerra obriga os homens a serem justos e temperantes, mas o prazer, com o descanso da paz, tende a produzir insolência. Aqueles que estão em circunstâncias favoráveis e desfrutam de tudo o que pode torná-los felizes têm grande necessidade das virtudes da temperança e da justiça. Assim, se há, como dizem os poetas, habitantes nas ilhas felizes, a eles será necessário um grau mais elevado de filosofia, temperança e justiça, pois vivem com facilidade na abundância de todos os prazeres sensuais.

Portanto, é evidente que tais virtudes são imprescindíveis em qualquer Estado que deseje ser feliz ou digno, pois aquele que é indigno nunca pode desfrutar do verdadeiro bem, muito menos está qualificado para estar em repouso; só pode parecer bom por meio do trabalho e da guerra, mas em paz e descanso é a criatura mais mesquinha. Por isso, a virtude não deve ser cultivada como fizeram os lacedemônios, que não diferiam dos outros em sua opinião sobre o bem supremo, mas em imaginar que esse bem deveria ser alcançado por uma virtude particular. Como há bens maiores do que os da guerra, é evidente que a apreciação dos bens valiosos em si mesmos deve ser desejada, em vez das virtudes úteis na guerra. Agora, devemos considerar como e por quais meios isso pode ser alcançado. Já atribuímos três causas das quais isso depende – natureza, costume e razão –, e mostramos que tipo de homens a natureza deve produzir para esse propósito. Resta então determinar por qual começaremos na educação, razão ou costume, pois esses devem sempre preservar a mais completa harmonia entre si; pode acontecer que a razão erre em relação ao objetivo proposto e seja corrigida pelo costume.

Em primeiro lugar, é notório que, assim como em outras coisas, seu começo ou sua produção surge de um princípio, e seu fim surge de outro princípio, que é, por sua vez, um fim. Agora, para nós, razão e inteligência são o fim da natureza; nossa produção e nossos hábitos, portanto, devem estar acomodados a ambos. Em seguida, assim como a alma e o corpo são duas coisas distintas, também vemos que a alma é dividida em duas partes: a parte racional e a não racional, com seus hábitos, que são dois em número, pertencendo um a cada uma, ou seja, apetite e inteligência. E assim como o corpo se desenvolve antes da alma, a parte não racional da alma também se desenvolve antes da racional; e isso é evidente, pois a raiva, a vontade e o desejo são visíveis em crianças quase tão logo elas nascem, enquanto a razão e a inteligência surgem à medida que crescem e amadurecem. Portanto, o corpo demanda nossa atenção antes da alma; depois, os apetites, para o bem da mente; e o corpo, para o bem da alma.

XVI

Se o legislador deve cuidar para que os corpos das crianças sejam os mais perfeitos possível, sua primeira atenção deve ser voltada para o matrimônio; ou seja, quando e em que situação é apropriado que os cidadãos celebrem o contrato matrimonial. Em relação a essa aliança, o legislador deve considerar tanto as partes envolvidas quanto a sua fase de vida, para que envelheçam no mesmo ritmo e suas capacidades físicas não sejam muito diferentes; isto é, para evitar que o homem esteja em idade fértil, mas a mulher seja velha demais para ter filhos ou, ao contrário, que a mulher esteja jovem o suficiente para gerar filhos, mas o homem seja velho demais para ser pai. Situações como essas causam desentendimentos e disputas contínuas.

Além disso, em relação à sucessão dos filhos, não deve haver um intervalo de tempo muito grande entre eles e seus pais; caso contrário, o pai não pode se beneficiar do afeto do filho nem o filho da proteção do pai. O intervalo de anos também não deve ser muito pequeno, pois isso pode causar grandes inconvenientes; por exemplo, impede que um filho mostre o devido respeito ao pai se o considera quase de mesma idade, além de causar disputas na administração da família. Mas, voltando à questão central, deve-se garantir que os corpos das crianças correspondam às expectativas do legislador, o que também será influenciado pelos mesmos meios.

Como o período para a procriação é determinado (não exatamente, mas de forma geral), ou seja, para o homem até os setenta anos e para a mulher até os cinquenta, o casamento, em termos de tempo, deve ser regulamentado por esses períodos. É extremamente prejudicial para as crianças quando o pai é muito jovem, pois, em todos os animais, as partes dos jovens são imperfeitas, são mais propensas a gerar fêmeas do que machos e também são menores em tamanho. O equivalente serve para os seres humanos; como prova disso, pode-se observar que nas cidades onde homens e mulheres costumam se casar muito jovens, a população em geral é pequena e malformada; além disso, as mulheres sofrem mais no parto e muitas delas morrem. Alguns dizem que o oráculo de Trezeno deve ser interpretado como se se referisse às muitas mulheres destruídas por casamentos precoces, e não pela colheita precoce de frutos.

Além disso, é benéfico para a temperança não se casar muito cedo, pois mulheres que se casam cedo tendem a ser intemperantes. Isso também impede que os corpos dos homens alcancem seu tamanho completo se casarem antes de completarem seu crescimento, considerando que esse é o período determinante que impede qualquer aumento adicional. Por isso, o momento adequado para uma mulher casar-se é aos dezoito anos, e para um homem 37, mais ou menos. Ao se casarem nesse período, seus corpos estão em perfeição e eles também cessarão de ter filhos em um momento adequado. Além disso, em relação à sucessão dos filhos, se os tiverem na idade esperada, estarão chegando à perfeição quando seus pais estiverem envelhecendo aos setenta anos.

E assim, quanto ao tempo apropriado para o casamento, deve-se também observar uma estação do ano adequada, como muitos fazem atualmente, e reservar o inverno para esse propósito. O casal deve também seguir os preceitos dos médicos e naturalistas, que trataram desses assuntos. O estado adequado do corpo será mais bem abordado quando falarmos sobre a educação da criança; mencionaremos apenas alguns detalhes. Não é necessário que alguém tenha o corpo de um lutador para ser um bom cidadão, desfrutar de uma boa saúde ou ser pai de filhos saudáveis; também não deve ser enfermo ou excessivamente desanimado pelas adversidades, mas estar entre esses extremos. Deve ter um hábito de trabalho, mas não de trabalho excessivamente intenso; e esse trabalho não deve se restringir a um único objetivo, como é o caso do lutador, mas a atividades adequadas para homens livres. Essas considerações são igualmente necessárias para homens e mulheres.

Mulheres grávidas também devem cuidar para que sua dieta não seja muito restritiva e que façam exercícios suficientes; o legislador pode facilmente garantir isso se ordenar que elas compareçam diariamente ao culto dos deuses responsáveis pelo matrimônio. No entanto, ao contrário do que é adequado para o corpo, a mente deve ser mantida o mais tranquila possível, pois, assim como as plantas refletem a natureza do solo, a criança recebe muito da disposição da mãe.

Quanto ao abandono ou à criação de crianças, deve haver uma lei que proíba a criação de qualquer criança disforme. Assim como o tempo apropriado para um homem e uma mulher entrarem no estado matrimonial foi definido, também devemos determinar por quanto tempo é vantajoso para a comunidade que tenham filhos, pois, assim como os filhos de pais muito jovens são imperfeitos tanto no corpo quanto na mente, os filhos de pais muito velhos são fracos em ambos. Enquanto o corpo continua em perfeição, o que (como dizem alguns poetas, que dividem as diferentes fases da vida em períodos de sete anos) é até os cinquenta anos, ou quatro ou cinco anos a mais, os filhos podem ser igualmente perfeitos; mas, quando os pais ultrapassam essa idade, é melhor que não tenham mais filhos. Em relação a qualquer conexão entre um homem e uma mulher, ou uma mulher e um homem, quando qualquer uma das partes estiver prometida, isso deve ser considerado abominável sob qualquer pretexto; e, se alguém for culpado de tal ato após o casamento ser consumado, sua infâmia deve ser proporcional à gravidade de sua culpa.

XVII

Quando uma criança nasce, deve-se supor que a força de seu corpo dependerá muito da qualidade de sua alimentação. Quem examinar a natureza dos animais e observar aqueles que desejam que seus filhos adquiram hábitos guerreiros encontrará que eles os alimentam principalmente com leite, por ser o mais adequado para seus corpos, e sem vinho, para evitar doenças. Também é útil expor as crianças ao frio quando são muito pequenas; isso é benéfico para sua saúde e para a preparação para o trabalho militar. Muitos bárbaros, por exemplo, mergulham seus filhos em rios quando a água está fria, enquanto outros, como os celtas, os vestem muito levemente. O ideal é acostumar as crianças com o que for possível desde cedo, mas gradualmente. Além disso, meninos têm naturalmente uma tendência a gostar do frio devido ao calor que sentem.

Essas questões devem ser a primeira prioridade. A fase seguinte vai até os cinco anos de idade; durante esse tempo, é melhor não ensinar nada ao menino, nem mesmo o trabalho necessário, para não prejudicar seu crescimento. No entanto, ele deve ser acostumado a se movimentar o suficiente para não adquirir um hábito de preguiça, o que pode ser feito por meio de várias atividades e brincadeiras. Suas brincadeiras não devem ser nem vulgares, nem excessivamente trabalhosas, nem preguiçosas. Os governantes e preceptores também devem ter cuidado com os tipos de histórias e contos que eles ouvem, pois tudo isso deve preparar o caminho para sua futura instrução. Por isso, a maior parte de suas brincadeiras deve ser uma imitação do que eles farão seriamente mais tarde.

É um erro proibir por leis as disputas e brigas entre meninos, pois elas contribuem para o crescimento deles, funcionando como um tipo de exercício para o corpo. As lutas e a compressão dos espíritos conferem força a quem trabalha, e o equivalente acontece com os meninos durante suas disputas. Os preceptores também devem observar o modo de vida das crianças e com quem elas convivem, garantindo que nunca estejam na companhia de escravos. Até que tenham sete anos, é necessário que sejam educados em casa. Também é muito importante banir de sua audição e visão tudo que seja vulgar e impróprio. De fato, é uma responsabilidade do legislador erradicar qualquer expressão indecente do Estado, pois permitir falar o que é vergonhoso pode rapidamente levar à prática, especialmente entre os jovens. Por isso, devem ser proibidos tais palavras e comportamentos. Se alguém, antes de atingir a idade para participar das refeições comuns, disser ou fizer algo proibido, deve ser punido com desonra e açoites; se alguém maior de idade fizer isso, deve ser tratado como um escravo por causa de sua infâmia.

Como proibimos a fala sobre o que é proibido, é necessário ainda que não veja histórias ou imagens obscenas; os magistrados devem garantir que não haja estátuas ou imagens desse tipo, exceto das divindades a quem a lei permite adorar e para as quais a lei permite que pessoas de certa idade prestem suas devoções, por si mesmas, suas esposas e seus filhos. Também deve ser ilegal para os jovens assistir a iambos ou comédias antes de atingirem a idade em que possam participar dos prazeres da mesa; uma boa educação os protegerá de todos os males associados a essas coisas. Mencionamos brevemente esse assunto; no futuro, quando abordarmos isso adequadamente, determinaremos se essa preocupação com as crianças é basilar e, em caso afirmativo, como deve ser feita. Por agora, só o mencionamos como necessário. Provavelmente, o ditado de Teodoro, o ator trágico, não foi ruim: ele não permitia que ninguém, nem mesmo o ator mais simples, subisse ao palco antes dele, para que pudesse primeiro conquistar a atenção da plateia. Igualmente acontece em nossas relações com homens e coisas: o que encontramos primeiro é o que mais nos agrada; por isso, as crianças devem ser mantidas longe de tudo que é ruim, especialmente do que é solto e ofensivo aos bons costumes.

Quando completarem cinco anos, nos dois anos seguintes podem ser muito bem empregados como espectadores dos exercícios que terão de aprender depois. A educação deve ser dividida em dois períodos, de acordo com a idade da criança: o primeiro vai dos sete anos até a puberdade; o segundo, desse ponto até os 21 anos. Aqueles que dividem a idade por períodos de sete anos geralmente estão errados; é muito melhor seguir a divisão da natureza, pois toda arte e toda instrução visam completar o que a natureza deixou deficiente. Devemos primeiro considerar se alguma regulamentação é necessária para as crianças; em seguida, se é vantajoso tornar isso um cuidado comum ou permitir que cada um aja como quiser, o que é a prática geral na maioria das cidades; e, por fim, como deve ser feita essa regulamentação.

LIVR

VIII

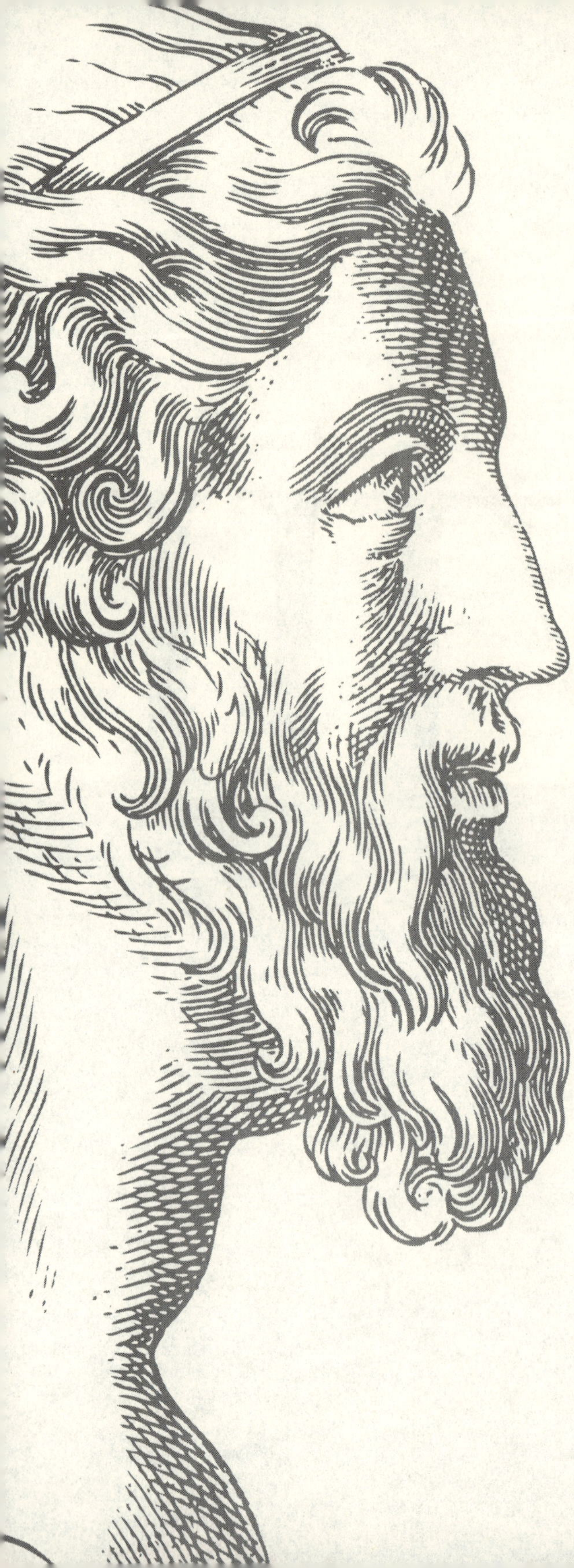

I

Não há dúvida de que o magistrado deve se interessar profundamente pelos cuidados com a juventude, pois, quando isso é negligenciado, prejudica a cidade. Cada Estado deve ser governado de acordo com sua natureza específica; a forma e os modos de cada governo são próprios de si mesmos e, assim como foram estabelecidos originalmente, costumam ser preservados. Por exemplo, as formas e os modos democráticos são próprios de uma democracia; os oligárquicos, de uma oligarquia. De maneira geral, os melhores modos produzem o melhor governo.

Além disso, em todo ofício e arte, há coisas que as pessoas devem aprender primeiro e se acostumar, pois são necessárias para realizar seus trabalhos. O equivalente é evidenciado na prática da virtude. Como há um objetivo comum em cada cidade, é claro que a educação deve ser uniforme em todas elas; e deve ser um cuidado comum, e não individual, como é atualmente, quando cada um cuida de seus próprios filhos separadamente e as instruções são particulares, com os indivíduos ensinando como desejam. O que deve ser feito deveria ser comum a todos. Além disso, ninguém deve pensar que um cidadão pertence apenas a ele, mas ao Estado em geral, já que cada um é uma parte do Estado, e é dever natural de tais partes zelar pelo bem do todo. Por isso, os lacedemônios são louvados, pois dão grande atenção à educação e a tornam pública. Portanto, é evidente que deve haver leis sobre educação e que ela deve ser pública.

II

O que é educação e como as crianças devem ser instruídas é algo a ser bem compreendido, uma vez que existem dúvidas sobre o assunto, considerando que as pessoas não concordam sobre o que deve ser ensinado a uma criança tanto no que diz respeito ao aprimoramento da virtude quanto a uma vida feliz. Também não está claro se o objetivo da educação deve ser melhorar a razão ou corrigir os hábitos morais. A partir do modo atual de educação, não podemos determinar com certeza a inclinação das pessoas, se para instruir uma criança em algo que lhe será útil ou em algo que tende à virtude e ao que é excelente, pois todos esses aspectos têm seus defensores.

No que diz respeito à virtude, não há um consenso específico: como nem todos valorizam igualmente todas as virtudes, é razoável concluir que não cultivarão as mesmas. É evidente que o necessário deve ser ensinado a todos; mas o que é necessário para um não o é para todos, pois deve haver uma distinção entre o emprego de um homem livre e o de um escravo. O primeiro deve aprender tudo o que for útil, sem que isso o torne inferior. Todo trabalho é considerado inferior, assim como toda arte e disciplina que tornam o corpo, a mente ou o entendimento dos homens livres inadequados para o hábito e a prática da virtude. Por isso, todas as artes que tendem a deformar o corpo são chamadas de inferiores, e todos os trabalhos exercidos para ganho são considerados assim, uma vez que desviam a liberdade da mente e a tornam sórdida. Há também algumas artes liberais que não são inadequadas para tais homens em certo grau, mas buscar adquirir uma habilidade perfeita nelas é como se expor às falhas mencionadas anteriormente. Existe uma grande diferença na razão pela qual alguém faz ou aprende algo: não é desprezível engajar-se nisso para si mesmo, para um amigo ou em prol da virtude; porém fazê-lo em benefício de outro pode parecer o desempenho do papel de um servo ou escravo. O modo de instrução atualmente predominante parece abranger ambas as partes.

III

Há quatro coisas que costumam ser ensinadas às crianças: leitura, exercícios ginásticos, música e, em alguns casos, pintura. A leitura e a pintura são de grande utilidade na vida, enquanto os exercícios ginásticos são importantes para desenvolver a coragem. Quanto à música, algumas pessoas podem questionar seu valor, já que atualmente a maioria a utiliza apenas para prazer. No entanto, aqueles que originalmente a incluíram na educação o fizeram porque, como já foi dito, a natureza exige que não só estejamos adequadamente ocupados, mas também que possamos aproveitar o lazer de maneira honrosa. Isso é fundamental. Embora trabalho e descanso sejam ambos necessários, o descanso é preferível ao trabalho; e devemos aprender a aproveitar o tempo de descanso de maneira adequada. Se não for possível, o lazer é mais necessário para quem trabalha do que para quem está em descanso, pois quem trabalha precisa de relaxamento, o qual o lazer proporciona. O trabalho é acompanhado de dor e esforço contínuo, por isso o lazer deve ser introduzido, sob regras apropriadas, como um remédio, proporcionando relaxamento mental e prazer.

O descanso em si parece envolver prazer, felicidade e uma vida agradável, mas isso não pode ser para quem trabalha, apenas para quem está em repouso. Quem trabalha o faz em busca de um objetivo que ainda não alcançou; já a felicidade é um objetivo que todos acreditam trazer prazer, e não dor. No entanto, as pessoas não concordam sobre em que consiste tal prazer, pois cada um tem seu próprio padrão, correspondente aos seus hábitos; mas a melhor pessoa propõe o melhor prazer, aquele derivado das ações mais nobres.

É evidente que, para viver uma vida de descanso, é necessário que um homem aprenda e seja instruído em certas coisas, e que o objetivo dessa aprendizagem e instrução seja sua aquisição. Por outro lado, a aprendizagem e instrução voltadas para o trabalho têm objetivos diferentes. Por isso, os antigos incluíram a música na educação não porque fosse algo essencial, pois não é dessa natureza, nem porque fosse útil como a leitura, no curso comum da vida, ou para administrar uma família ou aprender algo útil para a vida pública. A pintura também parece útil para que um homem possa avaliar com mais precisão as produções das artes finas. Mas, ao contrário dos exercícios ginásticos, que contribuem para a saúde e força, a música não produz tais efeitos; resta, então, que seja um passatempo do nosso descanso, como aqueles que a introduziram pensaram, considerando-a uma atividade adequada para homens livres. Como Homero canta:

"Como é certo chamar Tália para o banquete [...]"

E de outros ele diz:

"O bardo foi chamado para encantar cada ouvido."

E, em outro lugar, faz Ulisses dizer que a parte mais feliz da vida é:

"[...] quando à mesa festiva, em ordem disposta, eles ouvem o canto."

Portanto, é evidente que há uma educação em que uma criança pode ser instruída não por ser útil ou necessária, mas por ser nobre e liberal. Se isso é uma ou mais formas de educação, e de que tipo, e como deve ser ensinada, será considerado mais adiante. Até aqui, mostramos que temos o testemunho dos antigos a nosso favor, pelo que eles transmitiram sobre a educação – a música deixa isso claro. Além disso, é necessário instruir as crianças no que é útil não apenas por ser útil em si, como aprender a ler, mas como meio de adquirir outros tipos de conhecimento. Assim, devem ser ensinadas a pintura não apenas para evitar erros na compra de quadros ou vasos, senão principalmente para que se tornem juízes das belezas da forma humana, pois estar sempre em busca do lucro não condiz com almas grandes e nobres. Logo, evidencia-se que um menino deve primeiro aprender moral ou raciocínio e se deve cultivar primeiro o corpo ou a mente. É claro que os meninos devem ser colocados sob os cuidados dos mestres das artes ginásticas para formar seus corpos e ensinar os exercícios.

IV

Os estados que parecem dedicar mais atenção à educação de seus filhos frequentemente concentram-se no treinamento de luta, embora isso impeça o crescimento do corpo e prejudique sua forma. Os lacedemônios não cometeram esse erro, pois fizeram que seus filhos se tornassem corajosos pelo trabalho árduo, o que era visto como principal meio de incutir coragem neles. No entanto, como já dissemos muitas vezes, isso não é a única nem a principal coisa a ser considerada; e, mesmo com respeito a isso, talvez não alcancem seu objetivo. Nem entre os animais nem entre as nações encontramos coragem associada necessariamente à crueldade, mas sim àqueles que têm disposições mais amáveis e semelhantes às dos leões. Há muitos que estão ansiosos para matar homens e devorar carne humana, como os aqueus e henioques no Ponto, e muitos outros na Ásia, alguns dos quais são tão maus ou piores, que vivem pela tirania, mas não têm coragem. Sabemos, inclusive, que os próprios lacedemônios, apesar de continuarem com esses trabalhos árduos e serem superiores a todos os outros (embora agora estejam inferiores a muitos, tanto em guerra quanto em exercícios ginásticos), não adquiriram sua superioridade treinando sua juventude nos exercícios, mas porque os disciplinados enfrentaram os indisciplinados. Portanto, o que deve prevalecer na educação é o justo e honroso, e não o que é feroz e cruel. Não é um lobo nem qualquer outro animal selvagem que enfrentará um perigo nobre, mas sim um homem de bem. Assim, aqueles que permitem que os meninos se dediquem demais a esses exercícios, sem cuidar de instruí-los no que é necessário, tornam-nos medíocres e vilipendiados, aptos apenas para uma parte do dever de um cidadão; e, em outros aspectos, como a razão demonstra, não servem para nada. Não devemos formar nossos julgamentos com base em eventos passados, mas no que observamos atualmente: hoje eles têm rivais em seus métodos de educação, enquanto antes não tinham. É aceito que os exercícios ginásticos são úteis e, de que maneira, pois, durante a juventude, é muito adequado seguir um curso dos mais suaves, omitindo a dieta violenta e os exercícios dolorosos prescritos como necessários para não impedir o crescimento do corpo. Um forte indício de que os exercícios têm tal efeito é que, entre os candidatos olímpicos, mal conseguimos encontrar dois ou três que tenham vencido tanto como meninos quanto como homens: os exercícios que realizaram quando jovens lhes tiraram a força. Quando se alocam três anos a partir da puberdade para outras partes da educação, eles estão então na idade adequada para submeter-se ao trabalho e a uma dieta regulamentada, pois é impossível para a mente e o corpo trabalharem simultaneamente, já que ambos produzem males contrários um ao outro. O trabalho do corpo impede o progresso da mente e vice-versa.

V

Já falamos um pouco sobre música de forma duvidosa. É apropriado revisitar o que dissemos anteriormente, como uma introdução ao que outras pessoas possam oferecer sobre o assunto, pois não é fácil definir claramente o poder da música nem os motivos pelos quais deve ser aplicada, se como diversão e relaxamento, como o sono ou o vinho, que são prazeres que aliviam as preocupações, como diz Eurípides. Todos esses prazeres – sono, vinho e música – são classificados na mesma ordem e usados para o mesmo propósito, e alguns ainda adicionam a dança a essa lista. Ou devemos supor que a música tem a capacidade de promover a virtude da mesma forma que os exercícios físicos moldam o corpo, influenciando os hábitos para que seus praticantes aprendam a se alegrar de maneira adequada? Ou será que ela tem alguma utilidade na condução da vida e como assistente da prudência? Esse também é um terceiro atributo atribuído à música.

É claro que os meninos não devem ser instruídos na música como se fosse uma brincadeira; aprender não é exatamente algo prazeroso. Tampouco é apropriado permitir que meninos da sua idade desfrutem de lazer completo, pois parar de se aprimorar não é adequado para quem ainda está em desenvolvimento. Pode-se pensar que a dedicação dos meninos a essa arte visa ao prazer que terão quando forem adultos e completamente formados. Mas, se for esse o caso, por que eles mesmos deveriam aprender música, em vez de seguir o exemplo dos reis da Média e da Pérsia, que desfrutam do prazer da música ouvindo outros tocá-la e mostrando-lhes suas qualidades? É basilar que aqueles que estudam música profundamente sejam mais habilidosos do que aqueles que apenas aprenderam os princípios básicos? Se a razão para ensinar algo a uma criança é essa, então eles também deveriam aprender a arte da culinária, mas isso é absurdo.

A mesma dúvida surge quanto ao poder da música em aprimorar os hábitos; por que, então, devem aprender música, e não aproveitar os benefícios de regular as paixões ou formar um julgamento sobre a desempenho ouvindo outros, como os lacedemônios, que, mesmo sem ter aprendido música, conseguem julgar com precisão o que é bom e o que é ruim? Se a música é considerada um passatempo para aqueles que vivem uma vida elegante e fácil, por que devem aprendê-la, e não simplesmente aproveitar a habilidade dos outros? Vamos considerar aqui a crença sobre os deuses imortais a esse respeito. Os poetas nunca representam Júpiter cantando e tocando; na verdade, nós mesmos tratamos os professores das artes como pessoas de pouca importância e dizemos que ninguém as praticaria a não ser um bêbado ou um bufão. Mas talvez possamos considerar esse assunto detalhadamente mais adiante.

A primeira questão é se a música deve ou não fazer parte da educação. E, entre as três coisas atribuídas ao seu uso, qual seria a correta? Deve servir para instruir, divertir ou ocupar as horas vagas daqueles que vivem em repouso? Ou talvez todos esses aspectos possam ser adequadamente atribuídos à música, pois parece abranger todos eles. O lazer é necessário para o relaxamento, e o relaxamento é agradável, funcionando como um remédio para o desconforto causado pelo trabalho. Aceita-se também que uma vida feliz deve ser honrosa e prazerosa, já que a felicidade consiste em ambos. Todos concordamos que a música é uma das coisas mais agradáveis, seja sozinha ou acompanhada de voz, como diz Musseus: "A música é a alegria mais doce do homem"[1]. Por isso, é justamente aceita em todas as ocasiões e em todas as vidas felizes, por ter o poder de inspirar alegria. Portanto, pode-se supor que é necessário instruir os jovens nela, já que todos os prazeres inofensivos não

---

1 A frase é atribuída a Musseus (ou Museu), considerado um poeta lendário, supostamente discípulo ou filho de Orfeu – outro renomado poeta e músico da mitologia grega. As obras atribuídas a Musseus são fragmentárias e de autenticidade incerta, e muitas de suas associações vêm do culto a Orfeu na Grécia Antiga ou de textos posteriores.

apenas contribuem para o objetivo final da vida, senão como relaxamento; e, como os homens raramente atingem o objetivo final, frequentemente param de trabalhar e se dedicam ao lazer, apenas para desfrutar do prazer que proporciona. Assim, é útil aproveitar tais prazeres.

Algumas pessoas fazem do lazer e do entretenimento seu objetivo final, e provavelmente este tem algum prazer associado, mas não o que deveria ser. No entanto, enquanto buscam um objetivo, acabam aceitando outro, pois há uma semelhança nas ações humanas em relação ao fim; o fim é perseguido por si só, e não por algo que o acompanha. Prazeres como esses são procurados não pelo que vem depois, mas pelo que veio antes, como o trabalho e a tristeza; por isso, buscam a felicidade nesses prazeres. E essa é a razão que pode ser facilmente percebida.

Que a música deve ser perseguida não apenas por esse motivo, mas também por ser muito útil durante as horas de relaxamento do trabalho, provavelmente ninguém duvida. Devemos também investigar se, além desse uso, a música pode ter um outro de natureza mais nobre. E não devemos apenas aproveitar o prazer comum que proporciona (já que a música naturalmente agrada a todas as idades e disposições), mas examinar se ela contribui para aprimorar nossos hábitos e nossas almas. E isso será facilmente conhecido se sentirmos que nossas disposições são de alguma forma influenciadas por ela; evidencia-se tal ponto a partir de muitos outros exemplos, assim como a música nos Jogos Olímpicos, que claramente preenche a alma com entusiasmo. O entusiasmo é uma afeição da alma que agita fortemente a disposição. Além disso, todos que ouvem imitações simpatizam com elas, mesmo sem ritmo ou verso.

A música é uma das coisas agradáveis, e como a virtude consiste em desfrutar, amar e odiar corretamente, é evidente que devemos aprender e nos acostumar a julgar corretamente e a nos alegrar com comportamentos honrosos e ações nobres. A raiva e a suavidade, a coragem e a modéstia, e seus opostos, assim como todas as outras disposições da mente, são mais naturalmente imitadas pela música e pela poesia. Isso é claro pela experiência, pois, quando ouvimos imitações, nossa alma é alterada. E quem é afetado por alegria ou tristeza devido à imitação de objetos está na mesma situação de quem é afetado pelos próprios objetos. Assim, se alguém se alegra ao ver uma estátua de um indivíduo apenas por sua beleza, é claro que ver o original da qual foi feita também seria prazeroso. Nos outros sentidos, não há imitação de comportamentos, como no tato e no paladar; e no sentido da visão é muito limitada. Estátuas e pinturas não são imitações de comportamentos, mas de sinais e marcas que mostram que o corpo está afetado por alguma paixão. No entanto, a diferença não é grande. Jovens não devem apenas olhar as pinturas de Pauso, senão de Polignoto ou de qualquer outro pintor ou escultor que expresse comportamentos. Em oposição, na poesia e na música há imitações de comportamentos; e isso é evidente, pois diferentes harmonias afetam as pessoas de maneiras diferentes. Algumas causam tristeza e contraem a alma, como a Lídia mista; outras suavizam a mente e dissolvem o coração; outras a fixam em um Estado firme, como a música dórica. A música frígia enche a alma de entusiasmo, como foi bem descrito por aqueles que escreveram filosoficamente sobre essa parte da educação, trazendo exemplos do próprio material.

O equivalente se aplica ao ritmo; alguns fixam a disposição, outros provocam mudanças nela; alguns agem de forma mais violenta; outros, de forma mais liberal. Do que foi dito, é indubitável a influência da música sobre a disposição da mente e como ela pode fasciná-la de várias maneiras. Se pode fazer isso, certamente é algo que a juventude deve aprender. E, de fato, o aprendizado da música é particularmente adequado para sua disposição, pois, em tal fase de vida, não se dedicam facilmente a algo que não seja agradável. A música é naturalmente uma das coisas mais agradáveis e parece haver uma certa conexão entre harmonia e ritmo; por isso, alguns sábios consideraram a alma como sendo harmonia, enquanto outros acreditavam que ela a contém.

VI

Vamos agora determinar se é apropriado que crianças sejam ensinadas a cantar e a tocar algum instrumento, o que antes foi colocado em dúvida. É bem conhecido que há uma grande diferença quando se trata de qualificar alguém em qualquer arte, se a pessoa mesma aprende a parte prática dela. Nesse sentido, é muito difícil, se não impossível, que alguém seja um bom juiz do que não consegue fazer. Também é vital que as crianças tenham alguma atividade que as divirta; por isso, o chocalho de Arquitas parece bem pensado, sendo dado às crianças para evitar que quebrem coisas em casa, já que nessa idade não conseguem ficar paradas. Assim, esse brinquedo é adequado para bebês, da mesma forma que a instrução deve ser o chocalho das crianças à medida que crescem; portanto, é inegável que elas devem aprender música de forma a poder praticá-la. Não é difícil dizer o que é apropriado ou não para a idade delas, ou responder às objeções que alguns fazem a essa atividade como sendo mesquinha e inferior. Em primeiro lugar, é necessário que elas pratiquem para se tornarem juízes da arte, motivo pelo qual deve ser ensinada enquanto ainda são jovens; mas, quando crescerem, a parte prática pode ser deixada de lado, enquanto continuam sendo juízes do que é excelente na arte e desfrutem disso a partir do conhecimento adquirido na juventude.

Quanto à crítica que alguns fazem à música, considerando-a algo mesquinho e inferior, não é difícil responder se considerarmos até que ponto devemos instruir aqueles que serão educados para se tornarem bons cidadãos, e com que tipo de música e ritmos devem estar familiarizados; e também quais instrumentos devem tocar, pois pode haver uma diferença nisso. Assim, a resposta adequada para essa crítica é que, em alguns casos, nada pode impedir que a música tenha, até certo ponto, os efeitos negativos que lhe são atribuídos. É claro que o aprendizado da música nunca deve interferir nas atividades mais maduras nem tornar o corpo efeminado e inadequado para as atividades militares ou do Estado; deve ser praticada pelos jovens e julgada pelos mais velhos.

Para que as crianças aprendam música adequadamente, é necessário que não sejam envolvidas nas partes da música que são objeto de disputa entre os mestres dessa arte; nem devem executar peças admiradas pela dificuldade de execução e que, por terem sido exibidas inicialmente nos jogos públicos, agora fazem parte da educação. Devem aprender o suficiente para poder desfrutar da boa música e dos bons ritmos; e não apenas o que a música deve fazer sentir a todos os animais, e também a escravos e meninos, mas algo mais. Portanto, ficam óbvios quais instrumentos devem ser usados; assim, nunca se deve ser ensinar a tocar a flauta ou qualquer outro instrumento que exija grande habilidade, como a harpa ou semelhantes, mas instrumentos que as tornem boas juízas de música ou de qualquer outra instrução. Além disso, a flauta não é um instrumento moral, senão um que inflama as paixões, devendo ser usado mais para animar a alma do que para instrução.

Devo acrescentar também que há algo na flauta que é totalmente contrário ao que a educação requer, pois quem toca flauta é impedido de falar. Por essa razão, nossos antecessores muito apropriadamente proibiram seu uso para a juventude e para os homens livres, embora eles próprios a tenham usado no início; quando suas riquezas lhes proporcionaram mais tempo livre, tornaram-se mais animados na causa da virtude. Tanto antes quanto depois da guerra da Média, suas ações nobres exaltaram tanto suas mentes que se dedicaram a todas as partes da educação, sem selecionar uma em particular, mas tentando reunir o todo. Por isso, introduziram a flauta também como um dos instrumentos que deveriam aprender a tocar. Em Lacedemônia, o corego tocava flauta; e era tão comum em Atenas que quase todo homem livre a entendia, como é evidente na placa que Trasipo dedicou quando era corego. Contudo, mais tarde, eles a rejeitaram como perigosa, tornando-se melhores juízes do que promovia a virtude e o que não. Pela mesma razão, muitos instrumentos antigos foram descartados, como o dulcímer e a lira, bem como aqueles que deveriam inspirar prazer em quem tocava e que exigiam habilidade e destreza para tocar bem. O que os antigos nos contam sobre a flauta, por meio de fábulas, é, de fato, muito racional; ou seja, depois que Minerva a encontrou, a jogou fora. E não estão errados aqueles que dizem que a deusa a rejeitou por deformar o rosto de quem a tocava; todavia, é mais provável que a tenha rejeitado porque seu conhecimento não contribuiu para o aprimoramento da mente. Agora, consideramos Minerva como a inventora das artes e ciências. Desaprovamos que uma criança seja ensinada a entender instrumentos e a tocar como um mestre (o que gostaríamos que fosse restrito àqueles que competem por prêmios nessa arte, pois tocam não para se aprimorar na virtude, mas para agradar aos ouvintes e satisfazer suas importunações). Logo, achamos a prática inadequada para homens livres. Deve ser restrita àqueles que são pagos para fazê-lo, pois geralmente dá às pessoas noções mesquinhas, considerando que o objetivo que têm em vista é ruim; o espectador impertinente costuma fazer com que mudem sua música, de modo que os artistas que atendem a isso regulam seus corpos de acordo com seus movimentos.

VII

Vamos agora investigar a questão da harmonia e do ritmo; se todos os tipos devem ser usados na educação ou se devemos selecionar alguns específicos; e também se devemos dar as mesmas orientações para aqueles que se envolvem com música como parte da educação ou se há algo diferente nos dois aspectos. Como toda música consiste em melodia e ritmo, devemos estar familiarizados com o poder que cada um desses itens tem na educação e se devemos escolher mais a música em que a melodia predomina ou a que dá ênfase ao ritmo. No entanto, ao considerar quantas coisas foram bem escritas sobre esses assuntos não apenas por músicos da atualidade, mas também por filósofos perfeitamente versados musicalmente no que se refere à educação, vamos remeter aqueles que desejam um conhecimento mais detalhado a esses autores e trataremos do assunto de forma geral, sem entrar em detalhes.

Alguns filósofos, cujas ideias aprovamos, dividem a melodia em moral, prática e aquela que enche a mente de entusiasmo. Eles também atribuem a cada uma dessas melodias um tipo específico de harmonia que naturalmente corresponde a ela. Dizemos que a música não deve ser aplicada a um único propósito, mas a vários; tanto para instrução quanto para a purificação da alma (uso o termo purificação sem uma explicação detalhada, mas falarei mais sobre isso na minha poética); e, em terceiro lugar, como um modo agradável de passar o tempo e relaxar a mente. É evidente que todas as harmonias devem ser usadas, mas não para todos os fins; para a educação, devem ser usadas as mais morais; para agradar ao ouvido, quando outros tocam, as mais ativas e entusiásticas. Isso porque a paixão, muito forte em algumas almas, também pode ser encontrada em todas; mas a diferença entre as pessoas está na intensidade dessa paixão, assim como na piedade, no medo e no entusiasmo, sendo esse último tão poderoso em alguns que pode dominar a alma. Ainda assim, vemos que essas pessoas, ao aplicar a música sacra para acalmar a mente, tornam-se tão serenas e compostas quanto se tivessem empregado a arte do médico. Isso deve acontecer necessariamente com os compassivos, medrosos e todos que são dominados por suas paixões: na verdade, todas as pessoas, na medida em que são afetadas por elas, podem receber o mesmo tipo de cura e voltar à tranquilidade com prazer. Da mesma forma, toda música com o poder de purificar a alma proporciona um prazer inofensivo ao homem.

Portanto, a harmonia e a música exibidas pelos indivíduos que competem no teatro devem ser dessa forma. Mas, como o público é composto por dois tipos de pessoas – os livres e bem-instruídos, e os rudes, mecânicos comuns e empregados contratados, além de uma longa lista semelhante –, deve haver alguma música e alguns espetáculos para agradá-los e acalmá-los. Como suas mentes estão, por assim dizer, pervertidas de seus hábitos naturais, também há uma harmonia não natural e uma música sobrecarregada que se ajusta ao seu gosto; mas o que é conforme a natureza agrada a todos. Logo, o que competem no teatro devem ter permissão para usar tal tipo de música. Já na educação, devem ser usadas a melodia e a harmonia éticas, que é a dórica, como já dissemos, ou qualquer outra que os filósofos especializados na área aprovarem.

No entanto, Sócrates, na em *A República*, de Platão, está muito errado ao permitir apenas a música frígia além da dórica, particularmente ao banir a flauta entre outros instrumentos; pois a música frígia tem o mesmo poder de harmonia que a flauta tem entre os instrumentos, considerando que ambas são patéticas e elevam a mente. Isso é comprovado pela prática dos poetas, que usam a flauta principalmente em seus cânticos bacanais ou sempre que descrevem emoções violentas da mente, sendo a harmonia frígia a mais adequada para esses temas. Agora, é aceito por consenso geral que o ritmo dionisíaco é frígio, e aqueles que estudam esse tipo de música trazem muitas provas disso; por exemplo, quando Filoxeno tentou compor música dionisíaca para a harmonia dórica, ele naturalmente retornou à frígia, pois é a mais adequada para o propósito. Todos concordam que a música dórica é mais séria e adequada para inspirar coragem; e, como sempre elogiamos o meio-termo por estar entre os dois extremos, e a dórica tem essa relação com outras harmonias, é evidente que é isso que a juventude deve aprender. Há duas coisas a serem consideradas, tanto o que é possível quanto o que é apropriado; cada um deve buscar principalmente aquilo que contenha ambas as qualidades. Isso deve ser regulado conforme as diferentes fases da vida; por exemplo, não é fácil para os mais velhos cantar peças de música que exigem notas muito altas, pois a natureza lhes aponta as que são suaves e exigem pouca força vocal (por isso, alguns músicos criticam justamente Sócrates por proibir a instrução dos jovens em harmonia suave, como se, tal como o vinho, a fizesse embriagá-los, enquanto o efeito disso é tornar os homens bacanais, e não fracos). Portanto, isso é o que deve ocupar aqueles que envelheceram. Ademais, se há alguma harmonia apropriada para a idade infantil, ao mesmo tempo elegante e instrutiva, como a Lídia parece ser a principal, essas são, por assim dizer, as três fronteiras da educação: moderação, possibilidade e decoro.

grupo novo século

Compartilhando propósitos e conectando pessoas
Visite nosso site e fique por dentro dos nossos lançamentos:
www.gruponovoseculo.com.br

ns

facebook/novoseculoeditora
@novoseculoeditora
@NovoSeculo
novo século editora

gruponovoseculo.com.br

Edição: 1ª
Fonte: Bell MT